der blaue reiter
Journal für Philosophie

Götter

Foto: Alexander Steingaß

Religion ist Sinn und Geschmack fürs Unendliche. Ihr Gegenstand ist das Universum und das Verhältnis des Menschen zu ihm, ihr Wesen weder Denken noch Handeln, sondern Anschauung und Gefühl. Religion ist weder – wie die Metaphysik – ein Gemisch von Meinungen über das höchste Wesen oder die Welt noch eine Anzahl von Geboten für das menschliche Leben wie die Moral, schreibt Schleiermacher in seiner Schrift *Über die Religion. Reden an die Gebildeten unter ihren Verächtern*. Wesen der Religion ist es, bei den einzelnen Anschauungen und Gefühlen stehen zu bleiben – von Ableitungen und Zusammenstellungen weiß sie nichts. „Alles Einzelne als einen Teil des Ganzen, alles Beschränkte als eine Darstellung des Unendlichen hinnehmen" – das, so Schleiermacher, ist Religion.

Glaubenswahrheiten müssen jedoch, wenn sie Geltung beanspruchen, in Vernunftwahrheiten überführt werden, schreibt Klaus Giel unter dem Titel *Der Gott der Vernunft – ein vernünftiger Gott?* Bestand haben nur die Gottesvorstellungen, die aus den Tiefen der Vernunft heraus mit vernünftigen Gründen und ohne vorgängige Belehrung durch den Glauben entwickelt werden, denn, so Giel, „Welt, das ist nicht der Kosmos, sondern die für jedermann verbindliche, in sich zusammenhängende, weil vernünftig geordnete Wirklichkeit". Dennoch wird die Vernunft nicht als das Absolute selbst begriffen, sondern als Bild des Absoluten aufgefaßt:

„Wer von Gott redet, spricht vom leidenschaftlichen Ergriffensein der Vernunft."

Für F. H. Jacobi ist ein universaler Begründungsanspruch der Vernunft zurückzuweisen. Rationale Systeme seien zwar in sich schlüssig – da Gott in solchen Systemen jedoch als ein vom All unterschiedener Grund keinen Platz mehr hat, sind sie auch notwendig atheistisch. Aus diesem Grund – so zitiert Temilo von Zantwijk in seinem Beitrag *Ist der Atheist ein Theist?* Jacobi – ist es offensichtlich, „daß Gott sich dem Herzen kund thue und denen sich verberge, die ihn mit dem Verstande allein suchen".

„Das Herz will etwas haben, woran es sich anklammern kann, einen unerschütterlichen Grund im Sturm des Lebens" schreibt Philipp Mainländer in seiner *Philosophie der Erlösung*. Doch der Weltsinn, so Ulrich Horstmann im Essay *Allmacht und Selbstverwüstung*, wird in der Philosophie Mainländers auf ungewöhnliche Weise verankert: Das Göttliche verwirklicht sich in seiner Schöpfung nicht mehr, um in einem umfassenderen Sinne zu existieren und zum Guten sich zu wandeln, sondern gerade um sich zu entewigen, um sterben zu können – die Schöpfung ist der Selbstmord des Weltenschöpfers.

Die Rede vom „Tod Gottes" war für Nietzsche Aufforderung an die Individuen, die Fesseln von Religion und Moral abzustreifen und sich selbst als Bestimmer des eigenen Schicksals zu begreifen. Aber woher soll ein Mensch die Kraft nehmen, die Ketten der Tradition abzustreifen und sich zum eigenen Gott zu erheben? Für Eugen Drewermann war Nietzsche ein genialer Diagnostiker – aber ein miserabler Arzt. „Ich glaube nicht", so Drewermann im Interview, „daß Nietzsche viel darüber nachgedacht hat, wie die Katastrophen sich beschreiben, die dieses Losgekettetsein anrichten kann." Mit Bezug auf Kierkegaard folgert er: „Der Mensch, der sich selbst ergreift ohne Gott, wird an seiner eigenen Angst zugrunde gehen." Dies vor allem, weil wir Menschen die einzigen Kreaturen sind, „die nicht nur sterben müssen, sondern die mit dem Sterben leben müssen".

Auch Hartmut Böhme sieht in einer solchen existenziellen Angst der Menschen das „Grund-Motiv" aller Religionen. Mit Bezug auf die christliche Tradition schreibt er in seinem Beitrag *Himmel und Hölle als Gefühlsräume*: „Himmel und Hölle sind Medien, welche Gefühle ‚ins Licht' und ‚in Erscheinung' bringen, die zum Menschlichen gehören."

Abbilder des Menschlichen sieht Reinhard Falter in den Göttern der Erfahrungsreligionen, die im Gegensatz zu den Offenbarungsreligionen keine Verkünder kennen. Götter sind für den erfahrungsreligiösen Menschen keine außerhalb der Erfahrungswelt agierenden Wesen, sondern „Benennungen der Grundcharaktere oder Grundgesten, die Natur und Menschenwelt, Landschaft und Seelenlandschaft miteinander verbinden". Dionysos ist die Atmosphäre des rauschhaften Sichverlierens, Athene die der klaren Besinnung, Aphrodite der neue Glanz der Welt in den Augen des Verliebten. Von Göttern zu reden, schließt Falter seinen Beitrag *Die Götter der Erfahrungsreligion neu verstehen*, ist „eine wesentliche Erleichterung für sonst nur sehr indirekt und geschraubt ausdrückbare Zusammenhänge in der Naturphilosophie, aber auch der Psychologie".

Eine über einen langen Zeitraum gewachsene Erfahrungsreligion war die ägyptische Religion der Pharaonenzeit. „Der Lauf von Kosmos und Welt war das Buch, aus dem man in Ägypten versucht hat zu lesen", schreibt Wolfgang Wettengel unter dem Titel *Zwischen Sonnenkult und Vielgötterei*. Im voraus zum Scheitern verurteilt war der Versuch des „Ketzerkönigs" Echnaton, der im 14. Jahrhundert vor unserer Zeitrechnung den Sonnengott Aton zum einzigen verehrungswürdigen Gott erhob. Damit wurde die Religion der komplexen Wirklichkeit und ihren verborgenen Prinzipien nicht mehr gerecht, die gemäß der Tradition unverzichtbare Aspekte eines großen Ganzen waren.

Mit ihrem „messianischen" Zeitkonzept ist die jüdische Religion den Erfahrungsreligionen näher als das Christentum. Das Judentum, so schreibt Karlheinz Kleinbach in seinem Portrait des jüdischen Philosophen Franz Rosenzweig, „lebt innerweltlich in der Gegenwärtigkeit. Liturgie und Ritus stehen nicht im Gegensatz zum alltäglichen Leben, sondern sind vielmehr dessen Existenzmodus." Mensch und Gott und Welt sind für Rosenzweig nicht zu verbindende Elemente. Nur in der Gemeinschaft, im Gespräch wird es möglich, das trennende „Und" zu überbrükken.

Im Beitrag *Arbeiten – um Gottes willen* schildert Anthony J. Wilke die besonderen Gotteserfahrungen der vom Judentum zum Katholizismus konvertierten Philosophin Simone Weil. Bei den Mystikern, so Wilke, bedeutete das „Gottleiden" nicht, daß man sich einredete, für Gott oder wegen Gott zu leiden. „Die Sache war in ihrem Grunde schlichter. Man ‚litt' das Göttliche, … man ließ es zu, wenn und weil man ‚Platz machte'", zum Beispiel bei der Arbeit. Hart arbeitende Menschen sieht Simone Weil, „auf der Spur" des Göttlichen. Arbeit erachtet sie letztlich als eine Vorbereitung für eine eigentümliche „Aufmerksamkeit" gegenüber der Welt – und für das „Schweigen" mit der Welt.

Ein solches Erleiden des Schicksals, „die eitle Lüge: das Schlechte, das Leiden, das Grauen habe einen Sinn, sei es durch die irdische, sei es durch die himmlische Zukunft", wäre nach Max Horkheimer Religion im schlechten Sinne. Religion im guten Sinne sah er im gegen die Wirklichkeit durchgehaltenen, immer noch nicht erstickten Impuls, „daß es anders werden soll, daß der Bann gebrochen wird und es sich zum Guten wendet".

Während Horkheimer von der Religion anstelle einer Vertröstung auf ein „besseres" Jenseits einen Anstoß zur Verbesserung des Diesseits einfordert, galt für Hegel, daß das, was wirklich ist, auch vernünftig sei und umgekehrt das Vernünftige wirklich. Dies, so Hegel, weil die Philosophie „das Ergründen des Vernünftigen ist, eben damit das Erfassen des Gegenwärtigen und Wirklichen". Zweck der Philosophie ist es nach Hegel, so heißt es im Beitrag *Gott denken, Religion verstehen* von Carl-Friedrich Geyer, „die Wahrheit zu erkennen, Gott zu erkennen, denn er ist die absolute Wahrheit; insofern ist nichts anderes der Mühe wert gegen Gott und seine Explikation". Für Martin Heidegger hingegen zeugt die Philosophie der Antike, des Mittelalters und noch Hegels von dem Unvermögen, das Sein selbst zur Sprache zu bringen. Die Philosophie dementiere sich selbst in Gestalt der „Frage nach dem Göttlichen und dem Gott" und wird: philosophische Theologie.

> *„Die Antwort auf die Frage, wie der Gott in die Philosophie geraten sei, könne daher nur lauten: aufgrund eines Mißverständnisses."*

schreibt Geyer mit Bezug auf Heidegger. Dem entgegen steht jedoch, so merkt er an, das Faktum der Präsenz Gottes im Diskurs. Sein Beitrag schließt mit dem Fazit: „Nicht eine bestimmte Religion ist wahr, sondern das Phänomen des Religiösen, das quasi-anthropologisch zur Ausstattung des Menschen zählt, unabdingbar im Arsenal der (kulturellen) Hilfsmittel, die das Leben erträglich zu gestalten und zu bestehen helfen." Wie auch immer:

> *„Es leuchtet ein, daß Gott eine Lösung war und daß man nie wieder eine ebenso befriedigende finden wird."*
> *Cioran*

Die folgende Ausgabe des *blauen reiters* wird sich einem Götzen widmen, der nicht erst seit der Moderne angebetet wird, dem

Geld.

Erst die Erfindung des Geldes als eines abstrakten Tauschäquivalents für Waren und Dienstleistungen macht das möglich, was wir heute als Globalisierung bezeichnen. Doch mit dem Geld kam der Geldhandel, kamen Inflation und Wirtschaftskrisen. Gründe genug, die Frage zu stellen, ob Geld die Welt bereichert, beziehungsweise der Frage nach dem Geld philosophisch auf den Grund zu gehen.

War Geld ursprünglich als Edelmetallmünze noch ein Wert zu eigen, würde heute wohl keiner einen Pfifferling gegen die zumeist recht unästhetischen Scheckkarten eintauschen, wiewohl diese in virtueller Form enorme Werte repräsentieren können. Geld alleine macht nicht glücklich, weiß der Volksmund, doch macht Geld zwangsläufig unglücklich? Leichter Hand läßt sich fragen:

> *Wer kennt einen Millionär, der glücklich ist? Niemand? Das dachte ich mir! Wer kennt einen armen Tropf, der glücklich ist? Auch niemand?*

Was macht den Wert einer Sache aus? Welche Konsequenzen hat die Entsinnlichung des Geldes? Woher kommt der Begriff des Eigentums, und was besagt der Terminus des Allgemeinguts? Wie kommt das Vertrauen ins Geld zustande, das Tausch gegen Geld erst möglich macht? Ist Geld ein Kommunikationsmedium? Was ist die Zukunft des Geldes?

Zu diesen und ähnlichen Fragen lesen Sie in der elften Ausgabe des *blauen reiters* unter anderem Beiträge von:

- Hans Christoph Binswanger: Der Mythos von Erysichthon
- Otto Peter Obermeier: Die Wiederentdeckung der praktischen Philosophie
- Jochen Hörisch: Die Poesie des Geldes

sowie ein Portrait des Moralphilosophen und Ökonomen Adam Smith.

Die folgenden Ausgaben des *blauen reiters* beschäftigen sich mit den Themen: Ästhetik, Tod, Kommunikation und Gerechtigkeit.

S. Reusch

Siegfried Reusch
Chefredakteur

Klaus Giel

Der Gott der Vernunft – ein vernünftiger Gott?

Für Walter Schulz zum 18. 11. in Dankbarkeit

Die Berufung auf die Vernunft war spätestens seit der Aufklärung verbunden mit einem tiefen Zweifel an allen Glaubenswahrheiten. Glaubenswahrheiten müssen, wenn sie als Wahrheiten sollen gelten können, in Vernunftwahrheiten überführt werden. Dies gilt auch im Bezug auf die Aussagen über Gott. Nur die Gottesvorstellungen, die aus den Tiefen der Vernunft heraus mit vernünftigen Gründen und ohne vorgängige Belehrung durch den Glauben entwickelt werden, haben Bestand.[1]

Die metaphysischen Ordnungsrahmen[2], in denen die Philosophie den Weg der Vernunft zu Gott nachgezeichnet hatte, sind zerfallen. Dort, wo Philosophie heute unter den Anspruch gestellt wird, die Wirklichkeit im ganzen zu umfassen und Einigkeit unter den Menschen herzustellen, scheint sie Tür an Tür mit Ideologien zu leben. Worauf es demgegenüber ankomme, seien intelligente Lösungen für Probleme, vor die uns das Leben in einer „offenen" Gesellschaft stellt. Das „Denken" wird dabei auf Strukturen im Gehirn zurückgeführt, die in den „Naturwissenschaften des Geistes" zum Gegenstand fachwissenschaftlicher Untersuchungen werden. In dieser zum Forschungsgegenstand reduzierten Form ist das Denken nicht länger eingebettet in den Prozeß der Selbstentfaltung der Vernunft; den Prozeß, in dem die Vernunft sich zum Subjekt der Wirklichkeit erhebt. Die Vernunft hatte sich darin als die Grundlegung des Denkens verstanden, als den genuinen Ort des Gegebenseins der Wirklichkeit. In diesem Selbstverständnis ist sie der Raum des In-Erscheinung-Tretens der Wirklichkeit; die sich im Denken realisierende Offenbarung. Mit diesem Anspruch ist sie schließlich in eine eigentümliche Beziehung zum Absoluten getreten.

1. Die Selbstentfaltung der Vernunft als Subjekt der Wirklichkeit

Der Ursprung der Auffassung vom Subjektsein (von lat.: subjectum: das Zugrundeliegende) liegt in der Aufklärung. „Aufklärung", das war der Aufruf zur Vernunft: Wer aufgeklärt ist, denkt und handelt vernünftig. Vernünftig, lehrt die Aufklärung, ist nicht schlechterdings jedes Denken. Vernünftiges Denken zeichnet sich durch Selbständigkeit und Klarheit des Gedachten aus. „Aufklärung", heißt es bei K. F. Bahrdt, „besteht allein in einer gewissen Beschaffenheit der Erkenntnisse des Menschen ... Zur Aufklärung gehören also erstlich – deutliche und eigene Begriffe – zweitens eigene und gründliche Überzeugung" (Funke 1963, 96 f.). Ein vernünftiger Gedanke ist ein solcher, von dem man sich selber und andere mit Vernunftgründen überzeugen kann, der also jedem Zweifel standhält und somit klar (evident) ist. Zur Klarheit gelangt man jedoch nur durch deutliche (wohldefinierte) Begriffe; die unmittelbare Anschauung ist immer verworren. Im deutlichen Begriff wird der erfaßte Gegenstand nur dann zur klaren, adäquaten Gegebenheit gebracht, wenn das Denken – eigenständig – sich in einem Akt der Freiheit von überlieferten Annahmen und Vorurteilen löst.

Beide Charaktere des vernünftigen Denkens, die Klarheit sowohl als auch die Selbständigkeit, sind antitheologisch. Das Denken löst sich aus der Bevormundung durch eine theologisch interpretierte Offenbarung. Das autonom gewordene Denken gelangt aus eigener Kraft und nach eigenen Gesetzen zur adäquaten Gegebenheit des darin Erfaßten. Mit der Berufung auf die Vernunft wird also die Einheit von Autonomie und Sachhaltigkeit (realitas) des Denkens postuliert. Just diese Einheit ist das philosophische Problem, das im Denkraum der Aufklärung nicht mehr bearbeitet werden konnte. Descartes, für den die Autonomie des Denkens vorwiegend in der Mathematik bezeugt war, wußte bereits, daß die Exaktheit des formalen (rationalen) Denkens keine Gewähr für seine Sachhaltigkeit ist. Daher mußte er einen Denkinhalt, einen Begriff nachweisen, mit dessen Inhalt zugleich die Existenz des Gedachten verbürgt ist. Dieser Denkinhalt, der unter gar keinen Umständen auf äußere Einflüsse zurückzuführen ist, ist die Vorstellung Gottes, eines vollkommenen Wesens also, zu dessen Vollkommenheit die Existenz notwendig dazugehört. Nicht daß Gott damit bewiesen wäre, ist das philosophisch Entscheidende, sondern daß Gott, wenn er gedacht wird, als die Einheit von Denken und Sein gedacht werden muß. Daß für diese Einheit der Name Gottes eingesetzt wird, ist beinahe sekundär und gewiß auch eine Reverenz an die christliche Tradition. Sicher war jedoch, daß in und mit dem vernünftigen Denken etwas Absolutes, ein mit sich selbst Beginnendes, durch sich selbst Bestimmtes in unser Dasein einbricht.

Die Frage nach der Einheit und Zusammengehörigkeit von Autonomie und Sachhaltigkeit des Denkens wurde jedoch erst im Idealismus (siehe Kasten) eindringlich gestellt.

Der Idealismus setzt ein mit einer radikalen „Hinterfragung" dessen, was Denken „eigentlich" ist, in philosophischer Hinsicht nämlich und nicht als psychisches Vermögen (das als solches genaugenommen ja auch schon ein Konstrukt des Denkens ist). Denken ist und vollendet sich, so der Ausgangspunkt des Idealismus, im Urteilen, in Aussagen. In Urteilen wird hervorgebracht, was der „Gegenstand" unbeschadet der Veränderungen seiner sinnlichen Gegebenheit ist. Darin wird herausgestellt, als was und wie der Gegenstand präsent, gegenwärtig ist. Präsenz, das ist die Gegebenheit des Gegenstandes ohne jede perspektivische, standpunktbezogene Verkürzung und ohne interessebedingte Beleuchtung. Es sind also nicht die Sinne, in denen die Dinge ursprünglich, in dem, was sie sind, gegeben sind, sondern das Denken. Und nur insofern die Sinnlichkeit eine Erscheinungsweise des Begriffes ist, ist auch sie der Ort des Gegebenseins. Was sich wirklich und wahrhaftig in den Sinnen zeigt, muß durch das Urteil ins Freie gebracht werden. Die Form aber, in der das Urteil seinen Gegenstand zur adäquaten Selbstgegebenheit bringt, ist die Explikation, das heißt die Entfaltung des Begriffs: Durch die Urteilsformel *Subjekt = Prädikat* wird nämlich unterstellt, daß in den Prädikaten (Eigenschaftsbezeichnungen) nur entfaltet wird, was im Subjekt enthalten ist. So gesehen wird mit dem Urteilsschema ferner unterstellt, daß es Prädikate gibt, die dem Subjekt „wesensmäßig" zugehören und also nicht nur zufällig daran angetroffen werden. Damit liegt dem Urteil immer schon die Voraussetzung zugrunde, daß das im Subjekt Anvisierte vollkommen bestimmbar ist, daß es in den ihm zugehörigen Prädikaten zur vollständigen Präsenz gebracht werden kann. Dies ist jedoch nur unter der Voraussetzung möglich, daß es eine Ordnung des Prädizierens gibt, die jedem konkreten Urteil vorausgeht: ein innerer Zusammenhang der Auslegung (in Prädikate), in der die Wirklichkeit angeschnitten wird. Man hat die Richtungen, in denen die Wirklichkeit angeschnitten wird, Kategorien genannt. Diese innere Ordnung von Kategorien, die dem Denken als Bedingung seiner Möglichkeit zugrunde liegt, ist nicht selbst wieder bedingt. Der Idealismus sieht darin eine sich selbst entfaltende, sich selbst erzeugende Ordnung: die Vernunft. Die Ordnung der Kategorien ist die Form, in der die Vernunft sich selbst entfaltet und sich als das allem Denken zugrundeliegende Subjekt ergreift. Die Vernunft ist also nicht nur, wie bei Bahrdt, eine Beziehung *des Menschen* zu seinem Denken, sondern die allem Denken vorausgesetzte Selbstexplikation, in der die Vernunft sich in Kategorien auslegt, in denen sie die Wirklichkeit in einem inneren Zusammenhang anschneidet.

Beide Charaktere des vernünftigen Denkens, die Klarheit sowohl als auch die Selbständigkeit, sind antitheologisch.

2. Die Vernunft – Bild des Absoluten

Nun ist die Vernunft zwar das absolute Subjekt und sie expliziert sich als solches (in der Ordnung der Kategorien), kann sich aber in dieser ihrer absoluten Subjektivität nicht mehr begreifen: Sie ist ja immer schon vorausgesetzt, wo sie zum Begreifen ansetzt. Sie ist das absolute Subjekt, ist sich aber, da der Ort allen Gegebenseins der Begriff ist, nicht selbst als das absolute Subjekt gegeben. Sie ist, was sie ist, nicht für sich selbst: Wo sie sich selbst zu begreifen versucht, gerät sie außer sich. Was sie außer sich selbst ist, ist ihre Absolutheit, ihre unvordenkliche Anfänglichkeit: Sie unterscheidet sich von dieser ihrer Unvordenklichkeit, auf die sie doch, als ihre eigene Absolutheit, bezogen bleibt. Das Medium, in dem Beziehen und Unterscheiden zusammenfallen, Beziehungs- und Unterscheidungsgrund nicht auf verschiedenen Ebenen (lat.: genus proximum und differentia specifica) liegen, ist das *Bild*. Das Bild erfaßt die „Sache" voll und ganz und, da es immer davon unterschieden bleibt, doch nicht als sie selbst. Die Vernunft begreift sich also nicht als das Absolute selbst, sondern nur als Bild des Absoluten. Die Vernunft bleibt somit mit allen ihren Leistungen auf eine unvordenkliche „Wirklichkeit" außer ihr bezogen. In dieser Beziehung ist die Vernunft jedoch nicht von außen bedingt, sondern der Bezug liegt in der Logik des Bildes begründet. Diese Wirklichkeit „gibt" es nur im, durch und für das Bildsein der unbedingten, sich aus jeder vorgängigen Bedingtheit des Denkens befreienden Vernunft. Anders als im und durch das Bild ist diese unvordenkliche Wirklichkeit nicht zu erfassen: Es gibt sie gleichsam nur als die im Bild repräsentierte; aber im und durch das Bild ist die Unvordenklichkeit der Wirklichkeit nicht an ihr selbst gegeben. Über die unvordenkliche Wirklichkeit läßt sich nichts sagen: Die Wirklichkeit, die uns gegeben ist, ist uns nur im Begriff gegeben, der im Urteil gebildet wird. Es gibt nichts ohne den Begriff, aber nichts kann voll und ganz in den Begriff aufgehoben werden. Der Begriff bleibt immer nur ein in seiner Vernünftigkeit begründeter Hinweis auf eine jenseitige Wirklichkeit. Darin liegt eine Selbstbegrenzung der Vernunft. Aus sich selbst heraus findet die Vernunft nämlich keine Gewähr dafür, daß ihren Bildern auch etwas in der Wirklichkeit ent-

Der deutsche Idealismus
ist ein an Kants große Kritiken (Kritik der reinen Vernunft, der praktischen Vernunft und der Urteilskraft) anschließender philosophischer Entwurf, der die Entstehung von Begriffen und Vorstellungen zu rekonstruieren (generieren) versucht. Der Idealismus geht dabei von der kaum zu widerlegenden Tatsache aus, daß wir immer schon in einer durch Begriffe vermittelten und interpretierten Wirklichkeit leben. Selbst noch in unseren Sinnesempfindungen ist die Wirklichkeit gegenständlich (begrifflich also) interpretiert. So hat der Geschmack einen erkennenden Bezug: Wir erkennen die Gewürze in einer gut gewürzten Speise, unterscheiden zwischen essig- und zitronensauer und so weiter. Reine, ungegenständliche Sinnesdaten sind uns nicht gegeben: Sie sind, wo man, wie im Empirismus, davon ausgehen möchte, Produkte (Elemente) der Analyse und also begrifflich vermittelt. Vor diesem Hintergrund wird es zum brennenden Problem, wie die Begriffe zustande kommen, in denen uns die Wirklichkeit gegeben ist. Fichte hat in seinen Wissenschaftslehren als erster versucht, die Formen der Begriffskonstruktion aus dem Selbstverhältnis der Vernunft (Ichheit) zu entwickeln.

tiert. Die Annahme der Begründung des Denkens in einer vernünftig konstituierten Wirklichkeit hat sich, nicht zuletzt durch den Fortschritt der Wissenschaften, als unhaltbar erwiesen. Das nicht mehr im voraus mit der Wirklichkeit vermittelte Denken operiert in einem unübersichtlich gewordenen Raum, in dem die Wirklichkeit weit eher in Rätseln als in kategorialen Ordnungen erscheint: zumal deshalb, weil der Mensch sie sich nicht mehr im Medium einer einheitlichen Vernunft gewissermaßen vom Leibe halten kann. Er ist immer schon in sie hineinverstrickt und verfangen. Aus der Obhut der Vernunft entlassen, erweist das Denken sich jetzt als bedingt; als bedingt durch die Leiblichkeit der Existenz; bedingt auch durch die gesellschaftlich-geschichtlich-kulturelle Lage, in der der Mensch mit der Wirklichkeit vermittelt ist. Aus diesen Bedingtheiten kann das Denken sich weder durch die Anstrengung der Freiheit noch durch ideologiekritische Exerzitien lösen, sondern nur durch Einrichtungen, mit denen die soziokulturelle und sinnliche Bedingtheit des Denkens außer Kraft gesetzt werden. Die vornehmste Einrichtung dieser Art ist das Experiment, in dem die Erscheinungen der Kontrolle ihrer Hervorbringung unterzogen werden.

Ohne den im voraus abgesteckten Aktionsraum besteht die eigentümliche Leistung des Denkens in der Entschlüsselung von Rätseln. Der Deutung des Rätsels liegt ein hypothetisch entworfener, lediglich als wahrscheinlich unterstellter Zusammenhang zugrunde. Die Bedeutung, welche die Einzelbezüge in dem unterstellten Zusammenhang haben, bestimmt sich aus ihrer Funktion im systematischen Aufbau des Zusammenhangs. Das Denken ist nicht mehr im gegenständlichen Sein der Wirklichkeit begründet, sondern es verfügt in eigenen Entwürfen über die Erscheinungen. Darin liegt, wie Schopenhauer (V 298) es gesehen hat, sowohl die Willkürlichkeit der denkenden Entschlüsselung der Wirklichkeit begründet als auch ihre Effizienz. Das Denken bewährt sich nicht mehr im „Zur-Welt-Bringen“ der Wirklichkeit, sondern an dem Maß, in dem es die Wirklichkeit auch für die selbstgesetzten Zwecke des Menschen verfügbar macht. Eine wie auch immer geartete Beziehung des Denkens auf ein Absolutes ist darin nicht mehr enthalten, daher ja auch die Tendenz zum radikalen Konstruktivismus (siehe Kasten). Die im Idealismus angenommene, vernunftbegründete Verbindlichkeit und Einheitlichkeit des Denkens löst sich auf in einzelne, heterogene Systeme, in denen der Mensch über die Wirklichkeit verfügt. Es ist nun aber just diese Zersplitterung des Denkens, die den Ruf nach der Vernunft hervortreibt. Das Denken in heterogenen (nicht einheitlichen) Systemen, durch das sich eigene Communities, Gemeinden, konstituieren, bedarf der allgemeinen Zustimmung: schon zur eigenen Rechtfertigung. Die Form und das Medium, in dem das systematische Denken zustimmungsfähig gemacht wird, ist die *Argumentation.*

Die Argumentation wird zur Manifestation der Vernunft, wo die Einheit der Vernunft zerbrochen ist und die Übereinstimmung des Denkens mit Sachen und mit Anderen nachgereicht werden muß. Die vernünftige Argumentation bewegt sich aber immer auf schwankendem Boden. Dies hat bereits Cicero hervorgehoben: „Argument ist der Grund, der einer zweifelhaften Sache Glaubwürdigkeit verschaffen soll (lat.: argumentum est ratio, quae rei dubiae faciat fidem).“ (II 8) Nicht Evidenz und letzte, in der Gegebenheitsweise der Sache begründete Übereinstimmung wird mit Argumenten erreicht, sondern

Die Vernunft begreift sich nicht als das Absolute selbst, sondern nur als Bild des Absoluten.

eine Überzeugung, die unsicher bleibt in drei Hinsichten: einmal, daß man nie sicher sein kann, worin die Übereinstimmung begründet ist. Sie könnte in der Autorität des Argumentierenden begründet sein, seiner Reputation. Zum anderen sind argumentativ herbeigeführte Überzeugungen niemals zweifelsfrei. Schon deshalb nicht, weil niemand sicher sein kann, alle Gesichtspunkte gehörig berücksichtigt zu haben. Drittens sind es schließlich unhinterfragte Annahmen, auf denen die Argumentation aufbaut: Sätze, die als ausgemacht gelten, Tatsachenbehauptungen, geltende Verhaltensnormen oder Grundsätze. Die Argumentation bewegt sich auf dem Boden von Grundannahmen, die den Zusammenhalt einer Gruppe bewirken. In der Regel sind diese Grundannahmen in der Form von Gemeinplätzen im Umlauf.

Ihre integrierende Kraft ist um so stärker, je weniger diese Topoi hinterfragt werden. So ist also die Vorannahme, daß man durch richtiges Argumentieren zu einem Konsens gelangen kann, ein Glaubenssatz, mit dem man sich aufs Diskutieren einläßt. Natürlich kann man so lange diskutieren, bis alle Teilnehmer

Wer von Gott redet, redet von dem leidenschaftlichen Ergriffensein der Vernunft.

die gleiche Überzeugung haben; aber es ist durch nichts gewährleistet, daß der so zustandegekommene Konsens nicht auf der – mit vernünftigen Argumenten begründbaren – Zurückhaltung eines möglichen Einspruchs beruht. Wo der – idealistische – Rekurs auf die Einheit der Vernunft nicht mehr möglich ist, scheint die humanste Form der Übereinstimmung die zu sein, daß man nicht übereinstimmt. Human ist die Akzeptanz der Nichtübereinstimmung schon deshalb, weil darin ganz offensichtlich auf die Übermächtigung der Partner verzichtet wird. In der Regel ist der diskutierende Austausch von Argumenten auf die Durchsetzung von Standpunkten oder Auffassungen angelegt. Das geschliffene Argument ist immer auch ein Medium der Machtausübung: Das gute Argument ist eine Form der Machtgewinnung und -steigerung. Die Argumentation beherrscht die politische Bühne. Darin liegt keine Abwertung des Argumentierens. Vielmehr kommen erst im Austausch der Argumente die Gesichtspunkte zum Vorschein, die in der Gesellschaft maßgeblich sind. Dies ist gerade dort unumgänglich, wo es keine kategoriale Vorordnung der Wirklichkeit gibt. Zugleich bildet die Diskussion den Rahmen, in dem sich die Kritik entfalten kann, die nur noch als öffentliche möglich ist und nicht mehr von jedem für sich zu leisten ist. Es ist die Vernunft der Gesellschaft, die sich darin entfaltet, nicht mehr die reine Vernunft. Es ist daher höchstwahrscheinlich nicht so sehr die Idee einer einheitlichen, verbindlich-verbindenden Vernunft, die den Austausch von Argumenten ermöglicht, als vielmehr die der Versöhnung, die selbst noch im bittersten Streit möglich ist. Dies aber ist eine religiöse Idee, die ihre tiefste Wurzel im Gedanken der Brüderlichkeit hat. Es wäre denkbar, daß darin die letzte Glaubensannahme einer zerbrochenen, streitenden Vernunft liegt. Schließlich war die Idee der Brüderlichkeit ein zentraler Glaubensartikel der Vernunftreligion, aus der die zum Maß aller Dinge erhobene Vernunft in der Französischen Revolution ihre Überzeugungskraft bezogen hatte.

Anmerkungen:

1. Walter Schulz hat in seinen frühen Schriften (1955 und 1957) die Gründe meisterlich entwickelt, die die autonom gewordene Vernunft zu der Annahme eines Absoluten außer ihr selbst gezwungen haben.
2. Die über die unmittelbar gegebenen Naturerscheinungen hinausgehenden, Vorstellungen und Erfahrungen ordnenden Strukturen.

Literatur:

- Anacker, U.: Stichwort „Vernunft". In: Handbuch philosophischer Grundbegriffe. Band sechs. Herausgegeben von H. Krings u. a. München 1974
- Cicero, M. T.: Topica. Herausgegeben, übersetzt und erläutert von K. Bayer. München 1993
- Fichte, J. G.: Fichtes Werke. Herausgegeben von I. H. Fichte. Berlin 1971
- Funke, G.: Die Aufklärung. In ausgewählten Texten dargestellt. Stuttgart 1963
- Runge, Ph. O.: Hinterlassene Schriften. Herausgegeben von dessen ältestem Bruder. Berlin 1840f.
- Schopenhauer, A.: Sämtliche Werke. Textkritisch bearbeitet und herausgegeben von W. Frhr. von Löhneysen. Darmstadt 1965
- Schulz, W.: Die Vollendung des deutschen Idealismus in der Spätphilosophie Schellings. Stuttgart 1955
- Schulz, W.: Der Gott der neuzeitlichen Metaphysik. Pfullingen 1957
- Schulz, W.: Der gebrochene Weltbezug. Aufsätze zur Geschichte der Philosophie und zur Analyse der Gegenwart. Pfullingen 1994

Klaus Giel ist Universitätsprofessor (Erziehungswissenschaften) im Ruhestand. Er ist Mitbegründer und langjähriger Geschäftsführer des Humboldt Studienzentrums für Philosophie und Geisteswissenschaften an der Universität Ulm.

Die Fragen der Religion sind unabweislich. Die Antworten waren immer – Glaubenssache.

•

Nicht theoretisierbar sind etwa Gott, die Schönheit, unser Leben und die Theorieproduktion selbst. Deshalb werden aus der Theologie, Ästhetik, Ethik und Wissenschaftstheorie nie strenge wissenschaftliche Disziplinen, sondern es bleibt beim Spiel der Intuitionen, bei jenem wundersamen Wildwuchs, dessen Urform Paradies heißt.

•

Eine anständige Religion überlebt alles, auch sich selbst.

Ulrich Horstmann

Richard Reschika

Die Arche Noah des Heiligen

Ob der Traum, das Mysterium des Todes oder die Betrachtung des unermeßlichen Himmels am Ursprung der Religion stand, ist eine alte, wohl niemals zu lösende Frage. Aller Wahrscheinlichkeit nach hängt die Entstehung der Religion(en) jedoch mit dem existentiellen Dilemma des Menschen zusammen, nämlich ein zeit- und geschichtsverhaftetes, folglich angst-, sorgen- und leiderfülltes Wesen zu sein. Dem Religionshistoriker Mircea Eliade zufolge sind auch die Krisen des modernen Menschen insofern zum Großteil religiöse Krisen, als sie die Bewußtwerdung eines mangelnden Sinngehalts darstellen. In dieser Verwirrung wirkt die Religionsgeschichte zumindest wie eine Arche Noah der mythischen und religiösen Überlieferungen.

Dem Rumänen Mircea Eliade (1907–1986) gebührt das besondere Verdienst, die Religionsgeschichte in ein kritisches Gespräch mit ihren Nachbarwissenschaften (Ethnologie, Psychologie, Anthropologie und Theologie) gebracht zu haben. Dank seiner Fähigkeit, weitverzweigte, äußerst vielschichtige Probleme auch für den gebildeten Laien gut verständlich darzustellen, verhalf er der elitär gewordenen Religionsgeschichte wieder zu größerer Popularität. Um eine Antwort auf die Frage „Was ist Religion?" zu erhalten, scheint es Eliade geboten, das Phänomen Religion in seiner eigenen Modalität, das heißt unter rein religiösen Maßstäben zu betrachten – so wertvoll Annäherungen seitens verschiedener Einzeldisziplinen wie Physiologie, Psychologie, Wirtschaftswissenschaften, Sprachwissenschaften oder Kunst auch sein mögen. Eliade besteht auf der Unreduzierbarkeit, auf der Nichtableitbarkeit religiöser Erscheinungen.
Als ersten Ausgangspunkt wählt Eliade in einem seiner berühmtesten Bücher, *Das Heilige und das Profane*, eine simple, wenngleich treffende Bestimmung des Religiösen: „Die erste Definition des Heiligen ist, daß es den Gegensatz zum Profanen bildet." (HP, 14) Eine genauere, engere Definition der Religion beziehungsweise der Erfahrung des Heiligen wird von Eliade – angesichts der schier unübersehbaren Zahl von Mythen, Ritualen, Glaubensvorstellungen und magischen Handlungen – mit Skepsis, wenn nicht sogar mit Ablehnung betrachtet. Diese Dialektik (über sich hinausweisende Gegensätzlichkeit) des Sakralen und Profanen erlaubt es ihm jedoch, religiöse Manifestationen gut zu unterscheiden. Gegenstand der religionswissenschaftlichen Untersuchungen Eliades sind mithin „Hierophanien", also Erscheinungsweisen des Religiösen und Heiligen im weitesten Wortsinn, wobei die Darstellung religiöser Phänomene nicht – wie in zahlreichen anderen religionshistorischen Werken des 19. und auch noch des 20. Jahrhunderts – vom Einfachen zum vermeintlich Zusammengesetzten, Komplexen fortschreitet. Von einem elementaren Natur- und Geisterkult über Götter und Dämonen zum monotheistischen (womöglich christlichen!) Gottesbegriff zu gelangen erscheint Eliade als wissenschaftliches Konstrukt westlicher Optik, wie er in *Die Religionen und das Heilige* betont: „Eine solche Aufreihung wäre willkürlich, sie implizierte den Gedanken einer Evolution religiöser Phänomene vom ‚Einfachen zum Zusammengesetzten', was nichts als eine unbeweisbare Hypothese ist." (RuH, 15)
Was das Problem der Geschichte des Phänomens Religion betrifft, kommt Eliade zu dem Ergebnis, daß fast alle religiösen Haltungen des Menschen seit ältester Zeit existieren und daß, von einem gewissen Standpunkt aus, nicht einmal ein wirklicher Bruch der Kontinuität zwischen den sogenannten primitiven, archaischen Religionen und den Hochreligionen wie dem Christentum erkennbar ist. Nach Eliade sind die religiösen Haltungen und Hierophanien mehr oder weniger konstant, „seit der Mensch sich seiner existentiellen Situation im Schoß des Alls bewußt" (RuH, 536) geworden ist. Eliade vertritt folglich einen entschieden ahistorischen Begriff des „Heiligen", sieht in ihm primär ein „übergeschichtliches" Element. Das Heilige ist kein Stadium in der Geschichte, sondern fester Bestandteil menschlichen Bewußtseins. Trotzdem wird der Einfluß der Geschichte auf das religiöse Erlebnis nicht geleugnet.
Für Eliade setzt sich die Geschichte der Religionen aus einer Vielzahl von Manifestationen heiliger Realitäten zusammen, wobei es sich immer um denselben geheimnisvollen Vorgang zu handeln scheint: „Das ‚ganz Andere', eine Realität, die nicht von dieser Welt ist, manifestiert sich in Gegenständen, die integrierende Bestandteile unserer ‚natürlichen', ‚profanen' Welt sind …" (HP, 14f.) Ausdrücklich hebt Eliade die innewohnende Paradoxie jeder Hierophanie hervor, denn jedes Ding kann Träger zweier Namen sein: „Indem ein beliebiger Gegenstand das Heilige offenbart, wird er zu etwas anderem und hört doch nicht auf, er selbst zu sein, denn er hat weiterhin teil an seiner kosmischen Umwelt. Ein heiliger Stein bleibt ein Stein; scheinbar (genauer: von einem profanen Gesichtspunkt aus) unterscheidet ihn nichts von allen anderen Steinen. Für diejenigen aber, denen sich ein Stein als heilig offenbart, verwandelt sich eine unmittelbare Realität in eine übernatürliche Realität. Mit anderen Worten: Für die Menschen, die ein religiöses Erlebnis haben, kann sich die ganze Natur als kosmische Sakralität offenbaren. Der Kosmos wird dann zur Hierophanie." (HP, 15)
Sowohl für die „primitiven" als auch für die Menschen der vormodernen Gesellschaften „bedeutet das Heilige so viel wie Kraft und letztendlich Reali-

tät schlechthin. Das Heilige ist gesättigt mit Sein. Heilige Kraft heißt Realität, Ewigkeit und Wirkungskraft in einem..." (HP, 15) Teilhabe an der Realität, das Gesättigtsein mit Kraft – darin erkennt Eliade die tiefe Sehnsucht des religiösen Menschen. Die gänzliche Entsakralisierung der Welt, ihre totale Profanisierung, markiert dagegen eine verhältnismäßig junge Entdeckung in der Geschichte des menschlichen Geistes.

Somit stellen das Heilige und das Profane nach Eliade zwei existentielle Grundsituationen, mit dem Philosophen Heidegger gesprochen, zwei Arten des „In-der-Welt-Seins" dar, die der Mensch im Laufe seiner Geschichte ausgebildet hat: die sakrale Seinsweise des Menschen der vorgeschichtlich-archaischen und religiösen Gesellschaften und die profane Seinsweise des modernen, areligiösen Menschen. Der „primitive" religiöse Mensch betrachtet die Welt als Kosmos, als geordnetes Sein, das mit dem Heiligen eins ist. Für ihn sind alle Erfahrungen und Akte des Lebens – ob es sich um die Nahrungsaufnahme, die Sexualität oder die Arbeit handelt – Teile beziehungsweise Abbilder einer kosmischen Ordnung, ist „alles Vergängliche (eben doch) nur ein Gleichnis", wie es der Chorus mysticus am Ende von Goethes *Faust, Zweiter Teil,* besingt... Eliade erkennt in der archaischen Religion daher gleichsam eine Ontologie, das heißt eine Seinslehre, die dem In-der-Welt-Sein des Menschen eine sakrale Bedeutung beimißt. Die von Eliade angeführten zahlreichen Beispiele zeigen, daß auch räumlich und zeitlich weit voneinander entfernte Völker und Kulturen strukturell quasi identische Hierophanien, religiöse Symbole und Vorstellungen entwickelt haben.

In seinen religionshistorischen Arbeiten demonstriert Eliade immer wieder, daß religiöse Symbole und Elemente nicht nur das Leben und Handeln der Menschen der „primitiven", vorgeschichtlichen, sondern noch der industriellen Gesellschaften und sogar des areligiösen Intellektuellen von heute beherrschen, denn: „Ein reiner Vernunftmensch ist eine Abstraktion, die in der Wirklichkeit nirgends auftritt. Jedes menschliche Wesen setzt sich aus seiner bewußten Aktivität und aus seinen irrationalen Erlebnissen zusammen." (HP, 180) So erweist sich der profane Mensch – wider Willen – in vielem als Abkömmling des „Homo religiosus", das heißt des religiösen Menschen; er vermag seine eigene Geschichte nicht gänzlich zu annullieren: „Die meisten ‚religionslosen' Menschen verhalten sich immer noch religiös, auch wenn sie sich dessen nicht bewußt sind. Wir meinen hier nicht nur die Fülle von ‚Aberglauben' und ‚Tabus' des modernen Menschen, die alle ‚religiös-magischer' Struktur und Herkunft sind. Der moderne Mensch, der sich als areligiös empfindet und bezeichnet, verfügt noch über eine ganze verkappte Mythologie und viele verwitterte Ritualismen. So haben ... die Neujahrsvergnügungen oder Hauseinweihungen, obwohl sie weltlich sind, immer noch die Struktur eines Erneuerungsrituals. Dasselbe gilt für die Feste und Vergnügungen bei einer Hochzeit oder bei der Geburt eines Kindes, beim Antritt einer neuen Arbeitsstelle oder bei einer Beförderung usw." (HP, 176 f.)

„Für mich ist das Heilige immer die Offenbarung des Realen, die Begegnung mit dem, was uns rettet, indem es unserem Dasein Sinn verleiht." ***Eliade***

Auch die Mythen des modernen Menschen, die er in den Büchern, den Schauspielen und in der Traumfabrik Kino bevorzugt, weisen noch präzise Spuren seines archaischen Erbes auf: „Selbst die Lektüre hat eine mythologische Funktion: Sie ersetzt nicht nur die Mythenerzählung in der archaischen Gesellschaft und die mündlich überlieferte Dichtung ..., sondern bietet dem modernen Menschen vor allem die Möglichkeit, ‚aus der Zeit herauszutreten', ähnlich wie die Mythen es früher taten." (HP, 177)

Über den rein wissenschaftlichen Selbstzweck hinaus gibt das Studium der Religionsgeschichte dem modernen Menschen auch Antworten auf brennende Grundprobleme und -fragen menschlicher Existenz: Wie erträgt der Mensch das furchtbare Leid und die gnadenlosen Katastrophen, denen er hilflos ausgeliefert ist? Wie deutet er das chaotische historische Geschehen, die „Schrecken der Geschichte", und gibt damit seinem eigenen Leben wieder Sinn und Wert? Eliade zufolge werden die Traditionen der abendländischen, vor allem der aufklärerisch gefärbten Philosophie und der Menschen der geschichtlichen Zivilisationen weit überschätzt. Deshalb gilt sein besonderes Interesse vorrangig den Erfahrungen der „primitiven", „schriftlosen" Menschen, ihrer sich in mannigfachen Symbolen, Mythen und Riten ausdrückenden „archaischen Ontologie", die gewissermaßen eine Urform der Metaphysik (philosophische Disziplin, die sich mit den über die Erfahrung hinausgehenden Fragen des Seins beschäftigt) darstellt. Denn kennzeichnend für das Verhalten des „vorgeschichtlichen" Menschen ist unter anderem folgendes: „Die Gegenstände der Außenwelt besitzen, nicht anders als die menschlichen Handlungen im eigentlichen Sinn, keinen selbständigen inneren Wert. Gegenstände oder Handlungen gewinnen einen Wert und werden damit wirklich, weil sie auf die eine oder andere Weise einer Wirklichkeit teilhaftig sind, die über die Grenzen hinausgreift ... In den Einzelheiten seines bewußten Verhaltens kennt der ‚Primitive', der archaische Mensch, keine Handlung, die nicht von einem anderen gesetzt oder vorgelebt worden wäre, von einem anderen, der kein Mensch gewesen ist. Was er tut, ist schon getan worden. Sein Leben besteht in der ununterbrochenen Wiederholung von Handlungen, die von anderen eingesetzt worden sind. Diese Wiederholung bestimmter beispielhafter Handlungen läßt eine ursprüngliche Ontologie erkennen." (KuG, 16f.)

Das besondere Muster des frühzeitlichen Denkens untersuchend, führt Eliade – vor allem in seinem Buch *Kosmos und Geschichte* – Beispiele an, die anschaulich zeigen, daß für den archaischen, noch mythisch-religiös eingestellten Menschen Wirklichkeit in erster Linie eine Funktion der „Nachahmung" eines himmlischen Urbildes ist, daß Handlungen Akte wiederholen, die von Göttern, Helden oder Ahnen gesetzt worden sind. Für die archaischen Gesellschaften ist die Geschichte des Kosmos, aber auch die Geschichte der Menschen demnach „heilige Geschichte", bewahrt und weitergegeben durch Symbole, Mythen und Riten: „Mehr noch, es ist eine ‚Geschichte', die unbegrenzt wiederholt werden kann insofern, als die Mythen als Vorbilder für Zeremonien dienen, die periodisch die ungeheuerlichen Ereignisse am Beginn der Zeiten wieder wirklich werden lassen. Die Mythen bewahren und vermitteln die Paradigmen, die beispielhaften Vorbilder, für das gesamte verantwortliche Handeln des Menschen. Kraft dieser beispielhaften Vorbilder, die den Menschen in mythischen Zeiten offenbart wurden, werden Kosmos und Gesellschaft periodisch wiedergeschaffen." (KuG, 11) Geschichtliche Ereignisse können dergestalt eine mythische Sinnstiftung erfahren. Der Mythos selbst beschwichtigt als Einbruch des Heiligen in die Welt die Angst, vermag dem Menschen Sicherheit zu geben.

Bei dem offenbar unverzichtbaren Versuch des Menschen, seine eigene Stellung im Kosmos zu deuten, lassen sich mithin zwei einander entgegengesetzte Grundhaltungen unterscheiden: einerseits die des archaischen, „primitiven", das heißt religiösen Menschen, der sich gegen die Geschichte auflehnt, sie sogar leugnet, indem er – getragen von der tiefen Sehnsucht nach einer Rückkehr zur mythischen Zeit der Uranfänge – alles Historische in ein übersinnliches System von Mythen und Archetypen einordnet; andererseits die des historischen, modernen Menschen, der, vom festen Glauben an einen unendlichen Fortschritt beflügelt, sich selbst als eigenmächtigen Schöpfer der Geschichte erkennen will: Dieser Wille, die „Geschichte nicht anzunehmen, und diese Auflehnung gegen sie entspringen nicht einfach den konservativen Tendenzen der primitiven Gemeinschaften ... Nach unserem Dafürhalten ist man berechtigt, in dieser Verachtung der Geschichte, das heißt der Ereignisse ohne übergeschichtliches Vorbild, und in dieser Zurückweisung der profanen kontinuierlichen Zeit eine gewisse metaphysische Bewertung der menschlichen Existenz zu erblicken." (KuG, 7f.)

Während also der archaische, traditionsgebundene Mensch sich untrennbar mit dem Kosmos und den kosmischen Rhythmen verbunden fühlt, die persönliche und allgemeine Geschichte in eine höhere Wirklichkeit eingebettet weiß und dadurch auch befähigt ist, großen geschichtlichen Druck auszuhalten, besteht der Mensch der modernen Gesellschaften – spätestens seit Hegel und Marx – nur noch darauf, mit der Geschichte verbunden zu sein, in ihr aufzugehen. Was zur Folge hat, daß der Schrecken der Geschichte, ihre Widersinnigkeit zuweilen immer schwerer zu ertragen ist und mitunter sogar in einen verhängnisvollen Nihilismus (Verneinung der Existenz einer objektiven Grundlage für Moral, Sinn und Erkenntnis) münden kann...

Angesichts der Gefahr, daß man, vor allem mit Hilfe atomarer, chemischer und biologischer Waffen, heute durchaus in der Lage zu sein scheint, einen Großteil der Menschengattung auf einmal zu vernichten, sieht Eliade aber auch die Chance wachsen, den offenen „historischen Linearismus", will sagen den vermeintlich unbeirrbaren Glauben an den unendlichen Fortschritt, durch ein zyklisch-geschlossenes Denken, eine Art neuer Kosmisierung und Remythisierung des Menschen zu überwinden. Eine (erzromantische) Utopie, die Eliade auszusprechen bis zu seinem Lebensende nicht müde wurde, für deren Realisierung – von der zumeist seichten New-Age-Bewegung einmal abgesehen – konkrete Schritte bislang jedoch immer noch nicht in Sicht sind.

„Die erste Definition des Heiligen ist, daß es den Gegensatz zum Profanen bildet." ***Eliade***

Die Wiederentdeckung und Erforschung der religiösen Symbolik könnte dazu einen bedeutenden Beitrag leisten. Sie würde nicht nur der simplen Erweiterung des Wissens dienen, sondern der echten Selbsterkenntnis des Menschen, der mit ihrer Hilfe einen neuen Humanismus, eine neue Anthropologie (Lehre vom Menschen) begründen könnte. Für Eliade sind religiöse Symbole und mythische Bilder unausrottbare Konstanten des menschlichen Bewußtseins, die zumindest gleichberechtigt neben dem diskursiven, analytisch-kausalen (nach Ursache und Wirkung logisch zergliedernden) Denken bestehen und sich im alltäglichen Leben, in Träumen, in Tagträumen, im freien Spiel der Assoziationen, in den Zerstreuungen, Vergnügungen und Melancholien des modernen Menschen immer noch manifestieren.

Zur Vertiefung empfohlen:

- Eliade, Mircea: Ewige Bilder und Sinnbilder. Über die magisch-religiöse Symbolik. Insel Verlag, Frankfurt/M. 1988
- Eliade, Mircea: Geschichte der religiösen Ideen. 4 Bde. Herder Verlag, Freiburg/Basel/Wien 1993
- Eliade, Mircea: Das Heilige und das Profane. Vom Wesen des Religiösen. Insel Verlag, Frankfurt/M. 1984
- Eliade, Mircea: Handbuch der Religionen. Suhrkamp Verlag, Frankfurt/M. 1995
- Eliade, Mircea: Kosmos und Geschichte. Insel Verlag, Frankfurt/M. 1994
- Eliade, Mircea: Mythos und Wirklichkeit. Insel Verlag, Frankfurt/M. 1988
- Eliade, Mircea: Das Mysterium der Wiedergeburt. Versuch über einige Initiationstypen. Insel Verlag, Frankfurt/M. 1989
- Eliade, Mircea: Die Religionen und das Heilige. Elemente der Religionsgeschichte. Insel Verlag, Frankfurt/M. 1994
- Eliade, Mircea: Schamanismus und archaische Ekstasetechnik. Suhrkamp Verlag, Frankfurt/M. 1994
- Eliade, Mircea: Die Sehnsucht nach dem Ursprung. Von den Quellen der Humanität. Suhrkamp Verlag Frankfurt/M. 1981
- Eliade, Mircea: Schmiede und Alchemisten. Mythos und Magie der Machbarkeit. Herder Verlag, Freiburg 1992
- Eliade, Mircea: Yoga. Unsterblichkeit und Freiheit. Suhrkamp Verlag, Frankfurt/M. 1985
- Eliade, Mircea: Von Zalmoxis zu Dschingis Khan. Religion und Volkskultur in Südosteuropa. Insel Verlag, Frankfurt/M. 1990

Dr. Richard Reschika lebt als freier Lektor, (Rundfunk-) Autor und Übersetzer in Freiburg i. Br. Er ist Verfasser der Monographie Mircea Eliade zur Einführung, *Junius Verlag, Hamburg 1997, und Übersetzer zweier Eliade-Romane aus dem Rumänischen:* Die Hooligans, *Herder Verlag, Freiburg/Basel/Wien 1993, und* Der besessene Bibliothekar, *Insel Verlag, Frankfurt/M. 1995.*

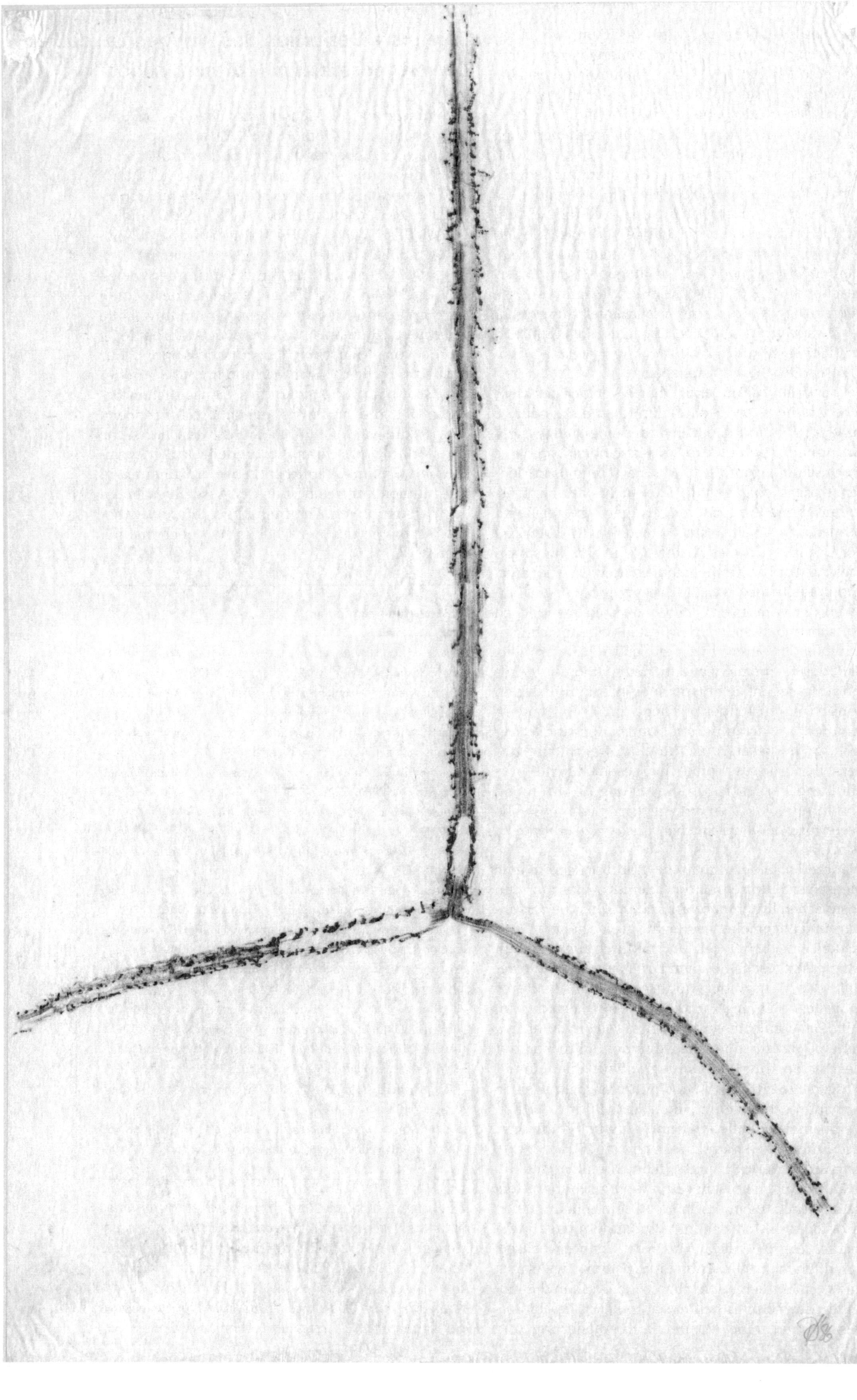

Carl-Friedrich Geyer

Gott denken, Religion verstehen

Stadien diskursiver Vergegenwärtigung von Transzendenz

Das philosophische Fragen nach den Göttern, dem Göttlichen und schließlich nach dem einen Gott ist wie ein Ausgreifen ins Unvergleichliche – gleichgültig ob von einem religiösen Standpunkt aus oder mit religionskritischem Vorbehalt gefragt wird. Zweck der Philosophie ist es nach Hegel, „die Wahrheit zu erkennen, Gott zu erkennen, denn er ist die absolute Wahrheit; insofern ist nichts anderes der Mühe wert gegen Gott und seine Explikation"[1]. Einzigartig ist die Frage nach Gott schon darin, daß dieser Griff nach dem von seinem Begriff her Unbegreiflichen nicht vom westlichen Rationalisierungsprozeß ablösbar betrachtet werden kann. Theologie, das Ergebnis einer historischen Synthese von Griechentum und Christentum, ist höchst voraussetzungsreich und dennoch geschichtlich eher zufällig.[2]

Die unterschiedlichen Stadien der Auseinandersetzung mit dem Transzendenten, das heißt mit dem die unmittelbare Erfahrung Übersteigenden, lassen sich daher auch als Stufen eines Prozesses fortschreitender Infragestellung dieser ursprünglichen Synthese erinnern und bewußt machen. Einen möglichen Endpunkt dieses Prozesses könnte die Radikalkritik Heideggers an der Metaphysik (siehe Kasten) markieren. Dieser Kritik zufolge ist jede Auseinandersetzung der Philosophie mit Gott ein Fehlgang des Denkens und eine Folge fataler Mißverständnisse. Die philosophische Theologie der Antike, des Mittelalters und noch Hegels zeuge unter dieser Rücksicht von dem Unvermögen, das Sein (siehe Kasten) selbst zur Sprache zu bringen. Zwar spreche die Philosophie unentwegt vom Sein, treffe aber, so Heidegger, nur Seiendes neben anderem Seienden. Zwar anerkenne sie, Seiendes sei nicht ohne Sein, nehme das Sein aber nur im Lichte des Seienden wahr, um es dort, wo sie es in seiner höchsten Gestalt zu denken versuche, als Gott zu denken. Die Philosophie dementiere so sich selbst in Gestalt der „Frage nach dem Göttlichen und dem Gott"[3] und werde: *philosophische Theologie*. Die Antwort auf die Frage, wie der Gott in die Philosophie geraten sei, könne daher, so Heidegger, nur lauten: aufgrund eines Mißverständnisses. Dieses sei dem Unvermögen geschuldet, die Differenz von Sein und Seiendem wahrzunehmen und zu bedenken. So ist die „Metaphysik in allen ihren Gestalten und geschichtlichen Stufen ein einziges Verhängnis des Abendlandes"[4]. Nun verlangt aber gerade Heideggers Urteil seinerseits den Glauben an die Richtigkeit und Unüberbietbarkeit einer solchen exklusiven Perspektive. Dem steht die Tatsache der Gegenwärtigkeit des Religiösen beziehungsweise Gottes im Diskurs entgegen.

Bereits am Beginn des Denkweges mit Gott findet sich ein Argument, das nahezu unverändert am Ende dieses Weges wartet: das Argument der Vermenschlichung. Im sechsten Jahrhundert vor unserer Zeit kritisiert Xenophanes nicht nur, Homer und Hesiod hätten die Götter mit allem belastet, was bei den Menschen übel genommen und getadelt werde. An Feuerbach und Freud erinnert folgender Aphorismus: Die Äthiopier behaupteten, ihre Götter seien stumpfnasig und schwarz, die Thraker dagegen, die ihren seien blauäugig und blond. Xenophanes fährt fort: „Als ganzer sieht er (der Gott), als ganzer versteht er, als ganzer hört er"[5], jener Gott nämlich, der ein einziger ist, weder dem Körper noch der Einsicht nach dem Menschen gleich.

Die philosophische Entfaltung des Gottesproblems steht anfänglich, dies ist auch einer ihrer bleibenden Grundzüge, im Dienste der Zerstörung der traditionellen Mythologie. Diese erklärt und deutet nicht, sondern illustriert allenfalls noch. So, wenn Platon Mythen erzählt, nicht etwa, um damit dialektisch zu den Ideen aufzusteigen, sondern um den Umgang der Seele mit dem Walten des Göttlichen in bedeutungsvollen Bildern zu erzählen (Dialektik: nach Hegel eine Grundstruktur und Methode, die von der Einheit im Widersprüchlichen ausgeht beziehungsweise diese Einheit in vermittelnder Weise faßt). Wie wenig diese Bilder auf der Ebene der Erklärung und Deutung dem Göttlichen als der Idee des Guten angemessen sind, erhellt aus der Bestimmung des Gottes selbst. Das, was er ist, kann weder von außen verändert werden, noch wird er sich selbst verändern. Da er vollkommen ist, gibt es weder ein noch Vollkommeneres, in das er sich verändern könnte, noch ein Unvollkommenes, in das sich zu verändern er irgendeinen Grund hätte. Er bleibt unwandelbar „in der ihm eigenen Gestalt"[6]. Meisterhaft führt Platon hier den ethischen mit dem ontologischen (den das Sein betreffenden) Aspekt zusammen. Beide werden durch die erkenntnistheoretische Perspektive ergänzt, welche die Tatsache reflektiert, daß eine Aussage wie die vorliegende überhaupt möglich und nachvollziehbar wird. Sie tritt in den Bereich des Möglichen, weil die Idee selbst sie wirkt. Zentral wird der ontologische Gesichtspunkt auch bei Aristoteles im Ausgang von der Ethik. Im X. Buch der *Nikomachischen Ethik* stellt er einen Zusammenhang zwischen Glückseligkeit, Weisheit und der Gottheit her, demzufolge im „Denken des Gottes" die höchste Glückseligkeit gründet, sofern der Weise, dem

Deismus:
(von lat.: deus „Gott") Religionsphilosophische Anschauung, die aus Gründen der Vernunft einen Weltschöpfer anerkennt, aber den Glauben an sein weiteres Einwirken auf das Weltgeschehen ablehnt.

Linguistic turn:
Die „sprachphilosophische Wende" in den 60er Jahren, ausgehend von Ludwig Wittgenstein und der sprachanalytischen angelsächsischen Philosophie. Sprache wird als Voraussetzung des Denkens begriffen und nicht mehr nur als für den Erkenntnisprozeß unwichtiges, bloß willkürliches Instrument zur Bezeichnung.

Metaphysik:
Philosophische Disziplin, die sich mit den über die Naturerscheinungen hinausgehenden Fragen des Seins beschäftigt.

Sein/Seiendes:
Sein (gr.: on, lat.: esse) bezeichnet ganz allgemein das Gemeinsame dessen, was ist. Sein wird oft mit Existenz beziehungsweise Seiendem gleichgesetzt, doch ist zu beachten, daß auch einem bloß Möglichen, wie zum Beispiel einem Pferd mit Flügeln, obzwar ein solches nicht existiert, dennoch eine bestimmte Weise des „Seins" zukommt. Die Existenzphilosophie streitet ab, daß der Mensch in derselben Weise existiert wie zum Beispiel ein Gegenstand. Heidegger und andere reservieren das Wort Existenz ausschließlich für den Menschen (Dasein), während das übrige Seiende nur „vorhanden" oder „zuhanden" sein kann.

Scholastik:
(von lat.: scholasticus, Studierender oder Lehrender) Schulwissenschaft, Sammelbezeichnung für die abendländischen philosophisch-theologischen Lehren des Mittelalters, die an Universitäten und katholischen Lehranstalten gelehrt und praktiziert wurden.

Theonomie:
(von gr.: theós „Gott" und gr.: nómos „Gesetz") Begriff der christlichen Ethik, der die Bindung des sittlichen Handelns an den Willen Gottes bezeichnet.

wahrhaft Seienden (gr.: ontos on) zugewandt, immer schon bei Gott ist wie die Gottheit bei ihm. Aristoteles treibt die Identifikation von Theoria und Theologia am weitesten voran und bereitet darin die philosophische Theologie des Mittelalters vor, die demonstratio Dei, das heißt den rationalen Aufweis der Existenz Gottes (Gottesbeweise). Prägnant formuliert er: „Wer aber denkend tätig ist und dies in sich pflegt, mag sich nicht nur der besten Verfassung erfreuen, sondern auch von der Gottheit am meisten geliebt werden. Denn wenn die Götter, wie man glaubt, um unsere menschlichen Dinge irgendwelche Fürsorge haben, so darf man annehmen, daß sie an dem Besten und ihnen Verwandtesten Freude haben – und das ist der Geist."[7]

In der Scholastik (siehe Kasten) des Mittelalters verbinden sich Glauben und Denken zu einer arbeitsteiligen Einheit, gegründet auf die Voraussetzung, die Vernunft könne die Einsicht des vorausgesetzten Glaubens nachträglich rechtfertigen. Thomas von Aquin verschränkte aristotelische Philosophie und überlieferte religiöse Tradition zur Gesamtdarstellung eines „religiösen Wissens", das als Prinzipienerkenntnis durchaus wissenschaftlichen Anspruch erhob. Erste Umbesetzungen innerhalb dieser Denkvoraussetzung (Paradigma) werden zu Kriterien der Epochenschwelle zwischen Mittelalter und Neuzeit, etwa, wenn Nicolaus Cusanus von Gottes absoluter Unendlichkeit spricht, die ihn über alle Gegensätzlichkeit und hiesige Wirklichkeit erhebt, oder wenn Giordano Bruno die These von der Möglichkeit unzähliger Welten gegen den Glauben an einen einzigen Gott auslegt und schließlich wenn Spinoza, der wohl nachhaltigste Wegbereiter der Neuzeit, die geistige Liebe zu Gott (lat.: amor Dei intellectualis[8]) diesseitig faßt. Gott ist kein außer der Welt sich befindendes Wesen mehr, sondern jene Tiefendimension der Wirklichkeit, die sich in der Akzeptanz der Welt erschließt.

Als eine zusätzliche Infragestellung der philosophischen Theologie darf der reformatorische Rückgriff auf das reine Wort Gottes gelten. Zwar konnte sich hier, schon um der Möglichkeit einer schlüssigen Argumentation innerhalb der Theologie willen, das aristotelische Wissenschaftsverständnis noch eine Weile behaupten, aber der ursprünglich philosophische Bezug wurde zunehmend funktional. Insbesondere die gegen die Strenggläubigkeit (Orthodoxie) gewandten Aussagen im Deismus (siehe Kasten), in der natürlichen Religion und im Denken der Aufklärung insgesamt, weisen die autonome Vernunft und die kritische Subjektivität als letztlich legitimierende Instanz aus – und nicht mehr eine hierarchisierte Theonomie (siehe Kasten).

Zu den Entstehungsbedingungen der Religionsphilosophie in einem ursprünglich neuzeitlichen Sinne zählt vor allem das Schwinden an Überzeugungskraft der traditionellen Metaphysik und der natürlichen Theologie, die Gott als die letzte, das Ganze bestimmende Wirklichkeit zu denken versuchten. Anders als diese philosophische Theologie sieht die Religionsphilosophie der Neuzeit ihr bevorzugtes Objekt nicht mehr in Gott als dem Gegenstand eines religiösen Glaubens, sondern macht diesen Glauben selber zum Objekt ihrer Überlegungen und Forschungen. Zum Thema wird die Religion vor allem dort, wo sie Vernunftansprüche erhebt, so, wenn sie auf logischer Widerspruchsfreiheit und einer prinzipiellen Vereinbarkeit von Vernunft und Glaube beharrt. Daraus folgt, daß die Religionsphilosophie auf weite Strecken hin auch Religionskritik ist. Als solche überprüft sie die Geltungsansprüche der Religionen an Kriterien wie jenen von „Wahrheit" und „Verbindlichkeit", die auch außerhalb religiöser Kontexte zustimmungsfähig sein müssen.

Die religionsphilosophischen Schriften Kants und Fichtes haben in erheblichem Maße zur Relativierung des wissenschaftlichen Wahrheitsanspruchs der historischen Offenbarungsreligionen beigetragen. Die Fragen, die in dieser neuen philosophischen Disziplin diskutiert werden, resultieren aus dem Auseinandertreten von moderner Welt und religiösen Weltbildern und Institutionen, also letztlich aus dem Fraglichwerden der Vernünftigkeit von Religion. Es entsteht das, was Hegel das „Bedürfnis der Erkenntnis" der Religion genannt hat.[9] Hegel selbst versuchte, den Stellenwert der Religion innerhalb seines Systems des absoluten Idealismus zu bestimmen; Kant fragt, wie sich kritische Subjektivität und transzendentaler Wissenschaftsanspruch, das meint die Frage nach der Bedingung der Möglichkeit, spannungsfrei auf die Gehalte der religiösen Überlieferung und der traditionellen Metaphysik (die „Vernunftideen" von Gott, Freiheit und Unsterblichkeit) beziehen lassen. Kritik an der Vermenschlichung Gottes, Analysen der undurchschauten gesellschaftlichen und kulturellen Funktion der Religion und Metaphysikkritik sind Stichworte zur Illustration jener Auseinandersetzung mit der Religion, die sich mit dem Namen von Feuerbach, Marx, Nietzsche und Freud verbindet.

Ein besonderes Augenmerk gegenwärtiger religionsphilosophischer Bemühungen gilt dem Status und der Bedeutung religiöser Sätze angesichts der philosophischen Folgerungen aus dem „linguistic turn" (siehe Kasten). Methodische Ansätze für eine Analyse der religiösen Sprache gehen beispielsweise davon aus, die Sprache der Religion sei so strukturiert, daß sie den Sprecher zwinge, in jeder Aussage über Gott, die Welt und alle Gegenstände zugleich von sich selber zu sprechen. In der religiösen Sprache verbinden sich Aussagen, die den Anspruch auf Wahrheit erheben, mit Sprachhandlungen, die wirksam sein wollen (beispielsweise Rituale). Eine Auslegung religiöser Texte müßte entsprechend angeben können, warum religiöse Rede Aussage und Sprachhandlung zugleich ist. Auf diesem Hintergrund begreift sich die Religionsphilosophie zunehmend als transzendentale Methodenlehre, welche die Eigentümlichkeiten religiöser Sprache im Spannungsfeld von Selbstbeteiligung (Wittgensteins „Sprachspiele") und Objektivität (klassische Ist-Aussagen) verständlich macht. Ein anderer Weg der kritischen Auseinandersetzung mit der Religion ist neben der Klärung ihrer lebensweltlichen oder gesellschaftlichen Funktion der Versuch einer nachreligiösen säkularen Aneignung religiöser Semantiken (Lehren von der Wortbedeutung), etwa in der Deutung der überlieferten Religionen als unverzichtbarer Potentiale und Reservate kontrafaktischen (gegen die Tatsachen, das Gegebene, gerichteten) Denkens (so im Neomarxismus, in der Kritischen Theorie und bei J. Habermas).

Spätestens mit dem Beginn der Neuzeit mußten Religion, Theologie und vor allem die philosophische Theologie auch ihre rechtfertigende Funktion gegenüber Politik und Gesellschaft sowie individu-

Die Antwort auf die Frage, wie der Gott in die Philosophie geraten sei, kann nur lauten: aufgrund eines Mißverständnisses.

Konstruktivismus
Bezeichnung für die von Wissenschaftlern verschiedener Disziplinen vertretene Auffassung, daß die Wirklichkeit, *in der wir leben und die wir erleben, ein Konstrukt des menschlichen Gehirns ist. Über* Realität, *die objektive, bewußtseinsunabhängige Welt, ist keinerlei Aussage möglich; sie ist erkenntnistheoretisch vollkommen unzugänglich. Die von Kant vertretene Auffassung einer Verknüpfung von Realität und Wirklichkeit wird vom Konstruktivismus fallengelassen.*

spricht. An dieser Frage muß die Vernunft an sich selber verzweifeln. Fichte, auf den die Lehre vom Bildsein der Vernunft zurückgeht, hat der Betroffenheit des Idealismus bewegten Ausdruck verliehen: „Ich weiss überall von keinem Seyn, und auch nicht von meinem eigenen ... Bilder sind: sie sind das Einzige, was da ist, und sie wissen von sich, nach der Weise der Bilder ... Bilder, ohne Etwas in ihnen Abgebildetes, ohne Bedeutung und Zweck ... Alle Realität verwandelt sich in einen wunderbaren Traum, ohne ein Leben, von welchem geträumt wird, und ohne einen Geist, der da träumt ... das Denken, – die Quelle alles Seyns und aller Realität, die ich mir einbilde, meines Seyns, meiner Kraft, meiner Zwecke – ist der Traum von jenem Traume." (II 245)
Im Unterschied zu Hegel ist für Fichte (ähnliches gilt für Schelling) somit keineswegs ausgemacht, daß das Wirkliche vernünftig ist, wenngleich jede andere Annahme absurd wäre. Es kann allerdings nicht mehr vernünftig begründet werden, *daß* die Bildungen der Vernunft keine Chimären sind. Daß den Bildern der Vernunft etwas entspricht, daß es eine wirkliche Referenz der Bilder „gibt", muß daher *geglaubt* werden. Doch was rechtfertigt den Glauben und das Selbstvertrauen der Vernunft?
Die Vernunft *ist* nicht einfach nur Bild des Absoluten: Sie bestimmt sich selbst dazu und begreift sich als solches. Sie bestimmt sich unter dem Anspruch, absolut zu sein, als das mit sich selbst Beginnende. Da sie aber ihre Anfänglichkeit nicht mehr begrifflich einholen kann, kann sie sich nur als das *Streben*, sich selbst bestimmen zu wollen, bestimmen. Das Bildsein der Vernunft ist somit in dem Streben begründet, sich selbst in seiner Anfänglichkeit bestimmen zu wollen. Bild des Absoluten ist die Vernunft nun nicht in dem Sinne, daß sie sich ein Bild oder eine Vorstellung von Gott macht. Als Bild Gottes bringt die Vernunft eine sonst nicht vorhandene, gegebene Wirklichkeit ins Bild, macht sie dem vernünftigen Denken zugänglich. Sie erschließt die sonst verborgene Wirklichkeit. So gesehen ist die Vernunft, wie Fichte immer betont, der Standpunkt der Weltschöpfung. Damit ist nicht gemeint, daß die Vernunft die Dinge und ihre Konstellationen erschafft, ins Dasein ruft. Welt, das ist nicht der Kosmos, die natura naturans (lat.: hervorbringende Vernunft), sondern die für jedermann verbindliche, in sich zusammenhängende, weil vernünftig geordnete Wirklichkeit. In der so verstandenen Weltschöpfung ist die Vernunft in ihrem Bildsein zurückgebunden an das Absolute. Allein in dieser Rückbindung – re-ligio – ist die Vernunft sich selbst gegeben: Sie könnte nur um den Preis der Selbstaufgabe von ihr lassen. Nun ist diese vernünftig geordnete Welt nicht schlicht gegeben; gegeben ist sie vielmehr nur im Streben nach der umgreifenden vernünftigen Ordnung: als eine unendliche sittliche Aufgabe. Die Vernunft ist nur als Vernunftpraxis wirklich, eine Praxis, die herausfinden muß, was sie über die Wirklichkeit vermag. Die vernünftige Durchdringung der Wirklichkeit wird zwar vornehmlich in den Wissenschaften geleistet, weil ein vernünftiger Verkehr unter den Menschen vor allem im Medium des Wissens möglich wird; gleichwohl können die Wissenschaften nur in einer Gesellschaft gedeihen, deren Zusammenhalt vernünftig begründet und durch entsprechende Fassungen des Rechts, des Handels und der Politik geregelt ist.
Vor diesem Hintergrund stellt sich die Vernunftreligion dar als das leidenschaftliche Ergriffen- und Durchdrungensein von dieser sittlichen Aufgabe. Der darin erfahrene Gott ist ganz gewiß nicht der Gott Abrahams, Isaaks und Jakobs; aber auch nicht der Gott im „Meeresrauschen" der Spätromantik, wie er am schönsten von Runge beschrieben wurde: „Wenn der Himmel über mir von unzähligen Sternen wimmelt, der Wind saust durch den weiten Raum, die Woge bricht sich brausend in der weiten Nacht, über dem Walde rötet sich der Äther und die Sonne erleuchtet die Welt; das Tal dampft und ich werfe mich im Grase unter funkelnden Tautropfen hin, jedes Blatt und jeder Grashalm wimmelt von Leben, die Erde lebt und regt sich unter mir, alles tönt in einem Akkord zusammen, da jauchzet die Seele laut auf und fliegt umher in dem unermeßlichen Raum um mich, es ist kein unten und kein oben mehr, keine Zeit, kein Anfang und kein Ende, ich höre und fühle den lebendigen Odem Gottes, der die Welt hält und trägt, in dem alles lebt und wirkt; hier ist das Höchste, was wir ahnen – Gott." (I 9) Noch am ehesten ist der Gott der Vernunft der des Johannes-Evangeliums: der Logos (gr. hier: das „Wort Gottes"), der Fleisch geworden ist. Letztlich aber kann, wie Fichte immer wieder betont, über Gott nichts mehr ausgesagt werden: Eine philosophische Theologie scheint nicht mehr möglich zu sein. Wer von Gott redet, redet von dem leidenschaftlichen Ergriffensein der Vernunft. Und die Erfahrung Gottes darin ist das Erfülltsein von der sittlichen Aufgabe, die, und das ist das Entscheidende, ihren Lohn in sich selber hat. Die Vernunftpraxis, das ist das unendliche Streben des Zur-Welt-Bringens der Wirklichkeit, gewährt allein ein Leben in Übereinstimmung mit sich selbst, ein glückliches Leben, oder, wie Fichte sagt, ein „seliges Leben". Eine Berufungsinstanz ist der so erfahrene Gott freilich nicht. Der Gott der Vernunft ist kein vernünftiger Gott, der sich von sich aus in der Welt und als Welt offenbart.

3. Die zerbrochene Einheit der Vernunft; die streitende Vernunft

Der Glaube an die weltumspannende Kraft der Vernunft und mit ihm die Vernunftreligion ist bereits im neunzehnten Jahrhundert zerfallen. Wo noch am Begriff der Subjektivität festgehalten wird, wird sie nicht mehr unter der Idee der übergreifenden Einheit, sondern des gebrochenen Weltbezugs interpreellem und kollektivem Welt- und Selbstverständnis an die Philosophie abtreten. Gegenwärtig, am Ende der Neuzeit, wird nunmehr auch der Philosophie diese Legitimationsleistung streitig gemacht. Der Einspruch gegen die Vorherrschaft der instrumentellen Vernunft bezieht Philosophie und Religion auf eine völlig veränderte Weise aufeinander. Beiden gemeinsam ist die Fähigkeit zum Einspruch gegen ein verdinglichendes Bewußtsein.

„Wenn die Götter, wie man glaubt, um unsere menschlichen Dinge irgendwelche Fürsorge haben, so darf man annehmen, daß sie an dem Besten und ihnen Verwandtesten Freude haben – und das ist der Geist." ***Aristoteles***

Religion und Theologie, die Erfahrung wie das Denken von transzendenten Wirklichkeiten, sehen sich in die Pflicht genommen, das Offenbarungsgeschehen im Rückgriff auf verschiedenartige historische und systematische Diskurse, Philosophien und außerreligiöse Traditionen zu aktualisieren und verständlich zu machen.

Dabei ist besonders eine Kehrtwende hervorzuheben, die von der kritischen Reduktion des Religiösen weg hin zur Anerkennung der unabdingbaren Funktion der Religion im Blick auf das geführt hat, was gegenwärtig vor allem unter dem Stichwort der Kontingenzbewältigung diskutiert wird (Bewältigung des sinnlos und zufällig erscheinenden Lebens). Religion macht die Welt insgesamt und die Zufälle, die jedes einzelne Leben betreffen, zustimmungsfähig. Die unterschiedlichen Religionen entwickeln Sinnkomplexe, in denen naturale, historische, politische und lebensweltliche Erscheinungen dadurch interpretiert, bewertet, eingeordnet und begründet werden, daß man sie an Leitbegriffen wie Gott, Gnade, Sünde, Liebe und so weiter mißt. Damit stellt sich die Frage nach der Leistungsfähigkeit vorhandener religiöser Vorstellungen angesichts individueller und gesellschaftlicher Problemstellungen. Entsprechend vielgestaltig wird diese Leistungsfähigkeit verortet: in der Ethnologie etwa in gemeinschaftsstiftender Kraft der Religion (É. Durckheim), in der Frage nach einer spezifischen Ethik des Politischen bis hin zu einer Übermoralisierung von Politik (politische Theologie/Religion als Legitimation politisch-gesellschaftlichen Handelns). Eine Neubewertung der klassischen Vorwürfe gegen die Religion als reine Projektion des Menschen (Anthropomorphismuskritik bei Xenophanes, Feuerbach, Nietzsche und Freud) verbindet sich mit dem Stichwort von der „positiven Psychologisierung der Religion": der Beweis für die Legitimität und fortdauernde Bedeutung der Religion gründet in ihrer *Normalität*; seit es Menschen gibt, ist es normal, religiös zu sein – in der Anerkennung „der Tatsache, daß das Weltliche als solches nicht das Absolute ist"[10] –, und anormal, es nicht zu sein. Die Religionsphilosophie dient dem Erweis der Nicht-Abnormität des Nicht-Atheismus, ohne daß damit die Verteidigung einer bestimmten Religion als *der* ausschließlich wahren Religion gemeint wäre. Nicht eine bestimmte Religion ist wahr, sondern das Phänomen des Religiösen, das quasi-anthropologisch zur Ausstattung des Menschen zählt und unabdingbar ist im Arsenal der (kulturellen) Hilfsmittel, die das Leben erträglich zu gestalten und zu bestehen helfen.

Anmerkungen:

1. Hegel, G. W. F.: Vorlesungen über die Philosophie der Religion. In: Werke (Hrsg. von Moldenhauer, E., und Michel, K. M.). Suhrkamp Verlag, Frankfurt 1970/71. Bd. 17, S. 341

2. Buddhismus, Islam und Hinduismus weisen nur sehr geringe Berührungspunkte mit dem auf, was im westlichen Denken als Philosophie bezeichnet wird, und kennen keine Entsprechung zu dem, was im jüdisch-christlichen Überlieferungszusammenhang Theologie heißt.

3. Heidegger, M.: Kants These über das Sein. V. Klostermann Verlag, Frankfurt [2]1963. S. 9

4. Heidegger, M.: Vorträge und Aufsätze. Neske Verlag, Pfullingen 1962. S. 77

5. DK 21B 24 (Diels/Kranz: Fragmente der Vorsokratiker)

6. Platon: Politeia. 381c

7. Aristoteles: Nikomachische Ethik. X 1179a25

8. Vergleiche: Spinoza, B.: Werke. C. Winter Verlag, Heidelberg 1925. Bd. II, S. 300

9. Vergleiche: Geyer, C.-F.: Religionsphilosophie der Neuzeit. Wissenschaftliche Buchgesellschaft, Darmstadt 1999. S. 54 ff

10. Siebeck, H.: Lehrbuch der Religionsphilosophie. P. Siebeck Verlag, Freiburg/Leibzig 1893. S. 337

Prof. Dr. Carl-Friedrich Geyer lehrt Philosophie an der Kirchlichen Hochschule Bethel in Bielefeld.

Eine Religion kann man nur durch eine andere Religion bekämpfen.

•

Die Rede ist vom Kirchenschiff. Wer Augen hat zu sehen, muß aber doch bemerkt haben, daß es immer schon kieloben schwamm.

Ulrich Horstmann

Anthony J. Wilke

Arbeiten – um Gottes willen

Menschen, die hart arbeiten, findet man in allen Berufen und allen Einkommensgruppen. Darunter sind (zum Beispiel) Metzger, Managerinnen, Mechaniker, Ordensschwestern, Politiker, Krankenpfleger. Es ist schwer zu sagen, warum sie sich Besonderes abverlangen. Natürlich: man muß seine „Brötchen" verdienen. Doch das allein erklärt nicht viel. Ist es Pflichtbewußtsein? So weit reicht keine Pflicht. Ist es, weil man Spaß hat bei der Arbeit? Den könnte man auch anders haben. Und leichter haben. Fühlt man sich berufen? Das scheint nur in wenigen Berufen möglich. Oder ist man „Workaholic" und süchtig nach Beschäftigung? Auch das trifft die Sache nur in manchen Fällen. Für die französische Philosophin Simone Weil kann Ausdauer und Einsatz im Beruf noch etwas anderes bedeuten: Menschen, die hart arbeiten, sind „auf der Spur" des Göttlichen.

Daß man bei der Arbeit so etwas wie eine „Gotteserfahrung" haben kann, ist zunächst eine kaum haltbare These. Die meisten werden den Kopf schütteln und sagen: Wenn es überhaupt etwas Göttliches gibt, dann kann es mit Arbeit nicht viel zu tun haben. Was Gott ist, ahnt man vielleicht draußen in der Natur, in der Nacht unterm Sternenhimmel, in den Armen des Geliebten. Aber ausgerechnet in der Werkhalle? Auf Montage? Im Büro? Schlecht muß es da nicht sein – aber „göttlich" geht es dort auch nicht zu. Da ist nichts Schönes, Versöhnliches, Befreiendes. Die christliche Überlieferung weiß das gut – und unterstreicht die Gottferne der Arbeit. Wer sich durch Arbeit „gestraft" vorkommt, kann sich aus dem biblischen Fundus mit den Urbildern versorgen. An christlichen Feiertagen (auf zwei Werktage kam früher ein Feiertag) ist Arbeit zu meiden. Selbst das alte *ora et labora* (lat.: bete und arbeite) kündet nicht einfach von der Wertschätzung der Arbeit. Ursprünglich hat das „Bete und arbeite" der Benediktiner seinen Sinn darin, den Zellenkoller der Mönche zu vertreiben. Natürlich darf man diesen Grundsatz nicht einseitig auffassen: Seit Benedikt von Nursia bekommt die Arbeit mehr Gewicht. Man macht sich klar, daß die Arbeit zum Menschen gehört und daß er ohne sie nicht sein kann. Doch so bedeutsam sie sein mag – als Arbeit, für sich selbst gesehen, bedeutet sie wenig. Sie ist nur mit Vorsicht zu genießen, oder besser: „mit Vorsehung". Das gilt einmal mehr in der Moderne, in der die Arbeit zur Probe darauf wird, ob man zu den Erwählten gehört: zu den Reichen und Mächtigen einer Gesellschaft. Arbeit zählt im Hinblick auf etwas anderes. Sie zählt in Erwartung besserer Verhältnisse, von denen niemand so recht angeben kann, ob in ihnen die Arbeit noch eine Rolle spielt. Allzuweit kommt man mit dieser Vorstellung freilich nicht. Nur wenige „Leistungsträger" erreichen den Vorhimmel der protestantischen Arbeitsethik. Manche finden erst gar keine Beschäftigung. Wer sich etwas davon verspricht, erfolgreich zu sein, fängt es heute anders an – nicht mit Arbeit. Wer sich umgekehrt noch einreden läßt, für seinen „Gotteslohn" dürfe er von Menschen kein Geld nehmen, der erntet Mitleid, Spott oder das Unverständnis derjenigen, die eine Familie zu ernähren haben. Kurz – der historische Versuch, Arbeit vor allem an ihren Lohn zu knüpfen, stößt überall an Grenzen: bei den „jenseitigen" und „diesseitigen" Verheißungen. So, wie man sich das vorstellt, lohnt sich Arbeit gerade nicht. Als wirtschafts- und sozialpolitischer Befund ist das auch bekannt. Und obwohl es zutrifft, daß man diesen Befund ungern auf die eigenen Aussichten bezieht, wird man doch die Einsatzbereitschaft vieler Menschen (gerade im reiferen Alter) nicht nur jenen Verheißungen zuschreiben können. Man vergißt leicht, daß viele die Arbeit nicht nur „aus besseren Gründen" ertragen, sondern sie – im Guten wie im Schlechten – längst als Teil ihres Lebens erfahren. Wie sehr gerade die Arbeit das moderne Leben bestimmt, sieht man auch daran, daß man Vorstellungen von Arbeit auf andere Lebensbereiche überträgt und ungeniert von „Beziehungsarbeit", „Lernarbeit" oder „Trauerarbeit" redet.

Wenn der Mensch sich verstehen will, muß er sich als arbeitender Mensch verstehen.

Die „Verfassung des arbeitenden Menschen": Simone Weils *condition ouvrière*

Was die Arbeit als solche für uns bedeutet, als Teil unseres Lebens, hat eine Philosophin beschäftigt, die zu den ungewöhnlichen und unbequemen Denkern dieses Jahrhunderts zählt: Simone Weil (1909–1943). Weil war streitbare Vertreterin der Arbeiterbewegung in Frankreich. Es ist auch der mutige Einsatz der damaligen Gewerkschafter gewesen, der sie dazu brachte, als behütete Tochter jüdischer Eltern und geprüfte Philosophielehrerin in den Schmieden der Pariser Metallindustrie zu arbeiten: nicht nur für ein paar Wochen, sondern für ein „Arbeitsjahr". Der erste und einzige Grund war es nicht. Weil suchte eine Antwort auf Fragen, die sie tief bewegten. Ihre Entwicklung zum Katholizismus hat viel mit ihren Arbeitserfahrungen zu tun. Doch zunächst fand Simone Weil in den gängigen Auffassungen des christlichen Abendlandes (und deren marktwirtschaftlicher Zuspitzung) kein angemesse-

nes Verständnis von Arbeit. Ihr Verständnis mußte in gewisser Weise „unchristlich“, „atheistisch“ sein – wie die Einstellung mancher Arbeiter und ihrer marxistischen Vertreter.
Im Marxismus hatte man die Arbeit weniger verklärt gesehen. Marx hatte den Menschen als ein Wesen begriffen, das von der Arbeit geprägt ist – und weniger davon, was es sich in seinem Wünschen und Wollen zurechtlegt. Der Mensch arbeitet länger als er schläft, Urlaub macht oder schöne Reden führt. Er verkauft nicht bloß seine „Arbeitskraft“ für eine gewisse Zeit des Tages. Die Arbeit läßt ihn ein Leben lang nicht los. Wenn der Mensch sich verstehen will, darf er sich nicht bloß in Ruhe und Muße denken, als läge eine Arbeitswoche oder ein Arbeitsleben hinter ihm, sondern muß sich als arbeitender Mensch verstehen.

Der Gott Simone Weils war nicht der Gott, von dem sich gut reden und der sich zum Hirngespinst erklären ließ.

Dieses Verständnis ist nicht leicht zu gewinnen. Es muß selbst erarbeitet und kann nicht – wie es die Tradition will – „erschaut“ werden. Unter den frühen philosophischen Studien Weils findet sich eine zu den Kantschen „Anschauungsformen“ Raum und Zeit, in der diese als Formen der tätigen Auseinandersetzung mit der Welt entworfen werden.[1] Vor allem bei der Arbeit zeigt sich, was Zeit und Raum sind. Die Theorie neigt dazu, das zu vergessen. Aber auch die Praxis der „Funktionäre“ verliert nach Weil leicht das enge Verhältnis von Mensch und Arbeit. Die Vorstellung, daß sich die Arbeit nach dem Menschen oder der Mensch nach der Arbeit richten müsse, behandelt Mensch und Arbeit wie Fremde. Simone Weil dagegen verstand die „Dialektik“ von Mensch und Arbeit noch radikaler als viele ihrer marxistischen Kollegen. Zum Beispiel glaubte sie nicht, daß es einmal zu einer Revolution der Arbeitsverhältnisse kommen könnte. Dafür schien ihr die tägliche Beanspruchung durch die Arbeit zu groß. Viele Tätigkeiten verliefen immer in derselben Weise. Der natürliche Wechsel von Elan und Ermüdung fand in der Arbeit kaum Berücksichtigung. Er verschwand aber auch nicht. Auf diese Weise war man der Arbeit ausgeliefert. Die Probleme stellten sich verschärft unter industriellen Bedingungen, in denen die Arbeit „geteilt“ wurde und für den einzelnen nicht mehr in ihren Schritten und Auswirkungen erfahrbar war. Das hieß jedoch nicht, daß die vorindustriellen Verhältnisse, an denen man sich besonders im gewerkschaftlichen Syndikalismus orientierte – „handwerkliche“, „werkgerechte“ Verhältnisse –, von diesen Beanspruchungen frei waren. Was immer die Arbeit dem Menschen ermöglichen konnte (zum Beispiel auch, daß er mit ihr eine besondere Fähigkeit zur Geltung brachte): sie ermöglichte es nicht, wenn der Mensch mit dieser Beanspruchung nicht zurechtkam. Und vielen gelang das nicht gut. Womöglich gelang es denen am wenigsten, die es am nötigsten hatten. Das marxistische Verständnis von der „entfremdeten Arbeit“ und von ihrer Aufhebung traf die Probleme nicht in ihrer Mitte. Man schrieb sie vor allem der Herrschaft unter Menschen zu und ihrer Verfügung über Werkzeuge und Maschinen. Dagegen sah man nicht klar genug, wie die Arbeit mitsamt ihren Werkzeugen – mit denen man über die „Natur der Dinge“ verfügen wollte – zugleich über die „Natur der Menschen“ verfügte.
Mit dieser Einschätzung verließ Weil nicht nur die alten christlichen Vorstellungen von Wert und Lohn der Arbeit; sie hielt auch spürbar Abstand zum Marxismus der Funktionäre. Das hinderte sie nicht, sich für Verbesserungen einzusetzen. Weil nahm an Protestkundgebungen teil, besuchte Betriebsversammlungen, gab Kurse, schrieb Artikel in Werkszeitungen. Damit fand sie mehr Zuspruch, als sie es selbst für möglich hielt. Doch diese Anstrengungen konnten der Arbeit nicht ihren alten Wortsinn von der *Arebeit*, der Beschwernis und Drangsal nehmen. Arbeit blieb immer auch unfertig, immer auch hart, immer auch eine Zumutung. Für Simone Weil selbst, die zart gebaut und nicht sonderlich geschickt war, bedeuteten die Monate in den Fabriken von Renault und Alsthom geradezu eine Grenzerfahrung. Dabei waren ihre Erfahrungen nach ihrer Herkunft und Vorbildung nicht vergleichbar mit denen, die ihre Kollegen machten. Aber wohl nahm Simone Weil in deutlicher Weise wahr, wie die Arbeit den Menschen vereinnahmte. Ihr „Fabriktagebuch“[2] zeigt, daß sie ihren Beitrag darum bald weniger in der politischen und sozialen Aufklärung der Arbeiter sah, wie sie es noch die Jahre zuvor gehalten hatte. Ihr war wichtig zu begreifen, wie man mit dieser Beanspruchung umgehen konnte – mit einer Beanspruchung, die nach keiner der üblichen Auffassungen ein vollwertiges Berufsbild oder eine erfüllte Arbeit ergab. Dennoch hatte manchen die tägliche Arbeit zu einer Art „Lebensform“ werden können. Sie waren schlicht „bei der Arbeit“, mit Einsatz und Ausdauer. Sie zeigten auch einen gewissen Sinn für die Belange und Schwächen ihrer Kollegen. Vielleicht waren sie wie jene Handvoll verständiger, abgeklärter Mitarbeiter, die man in jedem Betrieb und jeder Werkhalle findet. Wie es dazu gekommen war und was diese eigenartige Lebensform in ihren Grundzügen ausmachte – Simone Weil nannte sie *condition ouvrière* –, wurde zu einer zentralen Frage in ihrem Denken.

Arbeit als „Entwerden“

Daß man zu dieser *condition ouvrière* gelangte, hat für Simone Weil nun in der Tat etwas mit einer „Gotteserfahrung“ zu tun. Allerdings darf man sich das nicht zu plump und nicht zu direkt vorstellen. Für Weil war es bis dahin noch weit. Auch waren die Kollegen keine „frommen“ oder „tiefgläubigen“ Menschen. Und ganz gewiß war ihnen (außer ihren Vorgesetzten, auf die sie keineswegs immer hörten) niemand erschienen, der sie zu dieser Einstellung bringen wollte. Im Gegenteil standen sie ziemlich alleine damit. Vielleicht hatten sie sogar rückhaltloser darauf verzichtet, sich von ihrer Arbeit irgend etwas Besonderes zu versprechen. Auch „innerlich“

oder „persönlich" hatten sie manche Erwartung fahrenlassen. Sie redeten wenig und wenig in der ersten Person. Sich als „Ich" anzusprechen, in der Meinung, sie müßten unbedingt einen eigenen Standpunkt haben, der für die anderen wichtig war – das erschien ihnen seltsam. Und diese Haltung ging keineswegs nur auf Resignation zurück oder darauf, daß sie zu ihren Kollegen zuvorkommend sein wollten. Die Beanspruchung durch die Arbeit hatte sie vielmehr dazu geführt, sich selbst ernsthaft, radikal in Frage zu stellen. Die Belastung hatte sie gleichsam ungeschützt gemacht, nackt, ohne ein beschönigendes „Selbstbild". Sie waren „außer Kontrolle" geraten. Schicht für Schicht war abgefallen. Sie waren nicht mehr „eingerichtet" in der Welt, die sie sich einmal ausgedacht hatten, und strebten auch nicht danach, sich eine neue auszudenken. Simone Weil spricht in diesem Zusammenhang von der *décréation*, dem „Entwerden" durch die Arbeit.[2] Sie schreibt:

„Für mich persönlich bedeutete die Fabrikarbeit, daß alle äußeren Gründe (vorher hatte ich sie als innere angesehen), auf denen das Gefühl meiner Würde, die Achtung meiner selbst beruhten, in zwei oder drei Wochen radikal zerbrachen unter der Gewalt eines täglichen brutalen Zwanges. Und ich glaube nicht, daß dies in mir Revoltegefühle hervorrief, nein, ganz im Gegenteil, was ich am allerwenigsten von mir erwartet hätte – Fügsamkeit. Die Fügsamkeit eines ergebenen Lasttiers. Es schien mir, ich wäre geboren, um auf Befehle zu warten, sie zu empfangen und auszuführen ... Ich bin gewiß nicht stolz, dies einzugestehen ..."[2]

Weil bringt das insbesondere mit der „Geschwindigkeit" zusammen, die bei der Arbeit verlangt ist: „Um ‚es zu schaffen', muß man jede Bewegung in einem Rhythmus wiederholen, der, rascher als das Denken, nicht nur das Denken, sondern auch das Träumen verbietet ... Ist man verärgert, traurig oder angeekelt, muß man dies ‚hinunterschlucken', verdrängen ... Von der Stechuhr beim Hineingehen bis zum Hinausgehen an der Stechuhr vorbei kann man jeden Augenblick irgendeinen Befehl bekommen. Und immer muß man schweigen und gehorchen."[2]

Nun mochte es diese „Modernen Zeiten"[3] nicht überall geben, und es gibt sie heute – in den westlichen Industriestaaten – nicht mehr in den schlimmen Formen von damals. Simone Weil hielt es freilich für ausgemacht, daß die meisten Tätigkeiten eine bewußte Auseinandersetzung unterbinden: „Man *kann nicht* ‚bewußt' sein."[2] Die Vereinnahmung durch die Arbeit konnte allerdings auch nicht so bleiben, wie sie einen zunächst getroffen hatte. Weil notierte: „Bei Alsthom rebellierte ich fast nur am Sonntag. Bei Renault entwickelte ich eine stoische Haltung. Unterwerfung durch Geduld ersetzen."[2]

Diese Veränderung der Arbeitshaltung bedeutete für Weil kein Sich-Abfinden mit den Verhältnissen, kein Sich-Schicken in sogenannte Arbeitertugenden (heute spricht man auch von „sozialen Kompetenzen", für die man einfache Arbeitnehmer und die niedere Führungsebene schult). Aber ein wacher Mensch wie sie konnte ihr Leben nicht „bejahen", indem sie die Verhältnisse verdrängte. Sie mußte durch sie „hindurchgehen": „Langsam, qualvoll eroberte ich, quer durch die Sklaverei, das Gefühl meiner Menschenwürde zurück, ein Gefühl, das sich jetzt auf nichts Äußeres mehr gründet und stets von dem Bewußtsein begleitet ist, daß mir nichts zusteht, daß jeder Augenblick ohne Leid und Erniedrigung wie eine Gnade wahrgenommen werden muß, wie die Wirkung günstiger Zufälle."[2]

Weil selbst verglich diese Vorgänge damit, daß man auch den „Tod" verstehen und für sich selbst annehmen mußte, um sein Leben anzunehmen und zu führen. So war die „Einwilligung in die Arbeit" in gewisser Weise ein „weniger gewaltsames" „Sich-Losreißen von dem, was jeder sein Ich nennt", als es die „Einwilligung in den Tod" bedeutete. Es war die Gelegenheit, an diesem Leben und seinen Erwartungen nicht zu hängen, sondern sich der Bedeutung dessen, was man tat, auf neue Weise zu versichern: sich „einzuwurzeln", wie es Simone Weil später und an anderer Stelle nannte.[4]

Dieser „Arbeitertypus" fand zu jener Zeit nicht nur bei Simone Weil Interesse, sondern beispielsweise auch bei Ernst Jünger. Und bei allen Unterschieden im einzelnen legte auch Jünger Wert darauf, daß dieser Typus nicht einfach aus einem bestimmten „Rollenverständnis" oder einer „Klassenzugehörigkeit" abzuleiten war, sondern tiefer saß und auf langen Umwegen zustande kam.[5] Daß man in diese Verfassung gelangte und daß sie sich erhielt, wenn man sie erreicht hatte, das war nicht selbstverständlich. Schließlich war man damit nicht der Welt entrückt und nicht gefeit gegen das „Unglück" der Arbeit. Die Belastungen vom Beginn des Arbeitsverhältnisses blieben auch zukünftig erhalten. Es gab für diese Veränderung keine einfache, abschließende Erklärung – vielleicht ebensowenig wie beim „Glück", das die Menschen in ähnlicher Weise öffnete und freimachte, wie es (so merkwürdig es schien) auch das „Unglück" konnte.

Arbeit: Die „Anwesenheit des abwesenden Gottes"

In diesem „Zwischenraum" der Arbeit, in dem man sich von jeder Motivation gelöst hatte, konnte sich etwas ereignen, auf das man es nicht angelegt hatte und das man nicht einfach „sich selbst" zurechnen konnte. Mit der Beharrlichkeit des Arbeitens, mit dem Wellenschlag der Wiederholung und Wiederkehr wurde sozusagen eine andere Sinngebung freigespült. „Auf eines Blitzes Dauer" konnte man in die Welt „rein und völlig einwilligen". Die kleinen und großen Erfolge und Zerstreuungen des Alltags vermochten das nicht zu leisten. Man wurde „aufgerichtet", wie man es selbst nicht konnte und auch kein anderer.

Für Simone Weil war dies – sehr einfach gesagt – das „Göttliche", an das man für sich selbst und in aller Stille „glaubte". Es hatte nichts von den überlieferten Gotteserfahrungen, die in der Weise einer Bekehrung verliefen. Man geriet nicht in Verzückung. Man hatte nicht viel zu verkünden – auch nicht Simone Weil, deren Schriften überwiegend nach ihrem Tod erschienen. Weils Gott war nicht der Gott, von dem sich gut reden und der sich zum Hirngespinst erklären ließ. Zu diesem Gott konnte man nicht beten; ihn mochte man nicht anflehen, daß eine Sache eintrat oder vorüberging. Diesem Gott konnte man nichts zurechnen wie einem Schöpfer. Man konnte ihm nicht folgen als Mitgeschöpf und war ihm nicht ähnlich als „kreativer" Mensch. Nicht von ungefähr stellte deshalb Gustave Thibon, ein Interpret der Weilschen Schriften, fest: „Ich bin katholisch. Simone Weil war es nicht." Und dennoch hält Weil mit ihrem Verständnis der *décréation* die Nähe zur christlich-katholischen Tradition: zur Mystik Taulers oder Meister Eckharts.[6] Bei den Mystikern folgt dem *Liden*, dem Leiden, ein *Entwerden*. Das Entwerden wiederum kann ein *Gotliden* erreichen. Und dieses Gottleiden der Mystiker und Kreuzestheologen bedeutete nicht, daß man sich einredete, für Gott oder wegen Gott zu leiden. Die Sache war in ihrem Grunde schlichter. Man „litt" das Göttliche, nicht unähnlich dem alten Wortsinn, in dem man noch heute etwas „leiden" kann. Man ließ es zu, wenn und weil man „Platz machte" bei seiner Arbeit.

Das Christentum ist „Sklavenreligion" auch in einem guten Sinn.

Dieses Platzmachen für Gott war zugleich eines für den Nächsten. Man nahm sich ihm gegenüber zurück, gerade weil er Teil der eigenen Arbeitsverhältnisse war. Man tat das nicht für den anderen, wie man auch nicht „für sich selbst" in diese Lage geraten war. Man tat es für das, was man Gott nannte. Man erhielt so die Aussicht aufs Göttliche (oder, in Weils Worten, man verstellte Gott nicht die Aussicht). Man vermied es, zwischen Gott und die Menschen zu treten oder Gott wie etwas Drittes zwischen sich und die anderen zu bringen. Das Glück und das Unglück der anderen ließ man zu – buchstäblich und sprichwörtlich „um Gottes willen". Natürlich ließ man sie deshalb nicht ins Verderben rennen oder verweigerte ihnen Rat und Unterstützung. Man sah eben darauf, daß diese besondere Erfahrung möglich wurde. In Weils Worten: In der Erfahrung des Göttlichen ist schon enthalten, daß „Gott mit jenen Wesen in Berührung treten kann, die der Zufall auf meinen Weg stellt und die er liebt. Meine Anwesenheit ist zudringlich, als ob ich mich zwischen … zwei Freunden befände."[7]

Das eröffnet ganz neue Fragen. Aber zu zeigen war mit Simone Weil vor allem eines: daß die tägliche Arbeit eine besondere „Dimension" erschließen kann. In der Tradition bleibt das nicht unbemerkt und hinterläßt bei vielen Menschen Spuren, findet sich aber nicht mehr im üblichen Verständnis der Arbeit. Daß es nun ausgerechnet die Arbeit ist, welche die „religiöse" Erfahrung eröffnet – und nicht die Muße, die Angst, ein Eindruck von Vollkommenheit, von Harmonie oder wovon immer –, läßt Weil und ihren „Gott" am Rande der christlichen Überlieferung bleiben. Dennoch ist es für Simone Weil auch wieder die ursprüngliche Mitgift des Christentums, auf die Last der Arbeit zu achten und „im Weltprozeß auf der Seite der Verlierer (zu) sein". (Benjamin) Das Christentum ist, anders als die antike oder die jüdische Weltsicht, „Sklavenreligion" (Nietzsche) auch in einem guten Sinn, der noch kaum entfaltet ist. Und es mag die Hinwendung zu den Möglichkeiten und Grenzen der Arbeit sein, die uns gerade in unserem Kulturkreis die Gelegenheit gibt, verträgliche Lebensverhältnisse einzurichten.

Für Simone Weil ist die Arbeit zuletzt nur wie eine Vorbereitung für eine eigentümliche „Aufmerksamkeit" gegenüber der Welt – und für das „Schweigen" mit der Welt. Dieses Ziel ist kaum vorstellbar. Der Weg dorthin führt nicht notwendig über die Arbeit. Vielleicht liegt es den Europäern nahe, ihn beim Arbeiten zu finden. „Und dies", heißt es bei Simone Weil kurz, „ist das Kreuz."[7]

Anmerkungen:

1. Weil, Simone: Du temps. Heute in: Œuvres complètes. Bd. 1: Premiers écrits philosophiques. Paris 1988, S. 141–161
2. Weil, Simone: Fabriktagebuch und andere Schriften zum Industriesystem. Frankfurt a. M. 1978, besonders S. 29–31, S. 43-122
3. Chaplin, Charles: Modern times. (Im Verleih des United Artists) 1936
4. Weil, Simone: Die Einwurzelung. Einführung in die Pflichten dem menschlichen Wesen gegenüber. München 1956, besonders S. 435 ff.
5. Jünger, Ernst: Der Arbeiter. Herrschaft und Gestalt. Stuttgart 1982. (Zuerst 1932)
6. Vgl. Little, J. P.: Simone Weil's concept of decreation. In: Bell, Richard H.: Simone Weil's Philosophy of Culture. Readings toward a divine humanity. New York 1993, S. 25–51; und Sölle, Dorothee: Leiden. Stuttgart ^{8}1989, S. 123
7. Weil, Simone: Zeugnis für das Gute. Traktate, Briefe, Aufzeichnungen. München 1990, S. 174

Anthony J. Wilke aus Kapstadt/Südafrika hat in Esslingen und Tübingen Pädagogik und Philosophie studiert und mit einer Arbeit zu Simone Weil abgeschlossen. Er ist im Nachtdienst in der Stuttgarter Altenpflege tätig.

Der Heilige Stuhl. So viel unmetaphysische Direktheit will erst einmal verdaut sein.

•

Seltsam. Bei der korrekten Trennung von „transzendent" tritt eine Art Bremsflüssigkeit aus.

Ulrich Horstmann

Hartmut Böhme

Himmel und Hölle als Gefühlsräume

Mit der kleinen Nachfrage, welche Funktionen Himmel und Hölle in der europäischen Geschichte der Gefühle haben, befindet man sich im umstrittenen Gebiet der Religionspsychologie. Letztere ist von David Hume über Ludwig Feuerbach und Karl Marx bis zu Sigmund Freud beinahe identisch geworden mit Religionskritik: Indem man religiösen Formen, Ritualen, Symbolen nachwies, daß sie projizierte Reflexe von profanen Ängsten und Hoffnungen, Ungewißheiten und Verschuldungen, Sehnsüchten und Unterdrückungen darstellen, hatte man die Religion auf Affektmuster reduziert. Religionskritik heißt dann, die großen Affekte, welche von Religionen in Szene gesetzt werden, auf die Funktionen im individuellen Lebenshaushalt, im sozialen Ordnungsgefüge und in der Herrschaftsabsicherung zurückzuführen. Wenn ich Himmel und Hölle als Gefühlsräume bezeichne, mische ich mich weder in die Theologie von Himmel und Hölle ein, noch skizziere ich die Geschichte der beiden für die christliche Kultur klassischen Jenseitsräume. Aufmerksam machen will ich auf die Raumhaftigkeit des Jenseits.

Das Grundgefühl, um das es in der Religion geht, ist die Angst. „In der Welt habt ihr Angst, aber seid getrost, ich habe die Welt überwunden" (Joh 16,33) – dieser Jesus zugeschriebene Satz kann, in seinem ersten Teil, als Grund-Motiv aller Religionen und, in seinem zweiten Teil, als das Versprechen aller Erlösungsreligionen verstanden werden. Zwar wurden viele Religionen selbst zur Quelle von Angst – Religion als Angsterregungsapparat –, doch besteht hinsichtlich der jüdisch-christlichen, nicht für die übrigen Religionen völlige Einigkeit darüber, daß es einen biologischen Primat der Angst gibt.[1] Ganz sicher gäbe es ohne Angst keine Religion – umgekehrt gilt aber nicht: Ohne Religion gäbe es keine Angst. Auch außerhalb der Religionswissenschaft herrscht die Ansicht vor, daß die Angst vorkulturell im Menschen als Lebewesen verankert ist, nämlich im limbischen (die gefühlsmäßigen Reaktionen betreffenden), mithin ältesten System des Hirns. Die limbische Angst, welche wir mit den Tieren teilen, wird zur spezifischen Conditio humana (lat.: Bedingung des Menschseins) dadurch, daß nur Menschen wissen, daß sie sterben müssen; daß sie in ihrer Umwelt exzentrisch, das meint unsicher und besorgt, positioniert sind; daß ihr Weltbezug unverläßlich und ihre Zukunft ungewiß ist (Helmuth Plessner). Diese kognitive (das Denken betreffende) Angst ist einerseits unhintergehbar – sie ist nicht sekundär, sondern eine Universalie. Zum anderen ist die kognitive Angst die Quelle von umfassenden kulturellen Anstrengungen, zu denen die Religionen als historisch ausdifferenzierte „Vor- und Fürsorgesysteme"[1] an vorderster Stelle gehören. Deswegen ist die „Prävalenz der Angst weitgehend unabhängig vom Religionstyp"[1]. Menschen haben Angst nicht nur als biologisches Frühwarnsystem, sondern sie haben mit dem Tod jenen Kern ihres Bewußtseins identifiziert, der sie von Tieren trennt und mithin zu Menschen macht. Diese Rückkoppelung erzeugt eine Art „Angst-Angst", die zu kulturell differenzierten Repräsentationen symbolisch-sprachlicher Art befähigt – mithin zu nichtbiologischen Bewältigungsstrategien. Diese Angst-Angst befähigt aber auch zu einer Entdifferenzierung der situativen Ängste, nämlich zu einer generellen Daseinsangst – das heißt, sie gehört zu den kulturellen Angstverstärkungen, welche Tiere nicht kennen. Das prägt den Charakter der Religionen. Dabei sind Religionen keineswegs nur ein Versprechen der Angstfreiheit. Das Gegenteil ist ebenso wahr. Die Nähe, die zu Gottheiten und zum Heiligen gesucht wird, ist immer auch, wie Rudolf Otto sagt, ein „Mysterium tremendum".[2] Und Renate Schlesier hält im Blick auf diese gefühlsmäßige Ambivalenz des Göttlichen und Heiligen fest: „Die Lust-Qualität des Schauders, die Schauer-Qualität der Lust, die von Mythologien und Riten der Völker bezeugt wird, verbietet eine einseitig negative Bewertung religiöser Angstphänomene."[3]

Angst ist in vielen Religionen deswegen ein ambivalentes Gefühl, weil Religionen sowohl für Sehnsüchte nach Angstfreiheit wie für den in der Nähe des Göttlichen erlebten Angstschauder und schließlich für Strafängste und Straflüste ein reiches Angebot zur Verfügung halten. Diese Tatsache läßt im Hinblick auf Himmel und Hölle vermuten, daß diese Jenseitsräume keineswegs Zustände von Angst und Seligkeit in polarer Verteilung zeigen. Der Vorrang der Angst in der Religion legt vielmehr nahe, die Spuren der Angst auch dort zu suchen, wo von dieser erlöst und Glück erlangt sein soll; während umgekehrt die Zustände der Angst und Qual in der Hölle keineswegs, wie oft behauptet, nur negativ als Gottesferne, sondern im Gegenteil auch als dichte Nähe des Göttlichen verstanden werden können; und zudem wird im Schauder, den die Hölle erregt, auch eine Fülle von Lüsten mitbefriedigt, oft genug die Rachegelüste der im Leben zu kurz gekommenen Frommen. Schließlich ist damit zu rechnen, daß religiöse Ängste entstellte Darstellungen von sozialen

Das Grundgefühl, um das es in der Religion geht, ist die Angst.

Himmel und Hölle sind Medien, welche Gefühle „ins Licht" und „in Erscheinung" bringen, die zum Menschlichen gehören.

Ängsten, das heißt symbolische Verarbeitungen von Leidenserfahrungen, sind, die körperlich erlebt werden und historisch sowie schichtenspezifisch stark differieren.[4] Ist die Angst der Primat der Religionen, so gehen Gewalt- und Foltererfahrungen wiederum dieser Angst voraus. Sie sind der Kern der Zivilisation auch dann, wenn man den „Prozeß der Zivilisation" – wie Norbert Elias – als fortschreitende Verfriedlichung stilisieren möchte. Die Angst vor Gewalt und Folter gehört zu den wirkungsvollsten Mitteln jedweder Herrschaft. Die Darstellung von Gewalt und Folter in der Hölle hat dieselbe Funktion wie das Vorzeigen der Folterinstrumente im Folterritual: Es sind Mittel der Unterwerfung auf dem Weg der überwältigenden Besetzung der Schmerzphantasie des Opfers – sei dies ein Gläubiger der Hölle, eine Hexe der frühen Neuzeit, ein Jude in den Gestapo-Kellern oder ein Widerstandskämpfer in den Händen von Verhörexperten. Identitäten wurden und werden auf zwei Wegen zerschlagen: real über den Körper und symbolisch über die Erregung von Phantasien, was der Körper erleiden könnte.

Im tausendjährigen Mittelalter werden viele Jenseitsreisen geschildert – mit Vorstufen in der jüdischen und patristischen Tradition (Patristik: Philosophie und Theologie der Kirchenväter; ca. 1.–7. Jh.). Zu ihnen gehört oft, daß der Reisende von einem Engel, dem Angelus interpres, an den Stätten des höllischen Strafgerichts vorübergeführt wird. Er sieht also die Qualen der Verdammten, bis er schließlich das Paradies erreicht – eine Route, die unschwer auch als die klassische Dantes erkennbar ist. Seltener ist, daß der Reisende an eigener Seele die Qualangst der Gemarterten durchleiden muß. Die Seele ist dann, abgesehen vom Bewußtsein ihrer Schuld, ein anderer Körper – wie auch die leiblosen Toten, die verdammten Seelen, nichts anderes als umgewandelte Leiber sind: Diese knirschen mit den Zähnen, Tränen treten aus ihren Augen, Hitze brennt sie, Kälte läßt sie erschauern, Gestank peinigt ihren Geruchssinn wie höllisches Lärmen das Ohr, stechende, zerreißende, bohrende, brennende, wühlende, quetschende, pressende, spitzige Schmerzen quälen die Toten, als hätten sie Leiber. Seelen sind immateriell und virtuell, doch mit allen Qualitäten des Fleisches ausgestattet, insbesondere mit Angst und Schmerzempfindung.

In der Hölle werden oft die lustvollen Leibessünden umgekehrt zu Strafen: Die Völlerer werden mit Unrat vollgestopft und Jauche wird ihnen eingetrichtert; die Geizigen, die nichts geben wollten, zernagen ihre eigenen Glieder; die Unzüchtigen werden in eine ewige Verschlingung ihrer Leiber gezwungen. Durchweg gilt, daß gerade dort, wo der irdische Leib abwesend ist, seine Vermögen ins Unendliche gesteigert und gegen ihn selbst gewendet werden. Die Seele im Mittelalter ist alles andere als die raumlose Instanz des Ich. Im Gegenteil: sie ist der intakte Leibraum, von dem nur das Fleisch abgeschält ist. Wir kennen die Erscheinung des Phantomschmerzes bei Amputierten. Dieses Phänomen ins Absolute gesteigert – das ist die mittelalterliche Seele in der Hölle: der Ganz-Leib als Phantom, vollständig im Körperschema ausdifferenziert, in allen Sinnen präsent, aller Empfindungen fähig, ja, übersensibel und ohne jene Ausflucht zu apathischen, ja anästhesierenden Schutzmechanismen, deren Lebende fähig sind. Es gilt von den frühesten Höllenvisionen an – bereits für das jüdisch-äthiopische Buch Henoch (Mitte des 2. Jh. v. Chr), erst recht seit der christlichen Apokalypse des Petrus (ca. 135 n. Chr) oder der sogenannten Paulus-Apokalypse (Mitte des 3. Jhs.) –, daß die Seelen der Toten, gerade weil sie das Kleid des Fleisches abgelegt haben, nichts anderes sind als bis ins höchste gesteigerte Leiblichkeit – in völliger Preisgegebenheit.

Es ist eine Klugheit der Gelehrten, welche die Vorstellungen von Hölle und Himmel ausgearbeitet haben, zu unterscheiden zwischen dem aus Fleisch plastisch skulpturierten Körperding und dem in eigener Räumlichkeit sich empfindenden Leib. Dieser wiederum unterscheidet sich von der in absoluter Raumlosigkeit gedachten Seele.[5] Weil dies so ist, verschmelzt die mittelalterliche Seele mit dem empfindenden Leib. Man darf behaupten, daß die Hölle der gesteigerte Raum der pathischen (schmerzhaften) Seite des Leibempfindens darstellt – also der Angst –, während der Himmel eine doppelte Befreiung ist: Befreiung vom sterblichen Fleisch und Befreiung vom leiblichen Gefühlsraum. Der Himmel wäre also die Sphäre der raumlos absoluten Seelen. Da diese schlechterdings un-vorstellbar sind, mußten die Spuren irdischer Leiblichkeit und gefühlsatmosphärischer Räumlichkeit auch in den Himmel eingetragen werden, damit der Himmel überhaupt zu einer Imaginatio (lat.: Vorstellung) werden kann. Vorstellung nannte Kant: Anschauung ohne die Gegenwart eines Objekts, das heißt aber nicht ohne Spuren oder Schemata des Objekts. Der Himmel wäre also, im Gegensatz zur aktionsreichen Hölle gänzlich leer (Plenum vacuum), wenn nicht die Autoren auch dort Gefühlsqualitäten mit ihren leiblichen und räumlichen Schemata eingeschrieben hätten.

Die Jenseitsreisenden durchlaufen eine Stationenfolge von Ängsten und Schmerzen, die sie teils miterleben, teils an sich selbst erfahren, um, zurück auf der Erde, „Zeugnis ablegen" zu können von dem, was das Äußerste von Angst ist, was dem Menschen fühlbar werden kann. Im Dienst dieser Angststeigerung sind in der Hölle alle Sinne bis zum äußersten geschärft, besonders aber die ganzkörperliche Selbstempfindung, die den Königsweg der Strafangst darstellt. Der Reisende muß oft alle Qualen, die für die Sünden vorgesehen sind, an seinem virtuellen Leib durchleiden, bis ihn sein Engel befreit. Am Ende der Höllenreise erreichen beide, wie Vergil und Dante, das himmlische Paradies. Dort wird man der Scharen der Gottseligen ansichtig. Dominant sind nun der Sinn des Auges und der des Ohres. Der Reisende erblickt den Glanz der kostbaren Stoffe, das Leuchten des Firmaments, den lieblichen Schein der himmlischen Ornamente. Die Augen der Seligen schauen Gott selbst.

Durchweg wird der Jenseitsreisende beauftragt, alles „ad utilitatem proximorum memoriter retinere" (lat.: zum Nutzen der Nächsten in Erinnerung zu behalten).[6] Der Reisende muß gedächtnisfähig bleiben. Deswegen wird ihm die Folter nur unter schützender Anleitung zugefügt und im Himmel der Strahlglanz der Trinität vorenthalten. Beides steht im Dienst des Gedächtnisses, der Memoria. Erinnerung wird in den virtuellen Gefühlsraum des Körpers durch Schmerzen und Angst eingebrannt – so daß die Hölle erinnerbar bleibt. Doch wie geht es mit dem Himmel? Auch dieser wird zum Raum stilisiert und mit sinnlichen Wahrnehmungen angefüllt, weil der alten Lehre gemäß die Memoria nur arbeiten kann, wenn sie über Topoi, das heißt konkrete Anschauungsorte, verfügt. Nur dadurch wird der Reisende erzählfähig – und nur so kann aus dem Reisenden ein Erzähler werden. Dies gilt bereits für Odysseus, ja, für Epen überhaupt.

Vom Himmel aber gibt es nicht viel zu erzählen. Es gilt, nur das Bild einer Versammlung hervorzurufen, die im ewigen Anschauen des lichtvollen Gottes versunken ist: ein Tableau vivant (lebendes Bild), das nur einen einzigen Gefühlstonus enthält – das Glück im Blick. Und zum zweiten etwas, was ebenfalls nicht erzählbar ist – das ist die Musik. Die Musik ist die Harmonie an sich, hervorgebracht von Mündern, die nicht singen, und von Instrumenten, die von selbst klingen. Es ist absolute Musik, die sich von der Vox humana (lat.: Stimme des Menschen), vom Leib also, ebenso gelöst hat wie vom Instrument.[7] Musik

als reiner Wohl-Klang, das heißt Euphonie, die der Kakophonie der Hölle kontrapunktiert ist. Wie sollte man dies erzählen können?

Und schließlich die himmlische Bevölkerung: es sind die Körperschemen jener Menschen, „qui magis subesse gaudent, quam preesse" (die sich viel mehr daran erfreuen, untergeordnet als übergeordnet zu

Die Hölle ist die Ewigkeit des in den Leib hineingefolterten Gedächtnisses: Nicht vergessen zu dürfen, das ist die Hölle.

sein).[8] Die Seligen bilden ein Heer, worin ein jeder seinen „Eigenwillen" (Voluntas propria) aufgegeben hat und „fremdem Willen" (Alieno voluntati) gehorcht. Die Seligen sind die depersonalisierten Elemente des Gotteswillens. Als solche treten sie in eine himmlische Sinnlichkeit ein, ein Schmecken von Himmlischem, ein Riechen des „lieblichen Duftes", ein Sehen der Trinität und ein Hören der absoluten Musik. Nur der Tastsinn ist ausgenommen. In dieser Gemeinschaft der Heiligen bedarf es nicht mehr der elementaren Versicherung des anderen, wie es durch den Tastsinn primär erschlossen wird – weil kein anderes mehr ist. Der Himmel ist der Raum einer Menge ohne Ich – während die Hölle jeden auf genau sein Ich fixiert.

Die Entpersönlichung der Himmlischen zeigt an, daß die Unterwerfung unter die Macht die Bedingung ist der Befreiung von Angst und Schmerz. Dies ist die einfache Lehre, die bis heute gilt. Das Nunc stans (stehende Jetzt) der himmlischen Seligkeit ist stillgestellte Angst. Die Vor-Lust, die die christlichen Himmelsbilder erzeugen, ist das Versprechen, daß Gehorsam und Aufgabe des Eigensinns sich lohnen, weil dies der Königsweg des Vergessens von Angst ist. Die Hölle ist die Ewigkeit des in den Leib hineingefolterten Gedächtnisses: Nicht vergessen zu dürfen, das ist die Hölle. Der Himmel dagegen ist genau dieses ichlose Vergessen, reine Erinnerungslosigkeit, auf deren Altar unser armer Leib, diesen verratend, dem Gehorsam geopfert wird: Dieser Gehorsam aber macht erst die Erde zur Hölle.
Man kann nun behaupten, daß derartige Angstphantasmen von der Geistlichkeit eingesetzt wurden, um die Sünder zu erschrecken, zu Gehorsam und Sittlichkeit anzuhalten, Konformität zu erzwingen und den Bann der Untertänigkeit zu verlängern. Schmerzangst ist ein Herrschaftsmittel immer dort, wo Normen nicht verinnerlicht sind und über symbolische Drohungen (und reale Gewalt) durchgesetzt werden müssen. Himmel und Hölle gehören zur grandiosen Ökonomie der Jenseitsvorsorge, die das Mittelalter zur Absicherung des sozialen und religiösen Ordo (lat.: Ordnung) entwickelt hat. Dabei folgen die Qualen der toten Seelen den Mustern irdischer Traumatisierungen: Ohne diese gäbe es keine Vorstellungsbilder der Hölle. An den Texten ist aber auch hundertfach nachweisbar, daß die Hölle einem der intensivsten Gelüste Raum verschafft: der Rache. Spätestens seit Tertullian (um 200 n. Chr.) gilt, daß die Qualen der Hölle der sadistische Lustraum derjenigen sind, die ihre Feinde mit Genuß einer endlosen Pein aussetzen. Die Hölle ist das erste imaginäre Massenstraflager, aus dem nicht einmal der Tod befreit. Die Hölle ist auch ein über Jahrhunderte fortgeschriebener Roman eines perversen Sadomasochismus, das größte pornographische Kunstwerk, das das Abendland hervorgebracht hat. Der Himmel dagegen ist die grandioseste Phantasie eines Einklangs, der von einem Punkt aus die gesamte Population zu einem gewaltigen Massenchor einstimmt. Das ewige Leben ist die Nature morte (Stilleben) des Gehorsams aller, die ihr individuelles Leben zum Klangraum eines absoluten Willens gemacht haben. Der Himmel ist mithin der großartigste politische Roman des Abendlandes, gegen den der „Leviathan" von Thomas Hobbes so harmlos ist wie die Romane des Marquis de Sade ein laues Lüftchen der Hölle.
Wahrlich unheimlich aber sind Himmel und Hölle in der Radikalität, in der sie das Äußerste an Gefühlen erkunden, die der menschliche Leib hergeben kann. Die Texte und Bilder der Hölle sind extremer Realismus an der Grenze des überhaupt noch Fühlbaren. Jenseits davon ist nichts, beginnt das Nichts. Im Mittelalter können wir eine Radikalität in der Erkundung von Gefühlsräumen erkennen, der nahezukommen man Jahrhunderte später die ganze Kraft der Psychoanalyse aufbieten muß – um sogleich vor den Verbrechen unseres eigenen Jahrhunderts wieder in Fassungslosigkeit zu sinken. Wir sind aber gezwungen, den Menschen – als Kollektiv wie als

Individuum – von seinen äußersten Rändern her zu denken.

Der Ausdruck „Jenseits" setzt eine Grenze voraus, bis zu der jener Raum konventionalisierter (allgemein anerkannter) Wirklichkeit reicht, in der physisch gehandelt wird. In dieser Realität setzen physische wie symbolische Prozesse immer materiale Medien und leiblich präsente Kommunikanten voraus. Die Grenze zwischen Wirklichkeit und Jenseits ist indes nicht von der Art territorialer Grenzen, „jenseits" derer ein strukturell gleicher Raum „weitergeht", der nur politisch oder kulturell „anders" besetzt ist. Die Grenze zwischen Diesseits und Jenseits ist eine Bruchstelle nicht im Kontinuum, sondern in der Qualität von Raum. Im Diesseits und im Jenseits herrschen verschiedene Gesetzlichkeiten und Ordnungen. Ich nenne Jenseitsräume darum imaginäre Räume, um anzudeuten, daß sie nicht betreten werden können, ohne einen qualitativen Wechsel in der eigenen Identität zu vollziehen: man muß tot sein oder wenigstens, wie ein Schamane, den eigenen Körper verlassen können; oder man muß wie Odysseus über genaue Ritualkenntnisse verfügen, welche eine vorübergehende Versetzung in einen Jenseitsraum erlauben. Durchweg gibt es aus dem Jenseits keine Rückkehr in denselben Leib mit identischem Personalitätsbewußtsein. Darum wecken solche Reisen Angst.

Umgekehrt gilt dies nicht: Vom Jenseits aus hat die dortige Population vielfältige Möglichkeiten, an jedem Ort und zu jeder Zeit im Diesseits zu erscheinen – und dieses wieder zu verlassen. Dieser Unterschied markiert die „Grenze" zwischen sterblichen Lebewesen und den Bewohnern des Jenseits. Das Raum-Zeit-Kontinuum des Diesseits ist mithin nicht so kontinuierlich, wie man glaubt; sondern es ist gleichsam perforiert; es kann überall Eingänge oder Tore aufweisen für den Einfall des Jenseitigen. Nur über diese Tore, die dadurch zu „magischen Kanälen" (M. McLuhan) werden, und durch die irdischen Reisenden, sofern sie sich als Ethnographen („Völkerkundler") des Jenseits bewährten, wissen wir einiges über das Jenseits. Diesen Nachrichten zufolge besteht eine religionsübergreifende Einigkeit darüber, daß das Jenseits räumlich verfaßt ist. Darum ist das Jenseits nicht einfach das Imaginäre (Unwirkliche), sondern der Raum des Imaginären. Die großen europäischen Entdecker dieser Räume – wie Odysseus, der Jenseitswanderer im zehnten Buch von Platons Politeia, Anaeas, Johannes der Apokalyptiker, St. Brandan und ihrer aller Erbe: Dante in Begleitung von Vergil –, all diese Piloten des Jenseits sind auch Kartographen und Vermesser, Ethnologen und Schriftsteller. Von diesen Reisenden der Schrift übernahmen dann die Maler erst die Angaben für die Ikonographie (Bildersprache) von Himmel und Hölle, welche unser Bildgedächtnis ausfüllt.

Ferner betrachte ich Himmel und Hölle als diejenigen Codes, durch die etwas in Erscheinung gebracht wird, was uns sonst entgeht. So gesehen sind Himmel und Hölle Medien, gewaltige und kulturell fruchtbare Batterien oder Maschinen, welche Gefühle „ins Licht" und „in Erscheinung" bringen, die zum Menschlichen gehören.

Himmel und Hölle sind nicht das ganz andere, sondern die im Medium des Imaginären erkundete Spannweite eines Lebens und einer Kultur, die einer unhintergehbaren Angst ausgesetzt ist und deren größtes Glück es ist, in einem Chor der Selbstaufgabe an einen göttlichen oder gottgleichen Willen diese Angst jubilatorisch aus sich zu vertreiben. – Wir würden uns überschätzen, wenn wir meinten, wir hätten diese fatale Gegenüberstellung hinter uns gelassen.

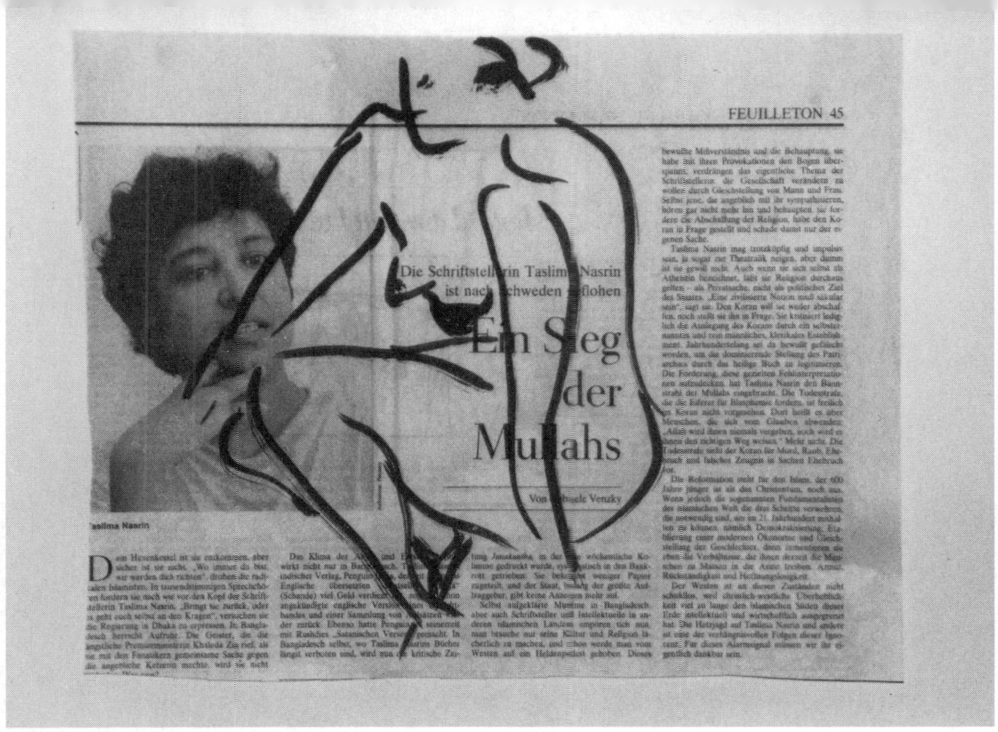

Ju Sobing: „Ohne Worte" Tusche auf Zeitungsartikel 11/95

Anmerkungen:

1. Michaels, Axel: Religionen und der neurobiologische Primat der Angst. In: Stolz, Fritz (Hg.): Homo naturaliter religiosus. Bern/ Berlin/Frankfurt am Main etc. 1997, S. 91–136. Vgl. zuletzt von Burkert, Walter: Kulte des Altertums. Biologische Grundlagen der Religion. München 1998. Ebd. S. 91. Ebd. S. 92
2. Otto, Rudolf: Das Heilige. Über das Irrationale in der Idee des Göttlichen und sein Verhältnis zum Rationalen. 26.–28. Aufl. München 1947
3. Schlesier, Renate: Angst. In: Handbuch religionswissenschaftlicher Grundbegriffe 1988, S. 455–471. Hier: 464, zit. bei Michaels (Anm. 1), S. 97
4. Dinzelbacher, Peter: Angst im Mittelalter. Teufels-, Todes- und Gotteserfahrung: Mentalitätsgeschichte und Ikonographie. Paderborn 1996
5. Hier folge ich den leibphänomenologischen Einsichten von Schmitz, Hermann: System der Philosophie. Bd. II/1: Der Leib. 3. Aufl. Bonn 1998
6. Zitiert aus der Vision des Regensburger Mönch Marcus von 1149: Visio Tnugdali. In: Dinzelbacher, Peter: Mittelalterliche Visionsliteratur. Eine Anthologie. Darmstadt 1989, S.96/7
7. So jedenfalls die grandiose Vision bei Marcus (Anm. 6), S. 94/5
8. Wie Anm. 6, S. 94/5

Hartmut Böhme studierte Germanistik, Philosophie und Theologie. Er ist Professor für Kulturtheorie und Mentalitätsgeschichte am Kulturwissenschaftlichen Seminar der Humboldt-Universität in Berlin.

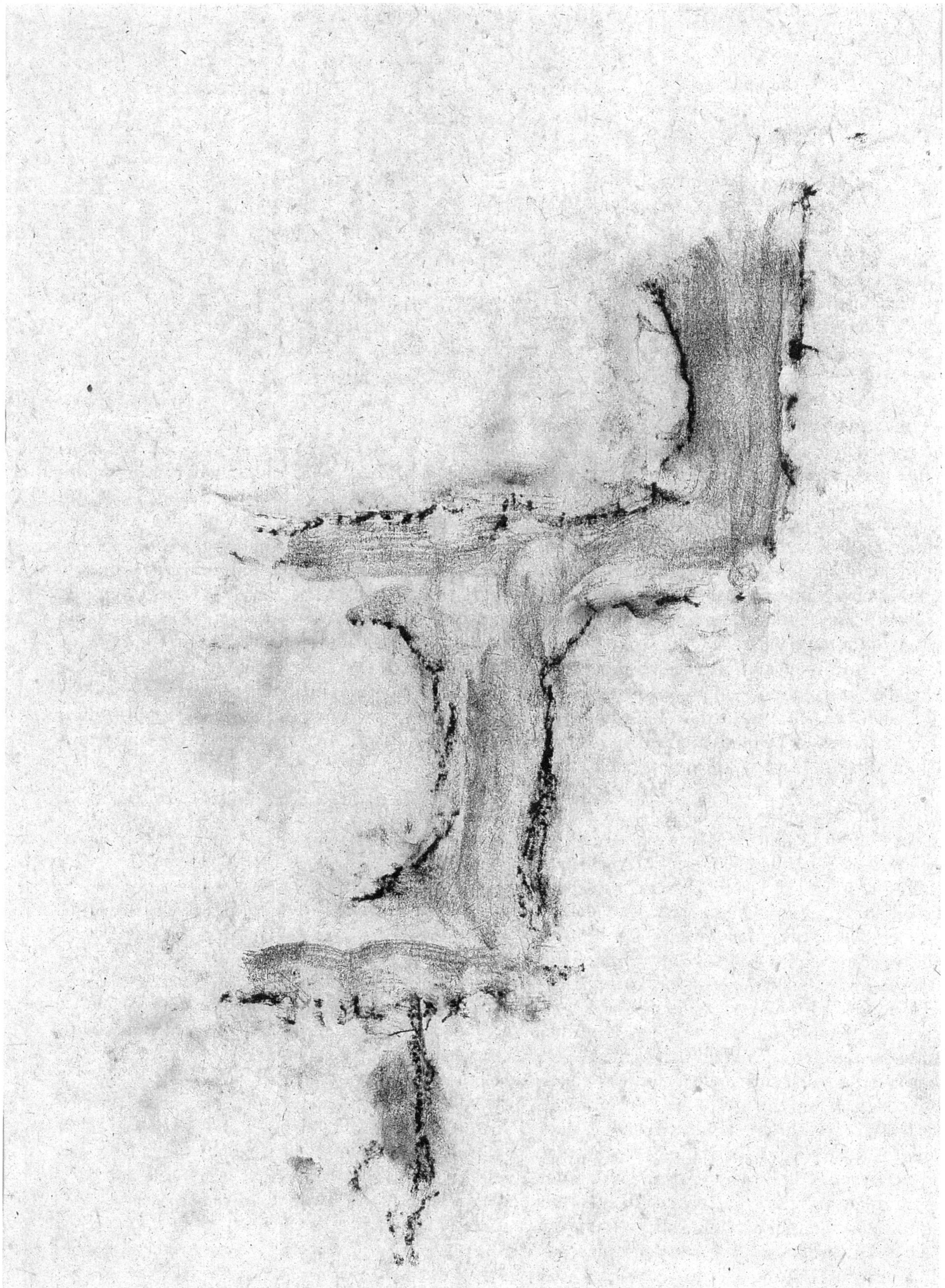

Reinhard Falter

Die Götter der Erfahrungsreligion neu verstehen

Götter sind etwas ganz anderes als der eine Gott, sie sind Ausdrucksformen einer Welterfahrung, die uns heute meist uneinholbar vergangen scheint. Wir glauben nicht mehr an Götter, sagen wir. Aber schon das ist ein Mißverständnis. Die Kelten, Griechen, Römer, Germanen glaubten auch nicht an Götter, sie erfuhren diese, und sie bemühten sich, diesen Erfahrungen gerecht zu werden. Das nannten sie „Frömmigkeit". Solche Erfahrungsreligionen kennen im Unterschied zu den sogenannten Offenbarungsreligionen keine Verkünder. Es stellt sich die Frage, ob das, was der erfahrungsreligiöse Mensch als Götter und göttlich erfuhr, aus der Welt verschwunden ist oder nur anders bezeichnet wird – beziehungsweise, ob sich die Wirklichkeit verändert hat oder nur vom Menschen anders wahrgenommen wird?

Um zu entscheiden, ob die Götter heute noch wahrnehmbar sind, müssen wir erst wissen, was sie sind oder, vorsichtiger gesagt, was sie sein könnten. Über die griechischen und römischen Götter wissen wir relativ viel, die keltischen oder germanischen sind uns dagegen nur indirekt zugänglich. Ein Neubegreifen dessen, was die Antike Götter nannte, verlangt eine Freilegung von der christlichen und später klassizistischen Übermalung, die uns schon das griechische Wort für Gott, „Theos", nicht mehr recht verstehen läßt.

Das mythische Bewußtsein hat eine ganz andere Ontologie (Lehre vom Sein) als die moderne Bewußtseinsverfassung. Der Religionsphilosoph Georg Picht hat darauf hingewiesen, daß die moderne Bewußtseinsverfassung gesprengt würde, wenn sie Begriffe wie Gott (gr.: Theos) oder auch Natur (gr.: Physis) in ihrer wirklichen Bedeutung zuließe. Das vielen Erfahrungsreligionen zugrundeliegende mythische Bewußtsein hat eine völlig andere Vorstellung von dem, was „ist". Die „Aufklärung" bezeichnet Picht diesbezüglich als „ein ausgeklügeltes System der Verdrängung".[1]

Was sind Götter?

Die Götter der Erfahrungsreligion sind keine Sache des Glaubens. Die Frage „Glaubst du an Flußgötter?" ist falsch gestellt. Vielmehr müßte sie lauten: „Bist du bereit, was du am Fluß siehst, als Ausdruck eines Göttlichen anzuerkennen?" Anstelle der Frage: „Hast du schon einmal einen Flußgott gesehen?" müßte gefragt werden: „Hast du ein Erlebnis gehabt, das dich vom Sinn solcher Anerkennung überzeugt hat?", und anstelle von: „Gibt es Flußgötter wirklich?" müßte die Frage lauten: „Gibt es Erlebnisse, die sich als Erscheinungen eines Flußgottes sinnvoll begreifen lassen?"

Das Wesen wird vom erfahrungsreligiösen Menschen nicht hinter, sondern in den Wirkungen gesucht. Goethe, der in vielen Äußerungen eine große Nähe zu erfahrungsreligiösem Empfinden zeigt, bemerkte einmal: „Denn eigentlich unternehmen wir umsonst, das Wesen eines Dinges auszudrücken. Wirkungen werden wir gewahr und die Geschichte der Wirkungen umfaßte wohl allenfalls das Wesen jenes Dinges. Vergebens bemühen wir uns, den Charakter eines Menschen zu schildern, man stelle dagegen seine Handlungen, seine Taten zusammen und ein Bild des Charakters wird uns entgegentreten." Mythische Rede bedeutet Rede in Handlungen. Der Charakter eines Gottes läßt sich treffender in Mythen, also erzählten Ereignissen und Handlungen, als in Eigenschaftswörtern wiedergeben. Mythische Erzählung ist Vorbereitung auf die Epiphanie, das heißt das Erscheinen eines Göttlichen in menschlich verständlicher (nicht immer menschlicher) Gestalt.

Kultus meint Kultivierung der Betroffenheit von göttlichen Atmosphären.

Jeder göttliche Charakter tritt unmittelbar als Selbständiges auf. Die Weise des Zusammenhangs der Charaktere untereinander ist nicht die eines Systems, sondern die punktueller Berührungen, Überschneidungen, Verdrängungen. Die Vorbereitung des Erzählens dient dazu, daß der Gott, wenn er erscheint, an seinen Handlungen erkannt werden kann. Das bedeutet: der Gott ist nicht einfach das Element. Das wäre ja immer da und müßte nicht nur in Ausnahmesituationen erscheinen. Hephaistos als Gott des unterirdischen Feuers ist nicht das Feuer, und auch der Flußgott ist nicht der Fluß. Ebensowenig sind die Götter die Idee des Feuers oder des Flusses, weder die Erscheinung selbst noch deren Kraft im physikalischen Sinn – sondern deren begegnende Wirklichkeit. Sie sind

Der Wassergott Acheloos als Mannstier. Gefäßhenkel aus Sizilien um 400 v. Chr.

DER KREIS DER GÖTTER

Für ausgewählte Götter soll hier nebeneinandergestellt werden, was diese jeweils in den verschiedenen Bereichen vertreten:

	NATUR	PSYCHE	SOZIALES
POSEIDON	Erschütterung	Kreativität	Umbruch
ARTEMIS	Jagd	Erfrischung	Wettstreit
APOLL	Reinigung, Glanz	Wahrnehmung	Hierarchie
ZEUS	Verzweigung	Gestaltungskraft	Vielfalt
DIONYSOS	Auflösung	Schlaf	Frieden
ARES	Aufwallung	Zorn	Aggression
PERSEPHONE	Tod	Wandlung	Reform
DEMETER	Befruchtung	Intuition	Kultur
HERMES	Bahn	Berechnung	Handel
APHRODITE	Blühen	Liebe	Vereinigung
ATHENA	Spiegelung	Reflexion	Diskurs

das, was den Menschen in einer Erscheinung begegnet. Wollen wir ein Wort der Begriffssprache benutzen, das dem Gemeinten nahekommt, so wäre es das Wort „Atmosphäre"[2]. Der Flußgott ist die Gestalt gewordene Atmosphäre des Flusses, so wie Zeus die Atmosphäre des Herrschaftlichen ist, wie sie im hohen Himmel zum Ausdruck kommt, aber auch in einem die Landschaft beherrschenden Berg. Dionysos ist die Atmosphäre des rauschhaften Sichverlierens, Athene die der klaren Besinnung, Aphrodite der neue Glanz der Welt in den Augen des Verliebten. Gestalt gewordene Atmosphären sind göttlich. Der Mensch ist von ihnen betroffen und reagiert mit dem, was wir Kultus nennen. Kultus meint Kultivierung der Betroffenheit von göttlichen Atmosphären. Wichtig ist zu verstehen, daß diese Atmo-

Landschaft und Seelenlandschaft sind Bühnen, auf denen die Götter spielen.

Weihestein an den Flußgott Hermos. Phrygisch, 3. Jh. n. Chr. Ein Beleg dafür, daß auch in der Spätantike Flußgötter noch kultische Bedetung hatten und nicht nur Schmuck- und Repräsentationszwecken dienten.

sphären nicht in uns sind, sondern daß sie der Stoff sind, aus dem die Erscheinungswelt ebenso ist wie unsere „Psyche". Alle diese Atmosphären treten sowohl in der Natur, im Sozialen als auch in der menschlichen Psyche auf, also im innermenschlichen, zwischenmenschlichen und außermenschlichen Bereich. Damit ist in ihnen immer schon eine Verbindung von Innen- und Außenwelt gegeben. In dem in mir aufsteigenden Zorn, im zähnefletschenden Wolf, im Schreien einer Menge, die die Todesstrafe für einen Terroristen fordert, und im angeschwollen daherbrausenden Wildbach erlebe ich die Qualität, die der Grieche Ares, der Römer Mars nennen würde. Landschaft und Seelenlandschaft sind Bühnen, auf denen die Götter miteinander spielen.

Die Götter sind auch heute noch erfahrbar. Genauer müßten wir freilich sagen, die Götter sind eine mögliche Konzeptualisierung von Erfahrungen, und zwar eine sehr ursprungsnahe. Sie sind eine Weise, über das zu reden, was wir Natur – einschließlich der „Natur, die wir selbst sind" (G. Böhme) – nennen. Das Pantheon, das heißt die Gesamtheit aller Götter, ist eine Sprache. Worum es heute geht, ist, die Grundbegriffe dieser Sprache und ihre wichtigsten grammatischen Regeln wieder zu lernen, so daß wir Eindrücke des Göttlichen wiedergeben können, ohne sie durch die Begriffssprache zu verbiegen. Die Gestalten des Mythos bieten ebenso viele Möglichkeiten, Erfahrungen zu ordnen und zu benennen. Doch müssen wir den Unterschied von einem Gott und einem Begriff verstehen.

Der zu Unrecht vergessene Philosoph und Ausdruckswissenschaftler Ludwig Klages hat in Abhebung von Schopenhauer den fundamentalen Unterschied deutlich gemacht: Schopenhauer meinte das Wesen einer Naturerscheinung wie folgt fassen zu können: „Dem Bach, der über Steine abwärts rollt, sind die Strudel, Wellen, Schaumgebilde, die er sehen läßt, gleichgültig und unwesentlich; daß er der Schwere folgt, sich als unelastische, gänzlich verschiebbare, formlose, durchsichtige Flüssigkeit verhält, dies ist sein Wesen, dies ist, wenn anschaulich erkannt, die Idee." Klages bemerkt dazu: Der Idealist „befindet sich im schwersten Irrtum, wenn er gleichwohl meint, derlei Naturgesetze würden angeschaut", die platonische Ideensuche gehe vielmehr am Wesen ganz vorbei, „sie unternimmt es, an die Stelle wirklicher Urbilder verdinglichte Begriffe und verabsolutierte Naturgesetze zu rücken ... die mit dem Namen Ideen aufgeputzten Naturgesetze müssen herhalten zur Entrechtung des Augenblicks". Demgegenüber gebiert sich ein Urbild „erst aus polarer Berührung einer empfangenden Seele und eines wirkenden Dämon und von solcher Herkunft das Zeichen und Siegel ist der leuchtende Schauer, der es im Werdemoment umwirkt"[3].

Die Sprache der Götter redet über das, worüber die Sprache der Ideen nicht sprechen kann, über das Werdende. Das bedeutet, daß die Götter nicht primär Verbildlichung von Gestaltqualitäten sind, sondern Prozeßarten.

Die mit dem Namen „Ideen" aufgeputzten Naturgesetze müssen herhalten zur Entrechtung des Augenblicks.

Religionscharakter

Man hat aus christlicher Sicht dem Olymp gern den Religionscharakter abgesprochen. Denn selbst der Mysterienglaube der Griechen ist, so ähnlich er scheint, dem Auferstehungsglauben des Christentums gerade entgegengesetzt. Geht es bei letzterem um die Hoffnung auf persönliche Unsterblichkeit, so besteht für die Erfahrungsreligion die einzig mögliche Erlösung gerade in der Verabschiedung solcher Selbstüberschätzung. Das heißt, das Individuum muß sich mit der Auflösung seines „Einzellebens" ins Alleben abfinden. Diese Grundlehre des Olymp ist es, die unserer Zivilisation völlig fremd geworden ist: das Wissen um das Wurzeln des Menschen in der Nacht, die die ursprüngliche Natur ist.

Nirgendwo kommt dies so einfach zum Ausdruck wie im Grundakt allen erfahrungsreligiösen Kultus, dem blutigen Opfer, dessen Sinn heute selten verstanden wird. Dieser Sinn ist die Rückerstattung des Einzellebens an das Alleben: „Was die äußere Gewalttätigkeit der Opferhandlung aufdeckte, war die innere Gewaltsamkeit des Seins, gesehen im Licht des ausströmenden Blutes und der hervorquellenden Organe. Dieses Blut, diese Organe voller Leben, waren nicht das, was die Anatomie in ihnen sieht. Nur eine innere Erfahrung, nicht die Wissenschaft könnte uns das Gefühl der Alten vermitteln. Wir können annehmen, daß damals die blutgeschwellten Organe die unpersönliche Blutfülle des Lebens enthüllten. Auf das individuelle, diskontinuierliche Sein des Tieres war mit dem Tod des Tieres die organische Kontinuität des Lebens gefolgt, die mit dem heiligen Opfermahl in das Gemeindeleben der Teilnehmer überging ... Es ist überhaupt das Wesen des Opfers, Leben und Tod in Übereinstimmung zu bringen: Dem Tod verleiht es den Aspekt aufquellenden Lebens, dem Leben die Schwere, den Taumel und das Offenwerden gegenüber dem Tod."[4]

Die Erfahrung des sogenannten Toten als des Lebengebenden und von daher die Auflösung des Gegensatzes von Alleben und Einzelleben ist der religiöse Kern aller Erfahrungsreligionen.

Erderschütterer Poseidon. Hellenistische Silbermünze.

Gerade der lichthafteste der Olympier, Apoll, der oft als Gott des Logos mißverstanden wird, verkündet am deutlichsten, daß die Götter nicht zur Nachahmung da sind, daß der Abstand zwischen Menschen und Göttern unüberbrückbar ist. Nur im Verhältnis zu seiner Sterblichkeit und damit zu den Unterirdischen ist das möglich, was Apoll vor allem zugeschrieben wird – Selbsterkenntnis. Das „Erkenne dich selbst" ist nicht Aufforderung zu grüblerischer Innenschau, sondern zur Betrachtung der Stellung des Menschen in der Welt, die definiert ist als Sterblicher im Unterschied zu den Unsterblichen (also nicht in Abgrenzung vom Tier, sondern vom Gott).[5]

Das Los des Sterblichen an der Grenze von Mythos und Philosophie bringt der Satz des Anaximander zum Ausdruck: „Denn alle Wesen vergehen dahinein woraus sie entstehen und zahlen einander Buße für das Unrecht." Dieses Unrecht ist schlicht das Einzelleben. Die Buße ist keine in unserem Sinn moralische. Dennoch faßt dieser Satz das Naturrecht zusammen.

Gott, Mensch und Tier

Nicht nur die Augenblicks- und Lokalgötter, auch die großen, nicht lokal gebundenen Götter – die Olympier – sind direkt atmosphärisch erlebbar. Sie lassen sich erkennen am Blick: Athena am Flammenblick, Aphrodite am seidenen Schimmer der Augen, Hera wird die Kuhäugige genannt und so weiter. Das Angeblicktwerden ist entscheidend für die Du-Evidenz eines Göttlichen.

So erlebt der Grieche im Getreideland das „Stirb und Werde": im Anbranden des Meeres oder im Vulkanausbruch und Erdbeben das Wurzeln des Festen im Flüssigen, in der fruchtbaren Flußebene mit Rindern und Pferden die mütterliche Fruchtbarkeit und so weiter. Nicht um Allegorien (verschlüsselte Sinnbilder, Gleichnisse) handelt es sich, sondern um Imagination[6] (Vorstellungen).

Jeder der olympischen Grundcharaktere verkörpert eine Perspektive auf die gesamte Wirklichkeit, die den Menschen vollständig einnehmen kann. So steht Aphrodite für den Glanz aller Dinge in den Augen des Verliebten und die belebende, kräftesteigernde Macht des Verliebtseins, Zeus für das Mächtige und Gestaltungskräftige, Hestia für das Heimat-Gebende.

Aber jede solche Weltsicht ist perspektiviert und in der Gefahr, andere wichtige Aspekte zu verleugnen. Das schildert eindrücklich die Geschichte vom Parisurteil, derzufolge der Hirte Paris auserkoren war zu

Die Sprache der Götter redet über das, worüber die Sprache der Ideen nicht sprechen kann, über das Werdende.

Weihestein an den Sonnengott Helios. Provinzialrömisch (vermutlich Anatolien), 3. Jh. n. Chr.

entscheiden, welche der drei Göttinnen Athene, Hera oder Aphrodite die schönste sei. Nicht darum geht es dabei, daß Paris Athene (und mit ihr das Streben nach Besonnenheit) oder Hera (und mit ihr das Streben nach Macht) hätte wählen sollen anstatt sein Leben ganz der Liebe (Aphrodite) zu weihen. Das wäre dualistisch gedacht, wie es die späte, gar nicht mehr erfahrungsreligiöse Allegorie von Herakles am Scheideweg ist, derzufolge Herakles, vor die Wahl gestellt, sich für ein leichtes Leben des Genusses oder ein mühevolles der Tugend zu entscheiden, letzteres als Voraussetzung zur Erreichung der Lebensgüter wählte. Dem mythischen Denken geht es im Parisurteil nicht um ein moralisches Urteil: Wie Paris auch wählt, immer bringt er zwei Göttinnen gegen sich auf. Das entspricht dem tragischen Bild vom Menschen. Der Mensch ist als Sterblicher viel zu beschränkt, um allen Qualitäten der Wirklichkeit gerecht zu werden. Er hat nicht die Möglichkeit der grandiosen Einseitigkeit wie ein Gott oder ein Tier. Der Wolf darf ganz seinen marsischen Charakter leben, der Mensch geht unter, wenn er sich nur einem Gott verschreibt. Der Mensch ist nicht vernunftbegabtes Tier, sondern Sterblicher im Unterschied zu den Unsterblichen.

Der Mensch ist weniger inkarnierter Universalcharakter als das Tier, er ist vor die Notwendigkeit gestellt, insofern einen Mikrokosmos zu bilden, als er die Kräfte im Gleichgewicht hält, die sowohl in ihm als auch in der Welt wirken. Das steht hinter der Vorstellung, daß es dem Menschen nicht ansteht, nur einem Gott zu dienen. Dies steht nur göttlichen Wesen (zum Beispiel Nymphen) oder Tieren zu. Andererseits ist es dem Menschen auch nicht angemessen, das Augenmerk nur auf das Gleichgewicht zu lenken. Ein Mensch, der nicht einen – notwendig einseitigen – Impuls auch in die Welt einbringt, bräuchte gar nicht zu leben[7]. Der Genius freilich bringt eine Unausgeglichenheit in das Mikrokosmos-Sein. Der Mensch aber ist als Mikrokosmos einseitig bestimmt. Er ist zugleich auch Agens (handelnde Kraft) und hat als solche noch eine andere Mitte zu halten als diejenige zwischen den Universalcharakteren – nämlich die zwischen dem Bemühen, diese in Balance zu halten, und der Formung und Formulierung eines Impulses für die Welt.

Die „Götter" sind Benennungen der Grundcharaktere oder Grundgesten, die Natur und Menschenwelt, Landschaft und Seelenlandschaft miteinander verbinden. Nur was in der Natur (dem Außermenschlichen), im Psychischen (dem Innermenschlichen) und im Sozialen (dem Zwischenmenschlichen) gleichermaßen vorkommt, ist ein Gott. Diese Art der Einheits- oder Gestaltbildung ermöglicht es, von Natur und Menschenwelt in denselben Begriffen beziehungsweise Gestalten zu sprechen und so die Einheit von Mensch und Natur wirklich zu denken, was durch nachträgliche Parallelismen etwa zwischen Körper und Seele nie eingeholt werden kann.

Götter im 21. Jahrhundert

Heute können wir die Götter als Benennungen von Qualitäten verstehen, die wahrzunehmen den Menschen ausmacht. Einerseits können wir dann betonen, daß sie menschliche Geschöpfe sind, andererseits, daß die Menschen durch diese geformt sind. Homer und Hesiod haben den Griechen ihre Götter gegeben, sagt Herodot. Auch der Mythos weiß, daß die Götter auf den Kultus des Menschen angewiesen sind. Von Göttern zu reden, von Grundcharakteren des Seins, die quer zur Verdinglichung stehen, ist eine wesentliche Erleichterung für sonst nur sehr indirekt und geschraubt ausdrückbare Zusammenhänge in der Naturphilosophie, aber auch der Psychologie.[8]

Anmerkungen:

1. Picht, Georg: Kunst und Mythos. Stuttgart 1990, S. 529
2. Zur Rekonstruktion der Götter als Atmosphären: Schmitz, Hermann: System der Philosophie. Insbesondere Bd III, 2. Bonn 1966
3. Klages, Ludwig: Vom Kosmogonischen Eros. 9. Aufl. Bonn 1988
4. Bataille, Georges: Der heilige Eros. Berlin 1979, S. 87
5. Falter, R.: Die religiöse Dimension der Natur. In: forum, Zeitschrift für Erziehung, Umwelt und Gesundheit. Nr. 1/98, S. 34–42
6. Paula Philippson (Griechische Götter in ihren Landschaften, Oslo 1939) geht bis zur Identifikation: „Der fruchtbare Talboden von Dodona ist Dione (eine Tochter des éther), die Mutter Erde, der Berg von Dodona ist Zeus, der Weltherrscher." Ausführlicher zu den Landschaften der Götter: R. Falter: Natur als Landschaft und als Gott. In: Sieferle, R. P. (Hrsg.): Natur-Bilder. Wahrnehmungen von Natur und Umwelt in der Geschichte. Frankfurt 1999, S. 137–179
7. Es sei denn, man stützte sich auf eine esoterische (nicht am Weltgeschehen selbst abzulesende) Lehre, wonach sich der Mensch durch diese Übung (denn nur das wäre das Leben dann) Fähigkeiten erwürbe, die erst später für die Welt wichtig würden. Das sind aber Hinterweltler-Lehren, die allesamt die Sinnfrage zu Zweckfragen umfälschen und verschieben, sei es in ein nächstes Leben (karmischer Egoismus) oder in eine andere Welt (Jenseitsreligion).
8. Zu ersterem: Falter, R.: Das Dionysische und das Apollinische. In: Mit Nietzsche denken. Bd. 2. München 1999

Zu zweiterem: Woolger, R. und J.: Göttinnen. Urbilder für eine Psychologie der Frau. Hamburg 1991

Reinhard Falter, Historiker und Philosoph, lebt in München und ist freiberuflich in Forschung und Erwachsenenbildung tätig.

Peter Welsen

Gott und die Übel der Welt

Zum Problem der Theodizee bei Leibniz, Kant und Schopenhauer

In der Neuzeit emanzipiert sich der Mensch von einem Denken, das sich in der Antike am Kosmos und im Mittelalter an Gott orientierte. Dies bedeutet jedoch keineswegs, daß Gott für die neuzeitliche Philosophie ohne Interesse sei, doch die Art und Weise, über Gott nachzudenken, hat sich entscheidend verändert. Während sich die Philosophie des Mittelalters über weite Strecken als Magd der Theologie versteht und die Vernunft dem Glauben unterordnet, löst sich die Vernunft der neuzeitlichen Philosophie aus dieser Abhängigkeit.

Es liegt auf der Hand, daß diese Entwicklung insbesondere zwei Fragen betrifft: die nach der Existenz eines göttlichen Wesens und die nach seinen Eigenschaften. Was den letzteren Punkt anbelangt, so ist Gott nach christlicher – ähnlich wie nach jüdischer und islamischer – Auffassung allmächtig, allgütig und allwissend. Genau diese Lehre wird in der Philosophie der Neuzeit problematisiert, und zwar angesichts der Übel der Welt. Dazu zählt alles, was dem Menschen zum Leid gereicht: Armut, Grausamkeit, Hunger, Krankheit, Naturkatastrophen, politische und soziale Ungerechtigkeit und Unterdrückung sowie schließlich der Tod. In diesem Zusammenhang spielen zwei Ereignisse eine wichtige Rolle: der Dreißigjährige Krieg, in dessen Verlauf das Heilige Römische Reich Deutscher Nation die Hälfte seiner Bevölkerung einbüßte, sowie das Erdbeben, das 1755 Lissabon heimsuchte und innerhalb kürzester Zeit sechzigtausend Menschen in den Tod riß. Angesichts dieser Katastrophen erstaunt es nicht, daß eine Philosophie, die auf Vernunft setzt, zu fragen beginnt, wie sich die Übel der Welt damit vereinbaren lassen, daß Gott sowohl allmächtig als auch allgütig ist. Zwei Alternativen bieten sich an: Gott will die Übel verhindern, aber kann es nicht, oder er kann sie verhindern, aber will es nicht. Im ersten Fall wäre Gott allgütig, aber nicht allmächtig, im zweiten hingegen allmächtig, aber nicht allgütig. Es drängt sich der Verdacht auf, daß die Übel der Welt ein Grund sind, Gott eine der beiden Eigenschaften abzusprechen, die angeblich sein Wesen ausmachen. In der Philosophie der Neuzeit gibt es eine Reihe von Versuchen, diese Schwierigkeit zu beheben. Sie zielen darauf ab, Gott gegen den skizzierten Vorwurf zu verteidigen. Solch eine Rechtfertigung Gottes angesichts der Übel der Welt wird gewöhnlich als Theodizee bezeichnet. Um die Frage nach dem Gelingen dieses Unternehmens zu beantworten, lohnt es sich insbesondere, die Überlegungen zu betrachten, die Leibniz, Kant und Schopenhauer zum Problem der Theodizee angestellt haben.

I

Leibniz ist – zusammen mit Descartes und Spinoza – einer der führenden Vertreter des Rationalismus, der die kontinentaleuropäische Philosophie des 17. und eines beträchtlichen Teils des 18. Jahrhunderts entscheidend prägte. Es ist kennzeichnend für die Rationalisten, daß sie glaubten, die reine, von der Erfahrung losgelöste Vernunft sei in der Lage, eine inhaltliche Erkenntnis der Wirklichkeit zu liefern. Mehr noch, diese Erkenntnis ist – nach Auffassung der Rationalisten – von einer Gewißheit, die es mit derjenigen der Logik oder Mathematik aufnehmen kann.

Es liegt auf der Hand, daß das Problem der Theodizee die Existenz eines göttlichen Wesens voraussetzt, die Leibniz als Rationalist mit den Mitteln reiner Vernunft nachzuweisen versucht. Zwar legt Leibniz mehrere Gottesbeweise vor, aber das ausschlaggebende Argument ist das ontologische[1], und zwar deshalb, weil es sich auf reine Vernunft stützt, also ohne Erfahrung auskommt. In seiner ausgereiftesten Fassung bietet es sich wie folgt dar:

„Etwas, zu dessen Wesenheit die Existenz gehört, existiert notwendig;
Gott ist etwas, zu dessen Wesenheit die Existenz gehört; also existiert Gott notwendig."[2]

Leibniz schließt sich insofern der Tradition an, als er in Gott den Schöpfer der Welt erblickt. Dabei vertritt er die Auffassung, daß sich Gott bei der Schöpfung vom Prinzip des Besten leiten läßt. Nach diesem Prinzip liegt es im Wesen Gottes, stets das Beste zu tun. Wendet man das Prinzip auf die Schöpfung an, so folgt daraus, daß Gott von den vielen Welten, die es in seinem Denken gibt, die beste realisiert. Man könnte also sagen, daß Gott – dem Prinzip des Besten zufolge – die beste aller möglichen Welten geschaffen hat. Genau diese Einsicht bildet den Dreh- und Angelpunkt des Versuchs, Gott angesichts der Übel der Welt zu rechtfertigen.

> *Eine Erkenntnis gilt* **a priori**, *wenn sie nicht in Erfahrung, sondern in einer der Erfahrung vorgängigen Instanz, der reinen Vernunft, gründet. Unter einer Erkenntnis* **a posteriori** *ist hingegen eine Erkenntnis zu verstehen, die in Erfahrung gründet, also empirisch ist.*

Leibniz unterscheidet in seinen *Essais de théodicée*[3] zwischen drei Arten von Übeln: dem metaphysischen, dem moralischen und dem physischen. Was das erstere anbelangt, so besteht es darin, daß die Welt als endliche weniger gut als ihr unendlicher Schöpfer ist. Es macht geradezu ihr Wesen aus, daß sie in diesem, also im metaphysischen Sinne ein Übel ist. Mit der Endlichkeit der Welt ist die Voraussetzung dafür genannt, daß es auch ein moralisches sowie ein physisches Übel gibt.

Das moralische Übel setzt Leibniz mit der Sünde gleich. Es liegt auf der Hand, daß ein enger Zusammenhang zwischen der Sünde auf der einen und der menschlichen Freiheit auf der anderen Seite besteht. Ist der Mensch frei, eine Handlung durchzuführen oder zu unterlassen, so ist es möglich, ihn zur Rechenschaft zu ziehen. Unter dieser Voraussetzung aber scheint es, als komme Gott nicht als Urheber des moralischen Übels in Betracht. Nun ist Leibniz in der Tat überzeugt, daß der Mensch frei ist, und benutzt diese Einsicht, um Gott zu entlasten. Gegen diesen Vorschlag ließe sich allerdings einwenden, daß Gott das moralische Übel zumindest duldet. Dies aber bedeutet, daß er entweder nicht fähig oder nicht willens ist, es zu verhindern, so daß ihm die Allmacht oder die Allgüte abzusprechen wäre. Auf diesen Einwand entgegnet Leibniz, daß es Gott nicht in erster Linie darauf ankommt, ob der Mensch sündigt oder nicht, sondern daß sein Anliegen die Welt als ganze ist und daß er diese nach dem Prinzip des Besten eingerichtet hat. Mit anderen Worten, es wäre Gott zwar möglich, eine Welt ohne moralisches Übel zu schaffen, nur wäre diese nicht die beste. Zeigen zu wollen, welchen Beitrag einzelne Fälle moralischen Übels zur besten aller möglichen Welten leisten, hält Leibniz jedoch für verfehlt. Er begnügt sich damit, auf das Prinzip des Besten zu verweisen, und zieht sich ansonsten darauf zurück, daß dem Menschen eine weitergehende Einsicht verwehrt ist.

Das physische Übel wird von Leibniz durch mehrere Überlegungen gerechtfertigt. So macht er zunächst geltend, daß das Gute in der Welt überwiegt. Tritt dennoch physisches Übel auf, so ist es teils als Strafe, teils aber als Mittel zu verstehen, ein größeres Gut zu verwirklichen. Selbst die ewigen Höllenstrafen stellen für Leibniz insofern keine Schwierigkeit dar, als sie aus der ewigen Verstocktheit der Sünder resultieren. Entscheidend ist jedoch das Prinzip des Besten, auf das Leibniz auch zurückgreift, um das physische Übel einsichtig zu machen. Eigentlich macht das Prinzip des Besten die anderen Argumente überflüssig. Steht nämlich *a priori* fest, daß Gott die beste aller möglichen Welten geschaffen hat, so bedarf es keiner Gründe *a posteriori* (siehe Kasten) mehr, um ihn zu entlasten. Damit aber eröffnet das Prinzip des Besten die Möglichkeit, jeden beliebigen Zustand der empirischen Wirklichkeit mit der Existenz eines allmächtigen und allgütigen Gottes zu vereinbaren.

Es wäre Gott zwar möglich, eine Welt ohne moralisches Übel zu schaffen, nur wäre diese nicht die beste aller möglichen Welten.

II

Kant zeichnet sich den Rationalisten gegenüber dadurch aus, daß er nicht mehr daran glaubt, reine Vernunft reiche aus, um zu einer inhaltlichen Erkenntnis der Wirklichkeit zu gelangen. Nach seiner Auffassung bedarf es dazu der Erfahrung, die eine Synthese von Anschauung und Begriff ist. Überträgt man diese Einsicht auf die Gegenstände der traditionellen Metaphysik, das heißt die Seele, den Kosmos als ganzen und Gott, so zeigt sich, daß sie sich – mangels Anschauung – nicht theoretisch erkennen lassen. Aussagen, die sich auf diese Gegenstände beziehen, sind aus der Perspektive von Kants theoretischer Philosophie weder wahr noch falsch, sondern sinnlos.

Auf diesem Hintergrund überrascht es nicht, daß Kant die Gottesbeweise der abendländischen Metaphysik, also auch das ontologische Argument, zurückweist. Der entscheidende Einwand setzt voraus, daß es unterschiedliche Arten von Prädikaten[4] gibt: solche, die ausdrücken, was zum Wesen eines Gegenstandes gehört (reale Prädikate), solche, die einen Subjektsbegriff mit einem Prädikatsbegriff verbinden (logische Prädikate), und solche, die sich auf die Existenz von Gegenständen beziehen. Während ein Urteil, in dem einem Gegenstand ein reales Prädikat zugeschrieben wird, analytisch wahr oder falsch ist, kann ein Urteil über seine Existenz lediglich synthetisch wahr sein. Demnach läge ein Widerspruch in der Behauptung, ein Dreieck habe vier Winkel, nicht aber in jener, Gott existiere nicht. Um über die Existenz eines Gegenstandes zu urteilen, muß man über seinen Begriff hinausgehen und eine andere Instanz – zum Beispiel die Erfahrung – befragen. Da aber Gott kein Gegenstand der Erfahrung ist und keine andere Instanz zur Verfügung steht, die einen objektiven Zugang zu ihm ermöglichte, läßt sich nichts darüber sagen, ob er existiert.

Dies bedeutet jedoch nicht, daß Kant eine agnostische[5] oder gar atheistische[5] Position einnimmt, so daß sich das Problem der Theodizee von selbst erledigen würde. Vielmehr verlagert er die Frage nach Gott von der Ebene des Wissens auf diejenige des Glaubens, den er zwar als objektiv unzureichendes, jedoch subjektiv zureichendes Fürwahrhalten betrachtet. Um diesem Glauben, der sich theoretisch nicht begründen läßt, ein praktisches Fundament zu verleihen, stellt Kant in der *Kritik der praktischen Vernunft* eine Überlegung an, die man als moralischen Gottesbeweis bezeichnen könnte. Dieser geht vom Begriff des höchsten Gutes aus, welches den Sinn moralischen Handelns ausmacht. Es besteht darin, daß jemand, der mit der Tugend die „Würdigkeit glücklich zu sein" besitzt, auch die Glückseligkeit erlangt. Damit gewährleistet ist, daß diese Verbindung von Tugend und Glückseligkeit eintritt, muß ein Wesen existieren, das sie bewirkt, und ein solches ist kein anderes als ein allwissender, allmächtiger und allgütiger Gott.

Allerdings ist das Problem der Theodizee damit für Kant keineswegs erledigt. Einerseits steht für ihn fest, daß es nicht doktrinal – das heißt mit den Mitteln der theoretischen Vernunft – aufgelöst werden kann, und er scheut sich nicht, die Anhänger solch eines Verfahrens als „Heuchler“ zu bezeichnen, andererseits ist er jedoch überzeugt, daß es eine „authentische“ Theodizee gibt. Diese macht sich den Primat der praktischen Vernunft gegenüber der theoretischen zunutze, ja sie beruht geradezu auf einem Machtanspruch der praktischen Vernunft. Kant schlägt vor, die Theodizee als eine Auslegung des gesetzgebenden Willens zu begreifen, der sich in der Natur zeigt. Was die Authentizität einer Theodizee ausmacht, ist der Umstand, daß sie der Gesetzgeber selbst, also Gott, vorlegt oder daß sie, was auf dasselbe hinauslaufe, in praktischer Vernunft gründet: „… da wird Gott durch unsre Vernunft selbst der Ausleger seines durch die Schöpfung verkündeten Willens; und diese Auslegung können wir eine authentische Theodizee nennen.“[6] Als Beispiel für eine authentische Theodizee führt Kant die Geschichte von Hiob an. Den entscheidenden Punkt erblickt er darin, daß Hiob nicht versucht, Gott mit theoretischen Argumenten zu rechtfertigen, sondern eingesteht, daß dessen Ratschluß unerforschlich ist, und sich ihm glaubend anvertraut. Kant stellt dazu fest: „Hiob würde wahrscheinlicher Weise vor einem jeden Gerichte dogmatischer Theologen, vor einer Synode, einer Inquisition, einer ehrwürdigen Classis, oder einem jeden Oberkonsistorium unserer Zeit …, ein schlimmes Schicksal erfahren haben. Also nur die Aufrichtigkeit des Herzens, nicht der Vorzug der Einsicht, die Redlichkeit, seine Zweifel unverhohlen zu gestehen, und der Abscheu, Überzeugung zu heucheln, wo man sie doch nicht fühlt, vornehmlich nicht vor Gott (wo diese List ohnedas ungereimt ist): diese Eigenschaften sind es, welche den Vorzug des redlichen Mannes, in der Person Hiobs, vor dem religiösen Schmeichler im göttlichen Richterausspruch entschieden haben.“ (A 216 f)

III

Einerseits übernimmt Schopenhauer Kants erkenntnistheoretische Voraussetzungen und führt sie kritisch gegen die dogmatische Metaphysik ins Feld, andererseits aber schlägt er eine Metaphysik vor, die sich eng an die empirische Wirklichkeit anlehnt und keine überzogenen Geltungsansprüche erhebt. In seinen Überlegungen zur Religion geht Schopenhauer im Vergleich zu Kant noch einen Schritt weiter. Das zeigt sich zunächst daran, daß sich die Existenz eines göttlichen Wesens nach seiner Auffassung weder mit theoretischen noch mit praktischen Argumenten nachweisen läßt.

Zwar schließt sich Schopenhauer insofern Kant an, als er der Widerlegung der Gottesbeweise zustimmt, aber anders als dieser bezweifelt er, daß sie auf einer „natürlichen und unvermeidlichen Illusion“ beruhen. Gerade das ontologische Argument kommt bei Schopenhauer schlecht weg. Er hält den Versuch, die Existenz eines göttlichen Wesens aus dessen Begriff zu folgern, für so dürftig, daß man ihn zurückweisen könne, ohne die *Kritik der reinen Vernunft* zu kennen. Aber auch den moralischen Gottesbeweis lehnt Schopenhauer ab. Der ausschlaggebende Einwand lautet, daß die Prämisse (Voraussetzung) des Beweises, Tugend sei durch Glückseligkeit zu belohnen, fragwürdig ist. Gerät aber die Prämisse ins Wanken, so ist das Argument nicht schlüssig. Nun weiß Schopenhauer sehr wohl, daß mit dem Scheitern der Gottesbeweise keineswegs die Nichtexistenz eines göttlichen Wesens ausgemacht ist. Da jedoch die Frage nach Gott zu gravierend ist, als daß sie ohne vernünftigen Grund zugunsten seiner Existenz zu entscheiden wäre, schiebt Schopenhauer die Beweislast dem Theismus[5] zu.[7]

Angesichts der Tatsache, daß sich Schopenhauer als entschiedener Atheist gibt, könnte man meinen, daß das Problem der Theodizee von geringem Interesse für ihn ist. Genau dies trifft freilich nicht zu. Das liegt daran, daß seine Metaphysik vom Anliegen getragen wird, der empirischen Wirklichkeit gerecht zu werden, die ihrerseits von vielfältigem Leid gekennzeichnet ist. So legt Schopenhauer dar, daß der menschliche Wille in einem ursprünglichen Mangel gründet, der nach Befriedigung verlangt und insofern Schmerz mit sich bringt. Mehr noch, der Befriedigung folgt sogleich ein neues Bedürfnis, das wiederum schmerzhaft ist, oder es stellt sich – falls der Schmerz auf sich warten läßt – Langeweile ein. Aber auch in seiner Betrachtung der empirischen Wirklichkeit als ganzer gelangt Schopenhauer zu einem Ergebnis, das nichts an Deutlichkeit zu wünschen übrig läßt: „Wenn man nun endlich noch jedem die entsetzlichen Schmerzen und Quaalen, denen sein Leben beständig

offen steht, vor Augen bringen würde; so würde ihn Grausen ergreifen: und wenn man den verstocktesten Optimisten durch die Krankenhospitäler, Lazarethe und chirurgische Marterkammern, durch die Gefängnisse, Folterkammern und Sklavenställe, über Schlachtfelder und Gerichtsstätten führen, dann alle die finstern Behausungen des Elends, wo es sich vor den Blicken kalter Neugier verkriecht, ihm öffnen und zum Schluß in den Hungerthurm des Ugolino blikken lassen wollte; so würde sicherlich auch er zuletzt einsehn, welcher Art dieser *meilleur des mondes possibles* (diese *beste aller möglichen Welten*; Anm. d. Red.) ist."[8]
Nun ist es eines, die Übel der Welt zu benennen, und ein anderes, sie angemessen einzuschätzen. Was den letzteren Punkt anbelangt, so ist Schopenhauer der Auffassung, daß das Übel gegenüber dem Guten überwiegt. Während die Lust – als Abwesenheit des Schmerzes – lediglich negativ ist, ist der Schmerz positiv, das heißt, er setzt die Bewegung, die in neuen Schmerz oder Langeweile mündet, in Gang, und er ist es, der im Zentrum menschlichen Erlebens steht. Die entscheidende Frage betrifft aber nicht die Quantität der Übel, sondern zielt darauf ab, ob sie gerechtfertigt sind oder nicht. Könnte man mit Leibniz nachweisen, daß Gott die Welt nach dem Prinzip des Besten geschaffen hat, so wären Allmacht und Allgüte mit jeder Menge von Übeln zu vereinbaren. Allerdings zieht sich Schopenhauer weder auf Gott noch auf das Prinzip des Besten zurück. Vielmehr ist er überzeugt, daß kein Leid gerechtfertigt ist oder gar durch das Glück anderer kompensiert werden kann. Daraus ergeben sich für Schopenhauer zwei Konsequenzen: Zum einen ist die erfahrbare (empirische) Wirklichkeit etwas, das nicht etwa sein, sondern nicht sein soll, das heißt, sie legt keine optimistische, sondern eine pessimistische Metaphysik nahe, und zum andern ist es vernünftiger, als ihr oberstes Prinzip keinen allmächtigen und allgütigen Gott, sondern einen ziellosen, blinden Willen einzusetzen, der mit sich selbst uneins ist. So erstaunt es nicht weiter, daß Schopenhauer über Leibniz spottet: „Auf diesen also zurückzukommen, kann ich der Theodicee, dieser methodischen und breiten Entfaltung des Optimismus, in solcher Eigenschaft, kein anderes Verdienst zugestehn, als dieses, daß sie später Anlaß gegeben hat zum unsterblichen *Candide* des großen *Voltaire*; wodurch freilich Leibnitzens so oft wiederholte, lahme Exküse für die Uebel der Welt, daß nämlich das Schlechte bisweilen das Gute herbeiführt, einen ihm unerwarteten Beleg erhalten hat."[9]

IV

Angesichts der Kritik der rationalistischen Metaphysik, die Kant vorgelegt hat, ist der Versuch, die Übel der Welt im Rückgriff auf das Prinzip des Besten zu rechtfertigen, als gescheitert zu betrachten. Man könnte sogar behaupten, daß dies für die rationale Theologie, also den Versuch, die Frage nach Gott mit den Mitteln der reinen Vernunft zu beantworten, insgesamt gilt. Ist aber Gott kein Gegenstand der Vernunft, so ist der Glaube die Instanz, in deren Bereich er fällt. Allerdings ist der Glaube ebenso mit dem Problem der Theodizee konfrontiert wie die Vernunft, ja es wird noch dringlicher. Während kein Übel der Welt in der Lage ist, eine apriorische Argumentation zu Fall zu bringen, kann sich der Zustand der empirischen Wirklichkeit für den Glauben als ernsthaftes Hindernis erweisen. Wer fordert, die Metaphysik habe der empirischen Wirklichkeit gerecht zu werden, hat gute Gründe, dem Glauben an einen allmächtigen, allgütigen Gott eine Absage zu erteilen. Wer sich jedoch vom Glauben tragen läßt, ohne die empirische Welt zu berücksichtigen, wird auch die Übel, an denen sie leidet, mit der Allgüte und Allmacht eines göttlichen Wesens vereinbaren können. Daß die intellektuelle Redlichkeit dabei, obgleich sie auf eine harte Probe gestellt wird, nicht zwangsläufig auf der Strecke bleibt, hat Kant gezeigt. Aber auch bei Schopenhauer finden sich, so überraschend das anmuten mag, Anzeichen für diese Einsicht: „Denn daß ein allmächtiges und dabei allweises Wesen eine gequälte Welt schaffe, läßt sich immer noch denken, wenn gleich wir das Warum dazu nicht kennen: daher, selbst wenn man demselben auch noch die Eigenschaft der höchsten Güte beilegt, die Unerforschlichkeit seines Rathschlusses die Ausflucht wird, durch welche eine solche Lehre immer noch dem Vorwurf der Absurdität entgeht."[10] Ob aber der Glaube an einen Gott, der zwar allmächtig und allgütig, aber unbegreiflich ist, oder der Verzicht darauf letzten Endes vorzuziehen sei, muß ein jeder für sich selbst entscheiden. Es scheint angemessen, sich in dieser Hinsicht an Fichte zu halten, der in seinem *Versuch einer neuen Darstellung der Wissenschaftslehre* erklärt: „Was für eine Philosophie man wähle, hängt sonach davon ab, was man für ein Mensch ist: denn ein philosophisches System ist nicht ein toter Hausrat, den man ablegen oder annehmen könne, wie es uns beliebte, sondern es ist beseelt durch die Seele des Menschen, der es hat."[11]

Anmerkungen:

1. Unter dem ontologischen Gottesbeweis versteht man den Versuch, die Existenz eines göttlichen Wesens aus dessen bloßen Begriff zu folgern.
2. Vgl. Leibniz, G. W.: Die philosophischen Schriften. Bd. I. Olms Verlag, Hildesheim 1973. S. 212 u. 223
3. Leibniz, G. W.: Versuche in der Theodicée über die Güte Gottes, die Freiheit des Menschen und den Ursprung des Übels. Felix Meiner Verlag, Hamburg 1996
4. Unter einem Prädikat versteht man einen Ausdruck, der eine Eigenschaft bezeichnet.
5. Während der Agnostiker lediglich behauptet, Gott lasse sich nicht erkennen, ist der Atheist der Auffassung, daß Gott nicht existiert. Die entgegengesetzte Lehre, nach welcher ein göttliches Wesen existiert, pflegt man als Theismus zu bezeichnen.
6. Kant, I.: Über das Mißlingen aller philosophischen Versuche in der Theodizee. In: Werkausgabe, Bd. XI. Suhrkamp Verlag, Frankfurt a. M. 1968. A 212f.
7. Vgl. Schopenhauer, A.: Parerga und Paralipomena. Bd. I. Diogenes Verlag, Zürich 1977. S. 318
8. Schopenhauer, A.: Die Welt als Wille und Vorstellung. Bd. I. Diogenes Verlag, Zürich 1977. S. 406
9. Schopenhauer, A.: Parerga und Paralipomena. Bd. I. Diogenes Verlag, Zürich 1977. S. 138
10. Ebd., S. 113
11. Fichte, J. G.: Versuch einer neuen Darstellung der Wissenschaftslehre. Felix Meiner Verlag, Hamburg ^{2}1984. S. 17

Literatur:

- Hick, J.: Evil and the God of Love. Macmillan, London ^{2}1977
- Kutschera, F. v.: Vernunft und Glaube. De Gruyter, Berlin/New York 1990
- Mackie, J. L.: Das Wunder des Theismus. Reclam, Stuttgart 1985
- Streminger, G.: Gottes Güte und die Übel der Welt. J. C. B. Mohr, Tübingen 1992

Peter Welsen ist Privatdozent am Institut für Philosophie der Universität Regensburg und vertritt derzeit einen Lehrstuhl für Geschichte der Philosophie an der Universität Trier.

Rüdiger Vaas

Der Riß in der Schöpfung

Antitheismus als metaphysische Revolte

Die gedankliche Opposition gegen Götter ist ein Merkmal geistesgeschichtlicher Identitätsbildung sowie Ausdruck moralischer Empörung angesichts von Leid und Unrecht. Die Auflehnung erstarrt nach dem Tod Gottes zu einem Symbol unter einem leeren Himmel. Als – eigentlich nur literarisch faßbarer – Zwischenschritt zum tragischen Individualismus bleibt sie aber aktuell.

„Die großen berühmten Atheisten", notierte sich der Schriftsteller Hans Erich Nossack 1971 ins Tagebuch, „sind allesamt keine Atheisten, sondern Antitheisten ... Auf die einfache Wahrheit, daß man gegen etwas, was nicht existiert, nicht anti sein kann, kommen sie nicht, auch nicht darauf, daß ein Anti das, was es leugnet, erst recht bestätigt; ohne das laute Anti hätten wir es vielleicht gar nicht bemerkt." – Doch warum dieses laute Anti, das seit Menschengedenken immer wieder erhoben worden ist?

„Seht, seht mich an, was ich von Göttern duld", klagte der gefesselte *Prometheus* des Aischylos schon vor rund 2500 Jahren. Nach dem antiken Mythos stahl Prometheus, als Titan selbst eine Art Gott, das göttliche Feuer für die elend vegetierenden Menschen und lehrte sie Handwerk und Kunst, um ihnen ein erträglicheres Leben zu ermöglichen. Zur Strafe ließ ihn Zeus an einen Felsen ketten, und jeden Tag erschien ein Adler, der Prometheus unter Höllenqualen die – in der Nacht wieder nachwachsende – Leber aus dem Leib riß und das blutige Organ verschlang. Der Titan aber nahm das Leiden in Kauf, trotzte Zeus und verlachte ihn. „Und welch ein Recht / Ergeitzen sich die stolzen / Bewohner des Olympus / Auf meine Kräffte! / Sie sind mein, und mein ist ihr Gebrauch. / Nicht einen Fustritt / Für den obersten der Götter mehr!" hält Prometheus in einem nach ihm benannten Dramenentwurf von Johann Wolfgang Goethe aus dem Jahr 1773 dem Zeus entgegen. Und ein Jahr später heißt es in Goethes Ver(s)dichtung mit demselben Titel: „Ich dich ehren? Wofür? / Hast du die Schmerzen gelindert / Je des Beladenen? / Hast du die Tränen gestillet / Je des Geängsteten? ... / Hier sitz' ich, forme Menschen / Nach meinem Bilde, / Ein Geschlecht, das mir gleich sei, / Zu leiden, weinen, / Genießen und zu freuen sich, / Und dein nicht zu achten, / Wie ich."

Anklage und Abwendung sind hier eins, doch dieser – auf den Obergott Zeus eingeschränkte – Antitheismus ist vor allem ein Ausdruck angestrebter Autonomie. In der Abgrenzung und Abkehr begreift sich Prometheus als selbstbestimmendes Individuum, denn Identitätsbildung beginnt mit Opposition und Eigeninitiative. Zugleich steht er bildlich für die *Menschheitsdämmerung* – das heißt für jenen in der Rückschau ersichtlichen stammes-, kultur- und individualgeschichtlichen Isolationsprozeß, durch den sich die Menschen im Gefolge der Entwicklung von Ich- und Todesbewußtsein von der Welt und von anderen Menschen als getrennt erfahren lern(t)en. Wird dieser *Verlust der Einheit* nicht ertragen, kommt es zu kompensatorischen Fluchtreaktionen, beispielsweise in Masse und Konformität, in Besitz- oder Machtgier, in Rausch, Riten oder Rationalisierungen.[1] Der Antitheismus kann als Zwischenstufe der Reflexion dieses Einheitsverlusts (und somit als ein mögliches Stadium der Individualisierung) oder als eine Art Stocken seiner religiösen Rationalisierung (und somit als ein Widerspruch im und gegen den Prozeß der Verklärung) begriffen werden – und Prometheus als Symbol für die soziokulturelle Evolution und zunehmende geistige Souveränität der Menschen.[2]

Im *Mythos von Sisyphos* hat diese Autonomie ihren ersten vollständigen Ausdruck gefunden – zumindest in der existentialistischen Gestalt, die ihm Albert Camus 1942 gegeben hat. Denn jetzt wird der Mensch selber zum metaphysischen Rebell. Mehrfach überlistete Sisyphos, der Schlaueste unter den Sterblichen, den Tod und die Götter, die er verhöhnte. Der Stein, der ihm deswegen auf ewig zu wälzen auferlegt wurde, weil er kurz vor dem Gipfel immer wieder in den Abgrund zurückstürzt, um aufs neue emporgerollt zu werden, ist nur vordergründig eine Strafe. Denn genausowenig, wie eine über einzelne Vorkommnisse hinausgehende Gerechtigkeit existiert, kann es eine solche ewige Strafe geben. In Wirklichkeit versinnbildlicht der Stein die Last und Vergeblichkeit des Lebens, aber auch seine wesentliche Bewegung und Beharrlichkeit. Sisyphos lehrt uns die „Treue, die die Götter leugnet und die Steine wälzt", schreibt Camus. „Der absurde Mensch sagt ja, und sein Mühsal hat kein Ende mehr." Er ist „ein Sisyphos, der zu seinem Stein zurückkehrt", und

Atheismus – *die Überzeugung, daß es keinen Gott gibt – ist die Negation des* **Theismus**. *Dieser behauptet, daß ein Gott existiert, der häufig mit Eigenschaften charakterisiert wird wie allmächtig, allwissend, allgütig, unendlich, ewig, einzig, allgegenwärtig, unverursacht, notwendig, personal, zumindest teilweise körperlos sowie Urheber und ständiger Erhalter der Welt zu sein, welche er übersteigt (transzendiert).* **Antitheismus** *ist die Auflehnung (metaphysische Revolte) gegen einen solchen Gott aufgrund eines Strebens nach Selbstbestimmung oder moralischer Empörung.* **Agnostizismus** *ist die Überzeugung, daß wir prinzipiell nicht wissen können, ob Gott existiert oder nicht und welche Eigenschaften er hat.*

„bei dieser leichten Drehung betrachtet er die Reihe unzusammenhängender Taten, die sein Schicksal werden, seine ureigene Schöpfung, die in seiner Erinnerung geeint ist und durch den Tod alsbald besiegelt wird. Überzeugt von dem rein menschlichen Ursprung alles Menschlichen, ist er also immer unterwegs – ein Blinder, der sehen will und weiß, daß die Nacht kein Ende hat. Wieder rollt der Stein."
Voraussetzung für diese Bewegung, das heißt eine notwendige (freilich nicht hinreichende) Bedingung, ist die metaphysische Revolte. „Leben heißt: das Absurde leben lassen", stellt Camus fest. „Das Absurde leben lassen heißt: ihm ins Auge sehen ... Eine der wenigen philosophisch stichhaltigen Positionen ist demnach die Auflehnung ... Sie ist kein Sehnen, sie ist ohne Hoffnung. Diese Auflehnung ist die Gewißheit eines niederwerfenden Schicksals ... Diese Auflehnung gibt dem Leben seinen Wert. Erstreckt sie sich über die ganze Dauer einer Existenz, so verleiht sie ihr ihre Größe."
Die metaphysische Revolte, für die der Antitheismus nur ein erster Ausdruck sein kann, „ist die Bewegung, mit der ein Mensch sich gegen seine Lebensbedingung und die ganze Schöpfung auflehnt", hat es Albert Camus dann 1951 unter dem programmatischen Titel *Der Mensch in der Revolte* zugespitzt. „In der Erfahrung des Absurden ist das Leid individuell"; doch es beschränkt sich nicht auf den einzelnen, denn „unsere Brüder atmen unter dem gleichen Himmel wie wir". So gewinnt die Revolte notwendig eine soziale Dimension, die schon „beim bloßen Anblick der Unterdrückung eines andern ausbrechen kann". „Auf der Mittagshöhe des Denkens lehnt der Revoltierende so die Göttlichkeit ab, um die gemeinsamen Kämpfe und das gemeinsame Schicksal zu teilen." „Ich empöre mich, also sind wir." (Dennoch bleibt die Revolte eine der Einzelgänger. „Die wahrhaft Leidenden rotten sich nicht zusammen, sie bilden keine Gemeinschaft", hat Fernando Pessoa im *Buch der Unruhe* notiert. „Wer leidet, leidet allein.")
Fjodor M. Dostojewski gab dieser Solidarität in der metaphysischen Revolte schon 1879 in seinem Roman *Die Brüder Karamasow* – ebenfalls unter dem Stichwort „Auflehnung" – einen literarischen Ausdruck: „Nicht Gott erkenne ich nicht an", läßt er Iwan Karamasow in Anbetracht des Leides in der Welt sagen, „sondern die Welt, die Er erschaffen hat, die Gotteswelt erkenne ich nicht an." Selbst das Glück der Menschheit und die Harmonie der Welt können nicht so viel wert sein, als daß sie die Tränen eines einzigen leidenden Kindes aufwiegen. „Nicht Gott lehne ich ab, sondern ich gebe Ihm nur ehrerbietigst die Eintrittskarte zurück."
Nicht mehr die prometheische Selbstkonstituierung des Subjekts steht also im Zentrum des neuzeitlichen Antitheismus, sondern Mitleid und moralische Empörung. Und diese wuchs proportional zur Steigerung der göttlichen Machtfülle beim Übergang von den mit negativen Leidenschaften beseelten, untereinander zerstrittenen Götter Arkadiens hin zum rasenden Zorn des hebräischen Einheitsgottes. Der sah sich rasch mit (An-)Klagen konfrontiert und hat sie – wie im Fall *Hiob* – sogar selbst provoziert. „Ausgelöscht sei der Tag, an dem ich geboren bin", ruft Hiob, als jede erdenkliche Pein über ihm zusammenschlägt – ein grausames Experiment von Gott und Satan, um seinen Glauben zu prüfen. „Ich möchte nicht mehr leben; ich verachte mein Leben." Hiob ist ein Antitheist im Ansatz, denn er ahnt den moralischen Skandal, und er begreift seine Ohnmacht gegenüber Gott in aller Konsequenz. Doch Gott spricht ein Machtwort und prahlt mit seiner Überlegenheit, so daß der eingeschüchterte Hiob schließlich kapituliert und konvertiert.
An Hiob wurde ein Exempel statuiert, und sein Aufbegehren wurde als Egoismus und Hybris angeprangert, wiewohl es nur einen Ausdruck des Schmerzes der gepeinigten Kreatur darstellt. „Siehe, Gott ist mächtig und verwirft niemand", hat Elihu Gott verteidigt. „Gott tut niemals Unrecht ... Wer will ihm weisen seinen Weg, und wer will zu ihm sagen: ‚Du tust Unrecht'? ... Siehe, Gott ist groß und unbegreiflich." Viel weiter ist die Theodizee, die Rechtfertigung Gottes angesichts der Übel der Welt, bis heute nicht gekommen – und gilt deshalb zu Recht als gescheitert oder als schon im Ansatz verfehlt.[3] Wenn Gott wirklich hinreichend mächtig, wissend, gerecht und gütig wäre, müßte unsere Welt die bestmögliche sein – eine Welt, in der die Kreaturen von Kriegen, Katastrophen und Krankheiten dahingerafft werden und sich untereinander massakrieren. „Sie wurden geboren, sie litten, sie starben", hat Anatole France die kürzeste Geschichte der Welt und des Menschen zusammengefaßt. „O Freund der Mensch ist nur ein Tohr / Stellt er sich Gott als seines Gleichen vor", läßt sich mit Goethes Worten einwenden: Wir dürfen Gott nicht nach menschlichen Maßstäben messen. „Aber welche Maßstäbe können wir denn sonst anlegen, wenn wir nicht bereits von Seiner Existenz überzeugt sind und für ein Anzeichen Seiner Güte suchen?" entgegnet Steven Weinberg in der Tradition von Da-

„Ich empöre mich, also sind wir."

„Die Welt, die Er erschaffen hat,

Dostojewski

„Nur der Verstand kann Gott beweisen, das Gefühl empört sich dagegen."

„Sollte die Größe des Menschen in

vid Hume. „Die Tragödien von Aischylos und Euripides bringen ziemlich deutlich zum Ausdruck, daß die Götter selbstsüchtig und brutal sind, obwohl sie ein besseres Verhalten von den Menschen erwarten. Der Gott des Alten Testaments fordert von uns, daß wir das Leben unserer Kinder auf Sein Geheiß hin opfern, und der Gott des traditionellen Christentums und Islams verdammt uns in alle Ewigkeit, wenn wir Ihn nicht in der rechten Weise verehren. Ist dies eine nette Art, sich zu benehmen?" Auch Georg Büchners *Lenz* kollidiert 1836 mit dieser Diskrepanz und hält dem Pfarrer Oberlin entgegen: „Aber ich, wär' ich allmächtig, sehen Sie, wenn ich so wäre, ich könnte das Leiden nicht ertragen, ich würde retten, retten." Zuvor noch, und bevor er im dumpfen Dahinleben versinkt, weil man ihn daran gehindert hat, sein Leben zu beenden und sich somit selbst zu erlösen, rebelliert er mit der letzten Kraft eines kranken, verzweifelten Menschen gegen diese ihm widersinnig erscheinende göttliche Ordnung: „In seiner Brust war ein Triumph-Gesang der Hölle. Der Wind klang wie ein Titanenlied, es war ihm, als könnte er eine ungeheure Faust hinauf in den Himmel ballen und Gott herbei reißen und zwischen seinen Wolken schleifen; als könnte er die Welt mit den Zähnen zermalmen und sie dem Schöpfer in's Gesicht speien." *Die Rebellion* heißt auch ein Roman von Joseph Roth (1924), in dem der gescheiterte Andreas Pum im Wahn seines Sterbens Gott anklagt: „Ich möchte Dich leugnen, Gott, wenn ich lebendig wäre und nicht vor Dir stünde. Da ich Dich aber mit meinen Augen sehe und mit meinen Ohren höre, muß ich Böseres tun als Dich leugnen: ich muß Dich schmähen!"

Geistige Abnabelung und moralische Opposition enthalten wohl notwendig ein pubertäres Element, und deshalb geht auch der Antitheismus nicht ohne Pathos vonstatten. Im Extremfall offenbaren sich die Frevel dann als eine *Ersatzform der Macht* – sie sollen die Ohnmacht kompensieren helfen, sie streben Herrschaft an und suggerieren sie sogar.[4] Doch dies ist kein Wesensmerkmal der metaphysischen Revolte, sondern die Eskalation ihrer Entgleisung – Selbstdefinition und Protest implizieren nicht den Wunsch nach Unterdrückung, sondern sie attackieren die Götter, wenn sie für dieses Joch verantwortlich sind. In der Revolte gibt der Mensch sein Nichteinverständnis zu Protokoll. Da der Theismus – mit den Worten von Anthony Shaftesbury – davon ausgeht, „daß alles durch ein notwendig gutes und immerwährendes planendes Prinzip oder Bewußtsein aufs beste regiert, geordnet oder geregelt wird", dieses irdische Jammertal aber nicht verständlich werden kann, bleibt die Empörung. „Ist denn der Äther mit seinen Goldaugen eine Schüssel mit Goldkarpfen, die am Tisch der seligen Götter steht und die seligen Götter lachen ewig und die Fische sterben ewig und die Götter erfreuen sich ewig am Farbenspiel des Todeskampfes?" heißt es in Georg Büchners Drama *Dantons Tod* (1835). „Man kann das Böse leugnen, aber nicht den Schmerz; nur der Verstand kann Gott beweisen, das Gefühl empört sich dagegen ... warum leide ich? Das ist der Fels des Atheismus. Das leiseste Zucken des Schmerzes und rege es sich nur in einem Atom, macht einen Riß in der Schöpfung von oben bis unten."

Im gekreuzigten Jesus, so läßt sich freilich einwenden, hat Gott sich selbst als ein Leidender zu erkennen gegeben – und womöglich sogar mitgelitten. Doch dann kann er nicht allmächtig sein, zumal sogar Jesus klagte: „Mein Gott, warum hast Du mich verlassen?" Auch wollte er kein allzu weites Verständnis seines Nächstenliebe-Gebotes offenbaren, denn im Lukas-Evangelium erlöst er nur einen der beiden Schächer, die mit ihm gekreuzigt werden, nicht aber den anderen Räuber, der ihn verhöhnt und gleichsam die Rolle des neutestamentarischen Antitheisten verkörpert

Es ist wohl kein Zufall, daß sich die antitheistischen Attitüden und Attacken in *fiktionale Medien* kleiden (in Mythen, Dramen und Romane) und daß sie selbst dort häufig noch in fiktionalen Kontexten stehen (Halluzinationen, Träume oder Wahnvorstellungen). Dafür scheint es mindestens drei Gründe zu geben. Zum einen ist die Fiktion ein Mittel zur Distanzierung, und zwar sowohl in spielerischer Hinsicht als auch in strategischer (daß der Rebell zu Schaden kommt, machen schon die Fiktionen klar, denn vor dem Zorn der Mächtigen gibt es meist keinen Schutz, und kaum ein Dichter will als Märtyrer enden). Zum anderen wird so ein Beifall von der falschen Seite vermieden. Denn die Satanisten geben sich zwar ebenfalls antitheistisch, doch sie wechseln nur die imaginierte (eingebildete) Instanz des Herrschers aus und mindern das Unglück nicht, während der Antitheist ja gerade gegen Leid und Knechtschaft opponiert. Außerdem ist das Genre der Teufelspakte ein pädagogisches Possenspiel, da Luzifer nur mit Gottes (Un-)Gnaden agiert und nicht als ebenbürtige Macht gilt. Der dritte Grund könnte als *Magnetismus der Gattung* bezeichnet werden: Wenn nämlich Religionen nichts anderes als „große Erzählungen" sind, freilich solche mit ungeheuer fesselndem Cha-

Camus

die Gotteswelt erkenne ich nicht an."

„Die einzige Entschuldigung für Gott ist, daß es ihn nicht gibt."

Stendhal

Büchner

seiner Einsamkeit liegen?" ***Nossack***

rakter, dann lassen sie sich gleichsam nur mit ihren eigenen Waffen schlagen. Dies kulminiert in einem Mord – und dem Höhenflug des Größenwahns: In der *Fröhlichen Wissenschaft* (1882) schildert Friedrich Nietzsche, wie ein Verrückter am hellen Tag eine Laterne anzündet und auf dem Marktplatz den Tod Gottes verkündet: „*Wir haben ihn getödtet,* – ihr und ich! Wir alle sind seine Mörder! … Es gab nie eine grössere That."

Zwar scheint der tote Gott mindestens dieselbe Fähigkeit zur Auferstehung zu haben, wie von seinem Sohn behauptet wird, und zugleich entstehen tausend neue Götter, die sich in esoterischen Zirkeln und menschenverachtenden Sekten manifestieren, im begrifflosen Gefühl sich ängstlich dem Denken verweigern oder im politischen Fundamentalismus nach neuer und schrecklicher Macht greifen. Doch Nietzsches Aphorismus symbolisiert den Paradigmenwechsel. Bis weit in die Neuzeit hinein ist Gottes Nichtexistenz für viele schlicht undenkbar – und plötzlich riecht es nach der „göttlichen Verwesung", und die Kirchen werden zu „Grüften und Grabmälern Gottes".

Auch das ist freilich Fiktion. Sie mag Gott abschaffen, aber sie treibt das Leid nicht aus der Welt. „Die einzige Entschuldigung für Gott ist, daß es ihn nicht gibt", meinte Stendhal lakonisch. Doch auch dies können wir nicht sicher wissen, denn der Atheismus ist aus logischen Gründen nicht beweisbar. Epikur, der das Theodizee-Problem erstmals in aller Schärfe formulierte, hat die Götter einfach in unerreichbare Zwischenwelten verbannt, die Intermundien. Skeptiker wie David Humes Figur Philo in den *Dialogen über natürliche Religion* (1779) beschränken sich dagegen auf einen Agnostizismus (siehe Kasten). „Ich will hiermit nicht leugnen, daß es Götter, Geister, oder vollkommnere Wesen als wirs sind, geben könne, oder vielleicht wirklich gebe", sagt auch Hippias in Christoph Martin Wielands Roman *Geschichte des Agathon* (1773). „Alles was meine Schlüsse beweisen, ist dies: ‚daß wir unfähig sind, uns eine richtige Vorstellung von ihnen zu machen, oder kurz, *daß wir nichts von ihnen wissen.*' Wissen wir aber nichts, weder von ihrem Zustande noch von ihrer Natur, so ist es für uns eben so viel als ob sie gar nicht wären."

Doch das ist modernen Antitheisten zuwenig – und zwar, weil es für den Menschen sonst keine Autonomie und Ethik mehr gäbe. Max Scheler hat dies in seinem Essay *Mensch und Geschichte* (1926) den „postulatorischen Atheismus des Ernstes und der Verantwortung" genannt: „Ein Gott *darf* und *soll* nicht existieren, um der Verantwortung, der Freiheit, der Aufgabe – um des Sinnes vom Dasein des Menschen willen." Für diese Überzeugung haben beispielsweise Dietrich Heinrich Kerler und Nicolai Hartmann argumentiert. Und Nietzsche ließ seinen *Zarathustra* schon 1883 verheißen: „Wenn es Götter gäbe, wie hielte ich's aus, kein Gott zu sein! Also giebt es keine Götter. Wohl zog ich den Schluß; nun aber zieht er mich."

Für Nietzsche war der Protest – das Stadium des reißenden Löwen und des Philosophierens mit dem Hammer – freilich kein Abschluß, sondern ein Übergang. „Diejenigen sind meine Feinde, die umstoßen und sich nicht selbst erschaffen wollen." Und er war sich der Ungeheuerlichkeit des Paradigmenwechsels bewußt. Seinem tollen Menschen schenkte man keinen Glauben, sondern verlachte ihn. Der aber erkannte sehr wohl die verhängnisvolle Wirkung dieser größten aller Taten: ein Sturz ins Leere: „Giebt es noch ein Oben und ein Unten? Irren wir nicht wie durch ein unendliches Nichts? … Ist es nicht kälter geworden? Kommt nicht immerfort die Nacht und mehr Nacht?" – „Das ganze geistige Universum wird durch die Hand des Atheismus zersprengt und zerschlagen in zahlenlose quecksilberne Punkte von Ichs, welche blinken, rinnen, irren, zusammen- und auseinanderfliehen, ohne Einheit und Bestand. Niemand ist im All so sehr allein als ein Gottesleugner", heißt es schon in Jean Pauls Roman *Siebenkäs* (1796). Darin schildert er den fiktiven Traum einer „Rede des toten Christus vom Weltgebäude herab, daß kein Gott sei": „Ich ging durch die Welten, ich stieg in die Sonnen und flog mit den Milchstraßen durch die Wüsten des Himmels; aber es ist kein Gott", klagt der geträumte Christus. „Wir sind alle Waisen, ich und ihr, wir sind ohne Vater."

„In einem Universum, das plötzlich der Illusionen und des Lichts beraubt ist, fühlt der Mensch sich fremd", beschreibt Camus die Empfindung der Absurdität, und „Sisyphos ist der Held des Absurden". „Ich sehe, wie dieser Mann schwerfälligen, aber gleichmäßigen Schrittes zu der Qual hinuntergeht, deren Ende er nicht kennt … Dieser Mythos ist tragisch, weil sein Held bewußt ist." Jacques Monod hat den Gedanken von der „radikalen Fremdheit" wiederaufgenommen. „Der Alte Bund ist zerbrochen; der Mensch weiß endlich, daß er in der teilnahmslosen Unermeßlichkeit des Universums allein ist, aus dem er zufällig hervortrat. Nicht nur sein Los, auch seine Pflicht steht nirgendwo geschrieben." – „Je begreiflicher uns das Universum wird, um so sinnloser erscheint es auch", ergänzt Steven Weinberg, fügt aber hinzu: „Das Bestreben, das Universum zu verstehen, hebt das menschliche Leben ein wenig über eine Farce hinaus und verleiht ihm einen Hauch von tragischer Würde."[5] So treibt der Tod Gottes den Verlust der Einheit auf die Spitze. Die metaphysische Befreiung führt zugleich in die transzendente Obdachlosigkeit einer entzauberten Welt. Das Trugbild der göttlichen Gegner ist verschwunden, doch Leid und Ungerechtigkeit bleiben bestehen. Was sich im blinden Dickicht der Raumzeitlinien vollzieht, kann beklagt, aber nicht mehr angeklagt werden. Der Antitheismus verliert seinen Grund oder gefriert zur Groteske. Wer Gott nur als Prügelknabe mißbraucht hat, um die eigene Erbärmlichkeit zu kaschieren, wird auf sich selbst zurückgeworfen – oder bleibt ein Gefangener seiner Illusion. Wenn die Welt eine Frucht ist aus Zufall und Notwendigkeit, wie Demokrit bereits vor 2500 Jahren ahnte, und anscheinend eine mit bitterem Geschmack oder allenfalls „ein Märchen, erzählt / von einem Blöden, voller Klang und Wut, / das nichts bedeutet", wie William Shakespeare seinen *Macbeth* schon vor 400 Jahren sagen ließ, dann bleibt letztlich nur *metaphysische Drückebergerei* oder aber eine Art *tragischer Individualismus* – und Nossacks Frage: „Sollte die Größe des Menschen in seiner Einsamkeit liegen?"

Anmerkungen:

1. Dieser anthropologische Ansatz wurde ausgeführt von Rüdiger Vaas: Masse, Macht und der Verlust der Einheit. In: Michael Krüger (Hrsg.): Einladung zur Verwandlung. Hanser Verlag, München/Wien 1995. S. 219–260
2. Die philosophische Entwicklungsgeschichte des Individuums bis zur Moderne beschreibt zum Beispiel Charles Taylor: Quellen des Selbst. Suhrkamp Verlag, Frankfurt am Main 1996 (1989)
3. Einen knappen Überblick über die (gescheiterten) Versuche der Theodizee gibt beispielsweise John Leslie Mackie: Das Wunder des Theismus. Reclam Verlag, Stuttgart 1985 (1982). Kapitel 9
4. Näheres hierzu bei Rüdiger Vaas: Fürsten des Geistes und Gewalttäter ohne Armee. In: John Pattillo-Hess, Mario R. Smole (Hrsg.): Canettis Masse und Macht. Löcker Verlag, Wien 1998. S. 38–56
5. Ein aktueller Stimmungsbericht über das schwierige Verhältnis zwischen Theologie und Naturwissenschaften findet sich zum Beispiel bei Rüdiger Vaas: Der Glaubensstreit. In: bild der wissenschaft Nr. 12, S. 42–47 (1999) und im Anschluß daran in der Kontroverse zwischen Steven Weinberg und John Polkinghorne (S. 48–51)

Der Publizist Rüdiger Vaas studierte Biologie, Germanistik und Philosophie an den Universitäten Hohenheim, Stuttgart und Tübingen.

Werner Peukert

Esoterik als „Lebensform"

Die Esoteriker und der alltägliche Glaube

Um die philosophische Reflexion an die Welt der Esoterik heranzuführen, erscheint es zweckmäßig, die Figur des Esoterikers zu beobachten. Eine hilfreich anmutende Frage wäre: Wie wird man überhaupt Esoteriker; welches sind die Wurzeln des Esoterikers und die Quellen, aus denen er schöpft.
Es charakterisiert den Esoteriker, daß er bei allen Ereignissen in einer bestimmten Weise nach deren Bedeutung fragt. Er schneidet sich in den Finger, ein Ärgernis und Handicap, nichts weiter. Für den Esoteriker hat es damit noch lange nicht sein Bewenden – für ihn hat alles, was ihm widerfährt, noch eine besondere Bedeutung. Es gibt für ihn keine bloßen Zufälle.
Es erscheint also, um die Figur des Esoterikers ins Auge fassen zu können, empfehlenswert, seine Sprache zu thematisieren, die von einem grenzenlosen Spiel von Bedeutungen dominiert wird.
Das Wort „Bedeutung" ist nicht das einzige Wort, das im Sprachgebrauch des Esoterikers einen luxuriösen Ton besitzt. Es gibt ältere, sehr verbreitete Wörter wie „Erleuchtung" und „spirituell", denen die Herkunft aus philosophisch-theologischen Quellen anzumerken ist. Was das Wort „Bedeutung" jedoch auszeichnet, ist seine Alltäglichkeit und Unauffälligkeit. Der esoterische und nichtesoterische Sprachgebrauch gehen im Wort „Bedeutung" mühelos ineinander über. Den unauffälligsten Übergang von der Alltagssprache zu der des Esoterikers bildet zweifellos die Metapher.
Metaphern sind nicht definierbare, sprachliche Bilder. Sie sind leicht verständlich, weil sie ein Vorverständnis enthalten, von dem aus sie operieren. Allerdings pervertiert diese leichte Verständlichkeit, indem die Metapher sozusagen wörtlich genommen wird und dabei in die Banalität der Alltagssprache absinkt. Ihre anfängliche Exponiertheit und Auffälligkeit, ihre ästhetisch-poetische Dimension, verschwindet. Was ursprünglich im übertragenen (lat.: metaphora) Sinne gemeint war, wird als handgreiflich-reale Bedeutung genommen. Auf diese Weise wird alles real, was der Esoteriker betreibt. Die Welt des Esoterikers ist so real wie die Alltagswirklichkeit für jedermann. Er kann mit dem Nicht-Esoteriker sehr konventionell reden; nur meint er immer auch etwas anderes. Die Realität des Esoterikers unterscheidet sich jedoch von der alltäglichen Welt, die eine bloß wahrscheinliche Wirklichkeit darstellt, an die man glaubt, ja der man vertraut, trotz ihres bloß wahrscheinlichen Charakters. Der Esoteriker dagegen glaubt nicht, wie sich noch herausstellen wird, er weiß. Der Realitätsbezug des Esoterikers ist in der bildhaften Tendenz der Metapher begründet. Esoteriker verleiten dazu, sich das bildhaft vorzustellen, was die Metaphern nur eben „im Sinn haben" und, Aspekte und Perspektiven eröffnend, anschneiden. So steckt in jeder Metapher ein: So ist es; man stellt es sich so vor, und dies ist die einzige Form der Überprüfung, die sie zu ermöglichen scheint. Die als Vorstellung fixierte Metapher ist die Eingangspforte der Esoterik, und die Metaphernschätze der Sprache öffnen diese Pforte auf Verlangen. Und dies mit einer gewissen Verführungskraft: Es taucht hinter jeder Metapher eine neue auf, eine noch verlockendere – wie in einer Märchenerzählung Tür hinter Tür und Raum im Raum. Es charakterisiert den Esoteriker, daß er niemals zugeben kann, nur in Metaphern zu reden. Er beruft sich auf Realitäten, und er glaubt an seine Erfahrungen und Visionen, die er für Anschauungen hält. Die Wiedergeburt ist in seiner Welt so real wie der Tod in der Alltagswirklichkeit.
Die Bilderflut der Metaphern widersetzt sich jeder syntaktischen oder diskursiven Ordnung (Syntax:

Die Wiedergeburt ist in der Welt des Esoterikers so real wie der Tod in der Alltagswelt.

der blaue reiter

hier: Gesamtheit der Regeln zur Wortbildung, korrekte Verbindung sprachlicher Einheiten). Der Esoteriker kann daher nicht argumentieren. Aufgrund dieser Unfähigkeit wird deutlich, daß es für den Esoteriker keine Wahrscheinlichkeit und keine Zufälle geben kann. Er kann daher auch von keinem Zweifel geplagt werden, und eben deshalb braucht er auch keine Argumente, mit denen er sich seiner Meinungen vergewissert. Der Esoteriker ist sich seiner Sache stets gewiß. Und weil es keine bloßen Wahrscheinlichkeiten für ihn gibt, ist alles, was geschieht, in der Modalität der Notwendigkeit für ihn gegeben. Daraus folgt für den Esoteriker, daß er nicht glauben muß, weil er weiß, was er behauptet. Im Labyrinth des Esoterikers ist dies ein Grundaxiom: Alles ist auf sicheres Wissen gestützt, nichts auf bloßen Glauben. Mit seinem Wissen konkurriert der Esoteriker mit allen Disziplinen, die Wissen zutage fördern; mit dem Glauben gibt er sich nicht ab.

Der Esoteriker glaubt nicht, er weiß.

Die Verwendung und der Gebrauch der Ausdrücke einer Sprache sind durch nichtsprachliche Voraussetzungen bedingt. Es sind dies vor allem anderen „eingefleischte", eingefahrene Handlungs- und Verhaltensweisen: das worin wir abgerichtet sind, das wir daher auch keineswegs probeweise einsetzen. Den Zusammenhang von dieser selbstverständlich gelebten Praxis und dem Gebrauch der Sprache hat L. Wittgenstein „Lebensform" genannt. Die gelebte Praxis des Esoterikers ist jedoch immer schon mit einer höheren Bedeutung versehen: Wie er sich kleidet und was er ißt, hat eine Bedeutung, die über den Genuß oder die Nahrungsaufnahme und den Schutz bei weitem hinausgeht. Seine Lebensführung wird daher zu einer höheren Lebensform proklamiert, von der er Zeugnis ablegt. Dies kann man schon an den diversen Bewegungen der zwanziger Jahre beobachten. Die Lebensform des Esoterikers ist jedoch keine frei gewählte, sondern, wie alles in seiner Welt, der Ausdruck einer höheren Notwendigkeit. Was der Esoteriker sieht, was er tut und lehrt, ist die Folge dieser Notwendigkeit. Er ist erwählt und unterwirft sich dem, was über ihn verhängt ist. So erscheint seine Sprache und sein Handeln gegründet in einer Notwendigkeit, aus der sich seine Lebensform herleitet. Der Raum aber, in dem sich dieses Leben bewegt und erfüllt, die Lebensbühne gleichsam, ist der Innenraum des Ich. Es ist dieser Innenraum die eigentliche und bessere Lebenswelt des Esoterikers. Die reine, durch keine Realitätserfahrung getrübte Selbstverwirklichung ist sein Element. Der Innenraum muß natürlich mit Inhalten gefüllt werden: Und der Esoteriker entnimmt sie, wie er sie findet, der Welt. Die Welt der Ichinhalte hat allerdings keine eigene Verbindlichkeit. Sie ist eine Art Selbstbedienungsladen, ein Warenhaus. Darin liegt die geheime Popularität des Esoterikers. Weil aber dem Angebot der Welt keine eigentliche Verbindlichkeit zugestanden wird, müssen Anweisungen entwickelt werden, Handbücher und Manuale, die den richtigen Umgang mit der Welt lehren. So gibt es Anweisungen über den Umgang mit Gefühlen, mit der Atmung, über die richtige Ernährung und das richtige Denken. Diese Tendenz ist inzwischen so verbreitet, daß die stummen, nichtreflektierten Momente solch esoterischer Lebenspraxis selbst in Frauenzeitschriften zu finden sind.

Zusammengefaßt: Der Esoteriker befindet sich in keinem Diskussions- und Problemzusammenhang, sondern er lebt seine Erfahrungen. Diese werden durch die Metaphorik der Sprache vermittelt. So steht er im Alltag wie der Nicht-Esoteriker; und gleichzeitig öffnet sich für ihn darin mittels der metaphorischen Sprache eine zweite Welt – unsichtbar von außen, unbetretbar und unerreichbar von der Reflexion und nur dem zugänglich, der sie leben will.

Werner Peukert ist Professor für Philosophie in Freiburg im Breisgau.

Temilo van Zantwijk

Ist der Atheist ein Theist?

Philosophie und Religion bei Jacobi und Pascal

Nach F. H. Jacobi ist konsequent durchgeführte rationale Philosophie, wie sie von Spinoza vertreten wird, letzten Endes nur als ein allumfassendes System möglich. In einem solchen System hat Gott als ein vom All unterschiedener Grund keinen Platz. Blaise Pascal demgegenüber zeigt, daß gerade auf der Grundlage der rationalistischen Annahmen Jacobis weder Atheismus noch Theismus haltbar sind. Die Beantwortung der Gottesfrage ist nach Pascal nur durch die Aufklärung einer dem Verstand verborgenen Logik des Herzens möglich.

Jacobis „Salto mortale"

„Spinozismus ist Atheismus"[1]. Diese These Jacobis schlug in gebildeten Kreisen des ausgehenden 18. Jahrhunderts hohe Wellen. Sie stellte die Philosophie von Wolff und Leibniz, die damals an den deutschen Universitäten als Schulphilosophie gelehrt wurde, prinzipiell in Frage. Ferner verband Jacobi noch eine weitere These mit seiner Spinoza-Auslegung, nämlich daß Gotthold Ephraim Lessing, der als Aufklärer und Vertreter einer *Vernunftreligion*[2] hohes Ansehen genoß, im Grunde genommen Spinozist sei. Insbesondere diese zweite Behauptung löste einen Streit aus über die Frage, ob das System von Spinoza atheistisch sei (Pantheismusstreit).

Wenn die These Jacobis stimmt, ist von einem unauflösbaren Konflikt zwischen Philosophie und Religion auszugehen. Zunächst unterstellt Jacobi, daß die Philosophie, wie Spinoza sie in seiner *Ethica ordine geometrico demonstrata* (lat.: Ethik, nach der geometrischen Methode dargestellt) niedergelegt hat, die eigentliche und endgültige Form rationaler Philosophie sei.[3] Diese Annahme hat weitreichende Folgen für das Verständnis von *Rationalität*. Jacobi gesteht von vornherein zu, daß der *mos geometricus* (die von der Geometrie übernommene, strenge Beweismethode) die Form rationaler Philosophie sei, und damit auch, daß die folgerichtige Ableitung (Deduktion) der Maßstab sei, an dem die Rationalität philosophischer Argumente gemessen werden soll. Dieser Rationalitätsbegriff impliziert ferner, daß die Philosophie nur solche Behauptungen aufstellen soll, die entweder durch sich selbst evident (klar / offensichtlich) sind oder sich in Demonstrationen beweisen lassen. Philosophische Sätze besitzen entweder die Geltung von Axiomen (durch sich selbst offenbare Grundsätze), oder sie müssen sich nach eingeführten Regeln aus Axiomen ableiten lassen. Schließlich setzt die Vorbildlichkeit des mathematischen Verfahrens für die Philosophie voraus, daß alle Behauptungen der Philosophie untereinander in Schlußbeziehungen stehen müssen. Philosophie ist in Folge dieses Rationalitätsbegriffes nur als *System* möglich. Sie erhält eine holistische, das heißt ganzheitliche Form, die sich auf ihren Anspruch auswirkt: Die Philosophie soll nichts unerklärt lassen; alles Mögliche und Wirkliche muß Gegenstand eines einheitlichen philosophischen Systems werden. In einem solchen System ist es nach Jacobi eben nicht möglich, Gott vom Ganzen des Seienden zu unterscheiden, und ein solcher Pantheismus (siehe Kasten) unterscheidet sich wiederum in nichts von Atheismus. Eine der Auswirkungen dieser atheistischen Grundsätze liegt nach Jacobi auf dem Gebiet der Freiheitslehre und des Unsterblichkeitsgedankens. Unter diesen Aspekten sei die rational verfahrende Philosophie letztendlich *fatalistisch*. Das heißt: Sie glaubt nach Jacobi nicht an eine Lösung für die wirklichen Lebensprobleme

Baruch de Spinoza (1632–1677)

*Die Philosophie Spinozas setzt an bei der von Descartes eingeführten Einteilung aller Dinge in die Bereiche der denkenden und der ausgedehnten Substanz (*res cogitans *und* res extensa*). Spinoza versteht Denken und Ausdehnung jedoch nicht als getrennte Substanzen, sondern als Attribute einer einzigen Substanz, die er auch „Gott oder die Natur" nennt (*Deus sive natura*). Die Substanz ist nach Spinoza das Unendliche, das unter den beiden Attributen auf unendlich viele verschiedene Weisen (*modi*) existiert. Diese Modifikationen sind durch Ursache und Wirkung miteinander verbunden. Die Substanz ist die Totalität aller Modifikationen.*

*Auf dieser Grundlage entwickelt Spinoza seine ethische Theorie: Die Modifikationen der Substanz sind durch einen Drang zur Selbstbehauptung gekennzeichnet (*conatus perseverandi*). Dieser äußert sich beim Menschen in seinen Affekten: Der Mensch fühlt sich immer zunächst zu allem hingezogen, was seiner Erhaltung dient, und er vermeidet alles, was zu seinem Untergang beiträgt oder beizutragen scheint. Der menschliche Intellekt soll die Macht der Affekte überwinden, indem er zu der Einsicht vordringt, daß er selbst nichts anderes als ein Modus ist, dem zwar eine bestimmte Dauer, aber kein ewiges Dasein zukommen kann. Unter dem Gesichtspunkt der Ewigkeit (*sub specie aeterni*) ist der Versuch der Selbstbehauptung unsinnig. Der Mensch soll nach Spinoza seine Affekte nicht länger durch das Prinzip der Selbstbehauptung bestimmen lassen, sondern sie in intellektueller Liebe zu Gott (*amor Dei intellectualis*) auf das Dasein im Ganzen richten, das allein ewigen Bestand hat.*

der blaue reiter

Spinozismus/Pantheismus.
*Der Ausdruck „Spinozismus" ist im Laufe der Zeit in ganz verschiedener Weise verwendet worden, um die philosophische Position Spinozas zu kennzeichnen. Eine der Hauptbedeutungen bezieht sich auf die Zurückführung der Religion auf Einsichten, die mit den Mitteln menschlicher Vernunft begründet werden können. In diesem Konzept einer sogenannten natürlichen Religion werden alle Aspekte geoffenbarter Religion, die sich nicht begründen lassen, wie zum Beispiel der Glaube an Wunder, als irrationale ausgeklammert. Die Beschäftigung deutscher Philosophen des 18. Jahrhunderts mit Spinoza ist durch die Identifikation von „Spinozismus" und „Pantheismus" gekennzeichnet. Spinozas Gleichsetzung von Gott und Natur (*Deus sive natura*) impliziert die Auffassung, daß Gott die Totalität (*pan*: gr.: das Ganze) aller Dinge ist. Diesem Gedanken steht eine der Grundauffassungen christlicher Theologie gegenüber, nämlich daß Gott als transzendent (die Welt schlechthin übersteigend) zu denken sei.*

des Menschen. Die Willensfreiheit beruht auf einer Täuschung, weil sie in dem Netz der Kausalbeziehungen, mit dem die Philosophie alles erklärt, keinen Platz hat. Dasselbe gilt für die Unsterblichkeit der Seele. Wenn alles eins ist, ist es gar nicht möglich, daß der Mensch eine vom All unabhängig existierende, selbständige Seele hat. Deshalb kann nach Jacobi auch keine Rede von der Unsterblichkeit der Seele sein. Jacobi urteilt: „Jeder Weg der Demonstration geht in den Fatalismus aus." (J 123)

Interessant an Jacobis These ist, daß dieses – in seinen Augen spinozistische – Verständnis von Philosophie dasjenige ist, das alle Philosophen der Aufklärung in irgendeiner Weise wissentlich oder unwissentlich vertreten. Jacobis Atheismus-These wendet sich in erster Linie gegen die beruhigende Überzeugung: „Der allein sey Atheist, der an den Atheismus glaube." (J 121) Das heißt: Jacobi vermutet, daß die Philosophie der Aufklärung, insbesondere die an fast allen Universitäten zum festen Lehrbestand gehörende Schulphilosophie sich mit eiserner Konsequenz auf atheistische Grundüberzeugungen zurückführen lasse, die Beteiligten mögen dies leugnen oder nicht: „Die Leibnitz-Wolfische Philosophie ist nicht minder fatalistisch, als die Spinozistische, und führt den unabläßigen Forscher zu den Grundsätzen des letzteren zurück." (J 123)

Weil sie die Dramatik dieser Thesen veranschaulichen, ist es interessant, einen Blick auf die Konsequenzen zu werfen, die Jacobi selber gezogen hat. Nach eigener Auskunft habe er in einem Gespräch mit Lessing geäußert: „Ich helfe mir durch einen Salto mortale aus der Sache." (J 20)

Er meint damit: Wenn es so ist, daß die menschliche Vernunft notwendig auf ein rationales System verfällt und ein rationales System notwendig atheistisch ist, dann soll man den universalen Begründungsanspruch der Vernunft zurückweisen. Es kann nach Jacobi nicht so sein, daß es Gott, Freiheit und Unsterblichkeit nicht gibt, weil sie im System der menschlichen Vernunft keinen Platz haben. Der Spinozismus sei zwar in sich konsequent, widerspreche aber allem, was ein Mensch wollen könne. Die Evidenz (anschauliche Gewißheit, unmittelbare Erkenntnis) der Religion sei keine rationale Evidenz, sondern eine Evidenz des Gefühls. Das heißt für Jacobi, „daß Gott sich dem Herzen kund thue und denen sich verberge, die ihn mit dem Verstande allein suchen". (J 137) Weil der Verstand atheistisch ist, verliert er bei Jacobi seine Rechte. Etwas für evident halten hat demzufolge nichts mit Rationalität zu tun. Man soll nach Jacobi etwas nicht deshalb für gewiß halten, weil es sich demonstrieren läßt. Man begründet etwas unter bestimmten Voraussetzungen, weil man diese Voraussetzungen (etwa die Axiome bei Spinoza) bereits für evident hält. Das Prinzip dieser vorhergehenden Evidenz ist aber nach Jacobi der Glaube: „Das Element aller menschlichen Erkenntniß und Würksamkeit ist Glaube." (J 125) Die Voraussetzungen menschlichen Denkens sind keine unumstößlichen Wahrheiten, sondern sie scheinen dem Wahren ähnlich zu sein: Man muß erst einmal an die Prämissen glauben, um etwas beweisen zu können: „Jeder Erweis setzt schon etwas Erwiesenes zum Voraus, wovon das Prinzip Offenbarung ist." (J 124)

Es ist nicht verwunderlich, daß Jacobi diese Konsequenzen als Salto mortale bezeichnet. Aus der Sicht der Philosophie handelt es sich um nichts weniger als um eine Kapitulation vor dem Glauben. Diese Kapitulation ist um so dramatischer, als der religiöse Glaube im Kontext der Überlegungen Jacobis im Gegensatz zur Philosophie als das Irrationale erscheint. Seine Antwort stieß von Anfang an auf heftigen Widerspruch aus den unterschiedlichsten Lagern. Mendelssohn griff unter Verweis auf die jüdische Religion den angeblich *christlichen* Offenbarungsbegriff Jacobis an und verteidigte die Konzeption einer natürlichen Religion, die den Bedürfnissen des Menschen auf dem Gebiet des Glaubens an Gott, Freiheit und Unsterblichkeit nicht einschränke und der rationalen Philosophie nicht widerspreche (siehe Kasten zu Spinoza).[4] Die Philosophie widerspreche der Religion daher nicht notwendig. Die eigentliche Spitze der These Jacobis liegt aber in dem Aspekt, daß die Philosophie der Aufklärung den Atheismus ihm zufolge zwar nicht beabsichtige, aber diesen unbeabsichtigt und ungewollt dennoch herbeiführe. Die Schärfe seiner Argumentation ist, daß die Behauptung der möglichen Koexistenz von Aufklärungsphilosophie und Religion „mit allen Gattungen des Aberglaubens und der Schwärmerey" verträglich scheint (J 120), sich aber, konsequent durchdacht, auf den spinozistischen Systemanspruch zurückführen lasse. Damit sind zum einen die wesentlichen Inhalte der Religion bereits zerstört: Gott, die Seele und ihre Freiheit sowie die Unsterblichkeit. Zum andern muß die Philosophie der Aufklärung andere Formen von Evidenz als diejenige, die sie für rational hält, letztlich ablehnen.

Pascals „Wette"

Ist es notwendig, wie Jacobi es tut, von der Nicht-Behauptung der Existenz Gottes im rationalen System auf die Behauptung der Nicht-Existenz zu schließen? Impliziert das Urteil: *Ich behaupte nicht, daß es Gott gibt* die Aussage *Ich behaupte, daß es Gott nicht gibt*? Mit anderen Worten: Behaupte ich notwendig entweder, daß es Gott gibt, oder behaupte ich, daß es ihn nicht gibt? Eine Reihe von Philosophen der Neuzeit (unter ihnen Kant, Hume und Pascal) haben davor gewarnt, vollständig zwischen Theismus und Atheismus zu unterscheiden. Sie begründen das mit dem Hinweis auf einen Widerspruch: Mit derselben Begründung, mit der die Behauptung der Existenz Gottes in einem rationalen philosophischen System in dem von Jacobi, beziehungsweise Spinoza gemeinten Sinne zurückgewiesen werden muß, wäre auch die umgekehrte Behauptung: *Es gibt Gott nicht* zurückzuweisen. Denn weder für das eine noch für das andere können zureichende Gründe angeführt werden. So, wie gilt, daß aus dem Wesen Gottes die Existenz Gottes nicht im Sinne einer notwendigen Folgerung bewiesen werden kann und aus Begriffen ohnehin nicht auf Sein und Dasein geschlossen werden soll, gilt auch umgekehrt, daß aus diesen Gründen nicht auf das Nicht-Dasein von etwas geschlossen werden darf.

Dieser Gedanke ist auch der Ausgangspunkt der berühmten *Wette* Pascals in den *Pensées*, die Jacobi in seinem Buch über Spinoza zitiert.[5] Jacobi nimmt Pascal als eine dritte Alternative wahr. Nur wähnt Jacobi seine Atheismus-These im Einklang mit den *Pensées*. Und das greift zu kurz. Die Wette, ob es Gott gibt oder nicht, wird von Pascal als Ausweg aus dem Widerspruch vorgeschlagen, daß wir weder das Dasein Gottes mit zureichenden Gründen behaupten noch verneinen können. Der Atheismus erscheint bei Pascal nicht als unausweichliches Schicksal der menschlichen Vernunft, sondern als eine der zwei Optionen angesichts der fundamentalen Unzulänglichkeit menschlicher Vernunft:

„Prüfen wir also diesen Punkt. Und sagen wir: Gott ist, oder er ist nicht. Welcher Seite aber werden wir uns zuneigen? Die Vernunft kann dabei nichts ermitteln. Ein unendliches Chaos trennt uns davon. Man spielt ein Spiel auf das Ende dieser unendlichen Entfernung hin, wo sich entweder Bild oder Schrift zeigen werden. Was werdet ihr wetten? Mit der Vernunft könnt ihr nicht das eine und auch nicht das andere bewirken; mit der Vernunft könnt ihr keins von beidem unwirksam machen."[6]

Pascals These ist, daß wir etwas über die Vernünftigkeit und Unvernünftigkeit von Atheismus und Theismus erfahren können, wenn wir die Gottesfrage mit einer Wette vergleichen. Die Wette erscheint hier als Metapher für die Situation des Menschen angesichts der Gottesfrage. Pascal versucht keineswegs, durch eine Wahrscheinlichkeitsrechnung unter der Hand doch noch einen Beweis für die Rationalität des Gottesglaubens zu liefern, während die Unmöglichkeit eines solchen Beweises von vornherein feststeht. Er glaubt nicht, daß die Metapher der Wette als Beweis für seine Auffassung dienen kann. Er versteht die Metapher der Wette vielmehr in einem rhetorischen Sinn, um bekennende Atheisten und vor allem die in einem passiven Sinn Gottlosen, die, ohne es auch nur zu bemerken, die Gottesfrage übergehen, zur Suche nach Gott zu motivieren. Der Vergleich der Gottesfrage mit einer Wette soll die Leser *bewegen*. Die *Wette* verfolgt rhetorische Ziele:

„Oh, diese Rede begeistert und entzückt mich usw. Wenn diese Rede Euch gefällt und sie Euch machtvoll scheint, so wißt, daß sie von einem Menschen verfaßt wurde, der vorher und nachher auf die Knie gefallen ist, um dieses unendliche und unteilbare Wesen, dem er sein ganzes Wesen unterwirft, zu bitten, daß es sich auch zu Eurem eigenen Wohl und zu seinem Ruhm Euer Wesen unterwirft und daß sich so die Macht mit dieser Niedrigkeit vereinigt." (P 230/231)

Man sollte Pascal also nicht so verstehen, daß die Wette und die religiöse Situation des Menschen einfach dasselbe seien. Die Wette ist nur ein Bild für die religiöse Situation des Menschen. Deshalb *folgt* nichts aus der Wette. Eine Metapher kann die Urteilskraft stützen und zu einer Deutung anleiten, aber sie beweist nichts.

Tatsächlich ist ein grundlegender Unterschied zwischen der Situation eines Glücksspiels und der

Gottesfrage zu berücksichtigen. Hat ein Glücksspiel einen irgendwie quantifizierbaren Einsatz, zum Beispiel eine Geldsumme, so hat die religiöse Wette keinen Einsatz in diesem Sinne. Der Einsatz ist für Pascal in gewisser Weise der Mensch selbst, weil die Gottesfrage von grundlegender Bedeutung für Sinn und Unsinn des menschlichen Lebens überhaupt ist:

„Ihr habt zwei Dinge zu verlieren: das Wahre und das Gute, und zwei Dinge einzusetzen: Eure Vernunft und Euren Willen, Eure Erkenntnis und Eure Seligkeit, und Eure Natur hat zwei Dinge zu meiden: Irrtum und Elend.“ (P 227)

Ohne diese Entscheidung weiter zu erklären, identifiziert Pascal die Frage, ob es Gott gibt, mit der Frage nach dem Wahren und Guten und ihrer Verwirklichung und Verfehlung. Letztendlich geht es bei der Frage, ob Gott existiert, für Pascal immer schon um die Frage, ob die irdische Existenz des Menschen einen Sinn hat, und das heißt für Pascal: ob das Elend des irdischen Daseins in der Erfüllung eines unsterblichen Lebens sein ersehntes Ende findet. Das Thema der Gottesfrage ist die Unsterblichkeit. Für die Wette heißt das nach Pascal, daß wir eine endliche Größe, nämlich sterbliches Leben für eine unendliche Größe, nämlich unsterbliches, ewiges Leben aufs Spiel setzen. Einsatz und Gewinn sind unvergleichbar.

Schließlich gibt es noch einen dritten wichtigen Unterschied. Bei Glücksspielen haben wir immer auch die Möglichkeit, das Spiel nicht zu spielen. Es gibt immer die Option, die sagt: „Das richtige ist, überhaupt nicht zu wetten.“ (P 227) Diese Möglichkeit ist uns nach Pascal in der religiösen Wette jedoch nicht gegeben: „Ja, aber man muß wetten. Das ist nicht freiwillig, Ihr seid mit hineingezogen.“ (P 227) Nicht wetten läuft nach Pascal auf das gleiche hinaus wie wetten, daß es Gott nicht gibt. Denn die Gewißheit des Todes haben wir alle. Auch für denjenigen, der nicht wettet, entscheidet sich die Wette irgendwann. Wer nicht wetten will, mit dem wird gewettet.

Dies alles ist in Rechnung zu stellen, wenn Pascal die Frage „Gibt es Gott, oder gibt es Gott nicht?“ in ein Spiel überführt und unter die Bedingungen eines mathematischen Wahrscheinlichkeitskalküls stellt.

Ist die mathematische Hoffnung größer als der Einsatz, so gilt das Spiel als relativ *vorteilhaft*: Man muß einen relativ geringen Einsatz wagen und hat eine relativ große Chance, um deutlich mehr zu gewinnen. Sind die mathematische Hoffnung und der Einsatz gleich groß, dann kann man das Spiel immer noch wagen, muß aber bedenken, daß eine erhebliche Chance auf einen, gemessen am möglichen Gewinn, erheblichen Verlust besteht. In diesem Fall gilt ein Spiel als *ausgewogen*. Ist der Einsatz jedoch größer als die mathematische Hoffnung, dann ist das Spiel *unvorteilhaft*: Man hat entweder eine sehr große Chance zu verlieren, oder der Einsatz ist höher als die Gewinnsumme.

Pascal spielt nun verschiedene Varianten der Wette durch, wobei er die Gewinnhoffnung beziehungsweise Gewinnsumme und die Gewinnchance variiert. Er glaubt, daß man die Wette selbst dann noch eingehen muß, wenn die Gewinnchance unendlich klein wird und der Einsatz *ein* Leben beträgt. Die Variante der Wette, auf die es dann eigentlich ankommt, weil sie der Situation der religiösen Wette noch am nächsten kommt, ist folgende:

„Aber hier gibt es ja auch unendlich viele von unendlich glücklichen Leben zu gewinnen, es gibt eine Aussicht auf Gewinn gegenüber einer endlichen Zahl von Aussichten auf Verlust, und was ihr einsetzt, ist endlich." (P 228)

Hier gilt: Der Einsatz ist irgendein endlicher Wert, die Gewinnchance ist ebenfalls eine endliche Größe (also nicht unendlich klein). Die Gewinnsumme ist – und das ist hier das Entscheidende – unendlich. Man kann die religiöse Wette nach Pascal nur so auf die Spielsituation übertragen, daß die Gewinnsumme den Wert einer unendlichen Zahl (unendliche Leben) erhält, während alle anderen Werte endlich sind. *Diese* Deutung des Spiels ist vielleicht insofern einleuchtend, als die Gewinnsumme für Pascal, wie gesagt, die Unsterblichkeit sein soll. Unsterblichkeit verhält sich für Pascal zu Sterblichkeit wie eine unendliche Größe zu einer endlichen. Dann ergibt sich aber unabhängig von den Werten für den Einsatz und für die Wahrscheinlichkeit immer eine mathematisch unendlich große Gewinnhoffnung. Man soll die Wette unbedingt eingehen!

Emotionale religiöse Gewißheit

Was hat die Wette gezeigt? Unter den skizzierten problematischen Voraussetzungen des Wahrscheinlichkeitskalküls ist es besser zu wetten, daß es Gott gibt. Unter der Voraussetzung, daß (im Gegensatz zu Jacobis Annahme) es nicht per se schon rational ist, zu behaupten, daß es Gott nicht gibt und daß man wetten muß, ob es Gott gibt oder nicht, ist es gerade rationaler zu behaupten, daß es ihn gibt. Der rationale Atheist müßte also in dem Augenblick zum Theismus übergehen, wo er zugibt, daß es genausowenig rational ist zu behaupten, daß es Gott nicht gibt, als zu behaupten, daß es ihn gibt.

Aber das ist für Pascal nicht das Entscheidende. Entscheidend ist, daß wir nicht die Möglichkeit haben, „die verdeckte Seite des Spiels" zu sehen. (P 229) Die Folge der grundsätzlichen religiösen Ungewißheit des Menschen ist, daß manche nicht glauben *können*. Sie könnten es selbst dann nicht, wenn sie einsähen, daß es rationaler ist, an Gott zu glauben. Ein fiktiver Gesprächspartner Pascals stellt die Frage: „Mein Mund ist stumm, man zwingt mich zu wetten, und ich bin nicht frei, man macht mich nicht los und ich bin so beschaffen, daß ich nicht glauben kann. Was soll ich also Eurer Meinung nach tun?" (P 229) Die Diagnose Jacobis, daß konsequent rationales Denken atheistisch sei, wird hier in ihr Gegenteil umgewendet: Unter den jetzt geltenden Bedingungen erscheint gerade der Atheismus als die irrationale Position.

Pascal antwortet, „daß Eure Unfähigkeit zu glauben von Euren Leidenschaften kommt". (P 229) Damit vollzieht er eine radikale Trennung von Glauben und Wissen hinsichtlich ihrer Evidenzform: Religiöse Überzeugungen, sowohl theistische als atheistische, sind emotional, nicht rational im Sinne von Kalkulierbarkeit. Dieser Gedanke hat weitreichende Folgen für die Gottesfrage überhaupt. Sie muß auf emotionaler Grundlage noch einmal neu gestellt werden, im Grunde als die Frage: *Willst* du, daß Gott existiert oder nicht? Es ist klar, daß die atheistische Position sich auf dieser Ebene einer *Logik der Emotionen* viel schwerer durchhalten läßt als auf der rein intellektuellen. Denn wenn weiterhin gilt, daß Gott der einzig mögliche Garant eines sinnvollen Lebens ist, das heißt übersetzt in die emotionale Argumentationsebene, daß das, was wir faktisch wollen, beliebig ist, wenn Gott nicht existiert, dann wird Gottesleugnung zwangsläufig identisch mit Nihilismus (Geisteshaltung, in der jeglicher Sinngehalt des Daseins geleugnet wird). Für den Atheisten gibt es dann nichts, was man verbindlich wollen könnte. Jeder Atheist würde in Beweisnot geraten, um zu erklären, warum er überhaupt noch etwas will. Relativistische Argumente, wie der Verweis auf die subjektive Beliebigkeit seiner Bedürfnisse, würden ihm nichts helfen, weil er damit nur diese Bedürfnisse absolut gesetzt hätte. Der Theist könnte ihm also entgegnen, daß auch er, der Atheist, in Wirklichkeit einen Gott habe, nämlich seine Bedürfnisse. Wenn also gilt: *Ohne Absolutsetzung eines Prinzips des Wollens kann man gar nichts wollen*, und: *Auch Atheisten wollen etwas*, dann ist zu folgern: Atheisten sind Theisten, nur solche, die es nicht wissen oder nicht wissen wollen.

Anmerkungen:

1. Jacobi, F. H.: Spinoza. In Briefen an Herrn Moses Mendelssohn. In: Schriften zum Spinoza-Streit. Herausgegeben von K. Hammacher und I.-M. Piske (Werke Bd. I,1), Hamburg 1998, S. 120. *Im Text abgekürzt mit* ***J***
2. Die Auffassung, daß der Mensch zwar um die Existenz Gottes wisse, aber sich nicht auf Wunder und Offenbarungen berufen dürfe, um Behauptungen über die Güte Gottes und seiner Vorsehung aufzustellen.
3. Spinoza, B. de: Die Ethik nach geometrischer Methode dargestellt. Übersetzt und herausgegeben von O. Baensch. Hamburg 1994 (Sämtliche Werke Bd. 2)
4. Mendelssohn, M.: An die Freunde Lessings. Ein Anhang zu Herrn Jacobis Briefwechsel über die Lehre des Spinoza. In: Schriften über Religion und Aufklärung. Herausgegeben von M. Thom. Berlin 1989, S. 475–509, hier: 487
5. Vgl. a. a. O. S 129: „La nature confond les pyrrhoniens, et la raison confond les dogmatistes – nous avons une impuissance à prouver, invincible à tout le Dogmatisme. Nous avons une idée de la vérité, invincible à tout le pyrrhonisme" (Pensées, XXI)
6. Pascal, B.: Gedanken über die Religion und einige andere Themen. Übersetzt von U. Kunzmann. Herausgegeben von J.-R. Armogathe. Stuttgart 1997, S. 226. *Im Text abgekürzt mit* ***P***

Temilo van Zantwijk ist wissenschaftlicher Mitarbeiter im Sonderforschungsbereich 482 „Ereignis Weimar–Jena. Kultur um 1800" der Deutschen Forschungsgemeinschaft (Bonn) an der Universität Jena.

Distichon

von SCHILLER an die
<u>Naturforscher und Philosophen</u>

Feindschaft sei zwischen euch!
Noch kommt das Bündnis zu früh;
Wenn ihr im Suchen euch trennt,
wird erst die Wahrheit erkannt.

und von PREUSS an
<u>Verstand und Vernunft</u>

Freundschaft sei zwischen euch!
Endlich wird Frieden auf Erden;
Weil euch die Wahrheit nun eint,
seid ihr vorm Irrtum gefeit.

Seinserkenntnis: Es gibt das ewige immaterielle Sein als Schöpfungswesen und das endliche materielle Sein als dessen Schöpfung. Ohne Antriebskraft (von selbst, allein, aus nichts) geschieht nichts. Alle Antriebskraft ist immaterieller subjektiver Art. Sie entwickelt die objektive Körperwelt natur-, körperseelen- und geistseelengesetzlich nacheinander und jeweils zusätzlich.

Leben ist beseeltes Sein, Lebewesen sind Erlebewesen: Diese beiden Grundwahrheiten führen zu allen großen Wahrheiten der geisteswissenschaftlich-philosophischen Sinnsuche.

Bereits jeder Einzeller erlebt die 4 Grundnöte (Hunger-, Geburts-, Abwehr- und Wissensnot). Die zelluläre (und pflanzliche) Bewußtseinsstufe ist grundbewußt, die tierliche instinktbewußt und die menschliche ichbewußt. Alle Stufen sind doppelbewußt (aus Verstandes- und Vernunftbewußtsein). Beide folgen einer strengen, wissenschaftlich überprüfbaren (exoterischen) Logik.

Das Verstandesbewußtsein ist als Meß- oder Sinnesbewußtsein zuständig für Kenntnisse (Richtigkeiten) über die materiellen Kräfte der Dingwelt.
Das Vernunftbewußtsein ist als Maß- oder Sinnbewußtsein zuständig für die immateriellen Kräfte der Wesenswelt. Es führt nur beim Menschen auch zu Erkenntnissen (Wahrheiten).

Wann wird die den Laien nur sehr schwer zugängliche Philosophenzunft den bisher nicht erkannten, nunmehr aber psychologisch begründeten Unterschied zwischen Verstand und Vernunft zur Kenntnis nehmen und einsehen, daß Grunderkenntnisse nicht arbeitslos machen, sondern im Gegenteil eine neue fruchtbare Forschungsebene erschließen? Obiges Distichon von PREUSS weist darauf hin.

Untenstehende 4 Bücher von PREUSS führen zu diesen und weiteren Erkenntnissen. Die ersten beiden Bücher können über die Versandbuchhandlung Erich Bärwinkel, Angerstr. 24, D-85416 Niederhummel, die letzten beiden über ihre Verlage bezogen werden.

Als 5. Buch erscheint bei Frieling 1999 „Geistige Immunität rettet den Frieden“

Von Prof. a. D. Dr. Preuß 1987
222 Seiten, kart. DM 28.-
Paul Parey, Hamburg/Berlin
ISBN 3-489-63434-9

Von Prof. a. D. Dr. Preuß 1989
155 Seiten, kart. DM 28.-
Paul Parey, Berlin/Hamburg
ISBN 3-48964434-4

Von Prof. a. D. Dr. Preuß 1993
248 Seiten, kart. DM 28.-
Soldi Verlag Hamburg
ISBN 3-928028-53-7

Von Prof. a. D. Dr. Preuß 1997
208 Seiten, kart. DM 29.80
Frieling Verlag Berlin
ISBN 3-8280-0324-9

Zwischen Sonnenkult und Vielgötterei

Wolfgang Wettengel

Eine Betrachtung von Religion und Götterkult des Pharaonenreichs

Abb. 1: Der Gott Osiris. Die Hautfarbe des Gottes ist meist grün oder schwarz, was auf das Pflanzenwachstum oder die fruchtbare schwarze Erde des Niltals hinweist. Wandmalerei aus dem Grab des Kunsthandwerkers Sennedjem, Luxor-Theben-West, 13. Jh. v. Chr. Foto: W. Wettengel

der blaue reiter

Im Bewußtsein Europas hat sich das versunkene Reich der Pharaonen in eine Welt voller Wunder verklärt. Die Auseinandersetzung mit Ägypten, seiner Religion und seiner Kultur begann schon in der Antike. Herodot nahm sogar an, daß viele Götter der Griechen ägyptischen Ursprungs seien. Kaum zwei Jahrhunderte nach Herodots Ägyptenreise gingen zahlreiche griechische Gelehrte in der Bibliothek von Alexandria ein und aus. Schließlich importierten die Römer erstmals ägyptische Kunstwerke nach Europa und schufen nach originalen Vorbildern einen pseudoägyptischen Stil. So verbreitete sich schon sehr früh ein positives Bild des alten Kulturlandes am Nil im Abendland. Auch die Gelehrten der Renaissance und des Barock sahen im Land am Nil einen noch von göttlicher Weisheit durchdrungenen Hort ältesten Wissens. Künstlern und Architekten galten die archäologischen Zeugnisse Ägyptens als Quelle der Inspiration, und so entstanden vor allem im 18. und 19. Jahrhundert in Frankreich, England und Deutschland im Zuge einer Ägyptomanie Kunstwerke und Bauten in einem eigenen ägyptisierenden Stil.

In der frühen Neuzeit erreichte die Ägyptophilie nach der Wiederentdeckung antiker Handschriften einen ersten Höhepunkt. Kernpunkt des Interesses war die ägyptische Religion, denn Ägypten sollte den Schlüssel liefern zu einem besseren Verständnis der Bibel. Man wollte zu den Wurzeln der Offenbarungsreligion des Moses und seiner Gesetzgebung vordringen, da ja Moses am Hof Pharaos erzogen und eingeweiht gewesen sein soll in alle Weisheit der Ägypter und, wie man vermutete, seine Gottesidee wie seinen Kultus nach den geheimen Lehren ägyptischer Priester ausgerichtet habe. Die Auseinandersetzung mit Ägypten durch Gelehrte und Philosophen war aber zunächst keine wissenschaftliche. Das Bild, das man von Ägypten und seiner Religion gewann, konnte nicht mit Hilfe originaler Textkenntnis rekonstruiert werden. Weil die Hieroglyphen noch nicht lesbar waren, stützte man sich auf die Überlieferung antiker Texte und mußte damit aus einem geschichtlichen Materialfundus schöpfen, der bereits der Erinnerung angehörte, so daß ein projiziertes Ägyptenbild entstand. Auswirkungen dieser Projektion sollten sich noch lange in den Übersetzungsversuchen an hieroglyphischen Texten zeigen. Man wollte gemäß der 1419 entdeckten, spätantiken Handschrift des Horapollon, die sich auf den kryptographischen (geheimschriftlichen) Teil des hieroglyphischen Systems bezieht, in der ägyptischen Schrift keine Lautschrift sehen, sondern symbolische Bilder, eine Art geheimer Urschrift, deren Verständnis direkten Zugang zur Kenntnis des verborgenen Wesens der Dinge liefern sollte, ohne Umweg über mißverständliche Sprache.

Im Gegensatz zur antiken Tradition zeichneten die biblischen Texte eher ein negatives Bild der ägyptischen Religion, vor allem wegen der vielen Göttergestalten und der Tierkulte. Diese Zwiespältigkeit versuchte man zu erklären, indem – wieder gemäß antiker Berichte – zwei Ebenen der Gottesverehrung unterstellt wurden. Demnach sollen die Eingeweihten im Besitz höchsten und geheimsten Wissens gewesen sein und für sich ein anderes Gottesbild gezeichnet haben als für das unverständige Volk. Was für die Eingeweihten eine Mysterienreligion war, sei im Volk gewissermaßen zu Vielgötterei, Magie, Tierkult und Aberglauben herabgesunken. Man glaubte dem Volk das Verständnis einer höheren Gottesidee nicht zumuten zu können. Im Grunde aber, so

Der Lauf von Kosmos und Welt war das Buch, aus dem man in Ägypten versucht hat zu lesen.

dachte man weiter, hätten schon die ägyptischen Priestergelehrten, so wie Moses, an eine einzige Gottheit geglaubt. Die „volkstümlichen" Auswüchse der Religion seien es dann gewesen, die von Moses bekämpft wurden.
Im Gegensatz zu den Offenbarungsreligionen ist die Religion Ägyptens keine gestiftete Religion, sondern über einen langen Zeitraum gewachsen. Da kein Prophet oder Verkünder existierte und die Überlieferung durch Kult und Priesterausbildung in den Tempeln stets gewährleistet war, benötigte man keine heilige Schrift; Ägyptens Religion war also keine Buchreligion. Es gab keine philosophische Idee eines abstrakten, unbekannten Gottes, auch nicht die eines höchsten Gottes der Theologen. Ägyptische Religion ist kosmotheistisch. Der Lauf von Kosmos und Welt war das Buch, aus dem man in Ägypten versucht hat zu lesen. Ägyptische Götter sind eine Verkörperung physisch erfahrbarer und sichtbarer Mächte wie Sonne, Erde und Gestirne sowie verborgener Kräfte wie Leben, Tod und Erneuerung. Diese Erfahrbarkeit macht die Götter sinnlich wahrnehmbar, so daß ägyptische Religion kein Gegenstand des Glaubens war. Ihre aus heutiger Sicht zunächst verwirrend erscheinende Vielheit ist, wie Erik Hornung und Jan Assmann zeigen konnten, im Spiegel der Wirklichkeit keineswegs so willkürlich, wie bis vor einigen Jahrzehnten selbst noch maßgebliche Ägyptologen behaupteten. In der Götterwelt zeigt sich das Eigenleben einer komplexen Natur in seiner Gesamtheit.

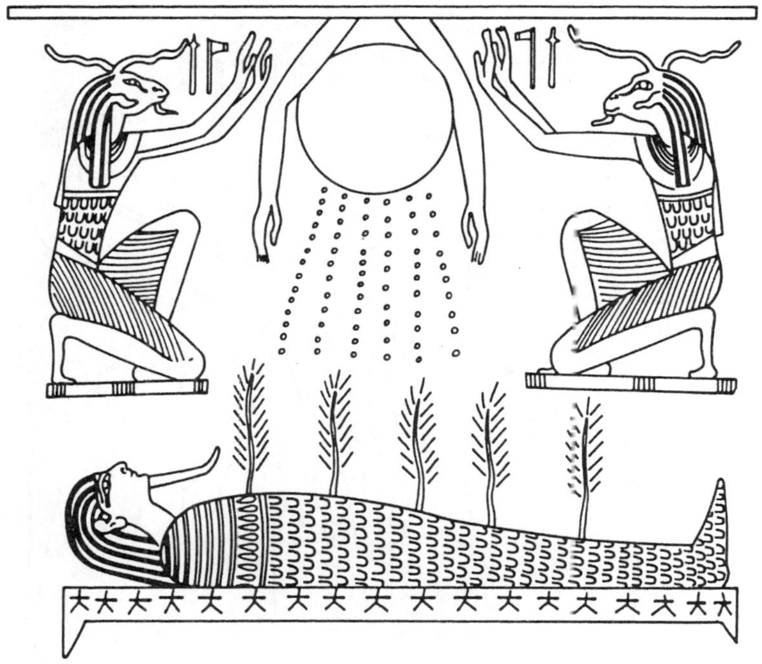

Abb. 2:
Aus dem Körper des toten Osiris sprießt durch die Strahlen der Sonne neues Leben. Abbildung auf einem Sarg, um 1000 v. Chr. Zeichnung: A. Brodbeck, aus: Hornung, E.: Geist der Pharaonenzeit. Artemis Verlag, Zürich und München 1989. Abb. 16, S. 103

Ägyptische Götter sind eine Verkörperung physisch erfahrbarer und sichtbarer Mächte wie Sonne, Erde und Gestirne sowie verborgener Kräfte wie Leben, Tod und Erneuerung.

Das kosmotheistische Wesen der ägyptischen Religion läßt sich am Beispiel wichtiger Gottheiten demonstrieren. Bereits Hegel hat in seinen *Vorlesungen über die Philosophie der Religion* versucht, an der Gestalt des Gottes Osiris die hinter sichtbaren Dingen verborgene Kraft zu erklären. Er erkennt in dieser Gottheit die innere Triebkraft der Kreisläufe des Natürlichen, die der äußeren Erscheinung der Natur Ägyptens ihre Gestalt verleiht, da Osiris unter anderem das Wachstum der Pflanzen, den lebensspendenden Nil und die fruchtbare schwarze Erde repräsentiert. Wie wir heute wissen, hat der Ägypter mit „Osiris" nicht nur Erde und Nilwasser gemeint, sondern tatsächlich jene Naturkraft, die alles abgestorbene Leben regeneriert und den Kreisläufen des Wachstums immer wieder neue Impulse gibt. Osiris war aus diesem Grund als Auferstehungskraft Hoffnung aller Toten.
Staatskult in Ägypten war der Sonnenkult. In seiner geschichtlich ältesten Symbolik tritt das Licht zunächst als im Himmel schwebender Horusfalke auf. Der Gott Re, als Sonnen- und Himmelsgott in der Bildsymbolik ebenfalls falkengestaltig, wird etwa ab Mitte des dritten Jahrtausends v. Chr. wichtigster Staatsgott und himmlischer Erzeuger des Königs auf Erden, eine Rolle, in die später auch der jüngere Gott Amun integriert wird. Amun ist wie Re Sonnengott und als Urgott „der Verborgene". Sein unerkennbares kosmisches Kraftprinzip entfaltet sich in der Schöpfung von der Einheit zur Vielheit. Demgemäß wollte man hinter allen Dingen die verborgen wirkende Kraft des Amun erkennen. Im Spannungsfeld dieser Aussagen liegt, wie man unschwer erkennt, bereits die Wurzel des Monotheismus verborgen. Als der Ketzerkönig Echnaton die Religion im 14. Jahrhundert v. Chr. in Ägypten revolutionierte, schuf er mit dem Aton-Kult zunächst nicht unbedingt grundlegend Neues. Sein Gott Aton, der lediglich die leuchtende Sonnenscheibe verkörpert, war bereits älter, und auch die Basis seines Gedankengebäudes stand mit dem von ihm so heftig bekämpften Amun, dem „Einzigen, der sich zu Millionen macht", schon vorher. Revolutionär aber war die Konsequenz Echnatons, die Abschaffung der vielen Götter und die ausschließliche Verehrung des Physisch-Sichtbaren, denn Aton umfaßt als die leuchtende Sonnenscheibe nur einen Teilaspekt des Kosmos, das sichtbare Licht. Damit wurde die Lehre Echnatons in den Augen der gebildeten ägyptischen Priesterschaft der komplexen Wirklichkeit und ihren verborgenen Prinzipien nicht gerecht, die ja gemäß der Tradition unverzichtbare Aspekte eines großen Ganzen waren. Dieser Mangel war es, der den Revolutionär letztlich scheitern ließ; Ägypten kehrte zum alten Götterglauben zurück.
Zu den männlichen Göttern hinzu tritt das weibliche Prinzip. Götter wie Re und Osiris können über androgyne (männliche und weibliche) Merkmale verfügen, da sie Schöpfergötter sind. Man hat schon sehr früh begriffen, daß zur schöpferisch wirkenden Persönlichkeit Männliches und Weibliches gehört. Die

Abb. 3: Darstellung einer Prozession. Das Götterbild war für die Öffentlichkeit nicht sichtbar im Schrein verborgen. Aus: Piankoff A. und Rambova N.: Mythological Papyri. Bollingen Series XL. 3. New York 1957. Fig. 1, S. 18

Göttinnen selbst sind überwiegend Himmelsgöttinnen. Sie verfügen über die Fähigkeit, die Götter in den kosmischen Zyklen von Tod und Erneuerung zu regenerieren. Nut zum Beispiel ist Mutter des Sonnengottes, den sie, in Variation zur Regeneration während der nächtlichen Sonnenfahrt durch die Unterwelt, jeden Tag neu gebiert.

Die ägyptische Religion war keine Volksreligion. Niemand außer Pharao und den Priestern hatte Zutritt zum Tempelinneren, und niemand sonst wußte Genaues über Kultrituale und die geheime Symbolik der (Götter-)Bilder. Eine Gottheit zeigte sich der Öffentlichkeit nur bei feierlichen Anlässen. Sie war unsichtbar in einem Schrein vor neugierigen Blicken verborgen und wurde von Priestern in einer Barke getragen, wenn das Kultbild des jeweiligen Ortsgottes während einer Prozession aus dem Tempelinneren auszog. Obwohl das Volk bei den zahlreichen Götterfesten anwesend sein konnte und lebenslustig feierte, wurde die Religion in den drei Jahrtausenden der pharaonischen Geschichte maßgeblich durch das Königtum und die höchsten Priester geprägt. Da der Kult Staatsangelegenheit und letztlich ein vor der Öffentlichkeit verborgenes Geheimnis war, gab es keine zwei Religionen, nämlich eine tiefsinnige für Eingeweihte und eine „light version" für das Volk, wie man früher aufgrund der antiken Überlieferung noch annahm. Tierköpfe von Göttern, für viele seit der Antike immer wieder Stein des Anstoßes, stellen also kein Zugeständnis an die ägyptische Volksseele dar. Die Tiersymbolik kann wie kein anderes Bild Verborgenes, Geheimnisvolles sichtbar machen. Anubis zum Beispiel, der schakalsköpfige Totengott, drückt durch seine Bildsymbolik den Prozeß des physischen Verfalls nach dem Tode unmittelbar aus. Diese Bildsymbolik des Gottes findet ihren Ursprung im Wesen des Schakals, der sich bekanntlich von Aas ernährt. Als Balsamierer und Schutzgott der Mumie soll Anubis nun auf magische Weise das Gegenteil bewirken, nämlich den gefürchteten Prozeß des Verfalls des Leichnams reversibel machen, so daß gemäß der ägyptischen Auffassung von Leben nach dem Tode Körper und Seele auf überirdischer Ebene neu erschaffen werden können.

Tiefenpsychologen wollen heute in den Göttern als Archetypen physische wie psychische Elementarmächte erkennen. Die menschliche Seele als Mikrokosmos wird hier zum Spiegel makrokosmischer Naturmächte. Man wird bei dieser Verbindung von Natur und Seele an den berühmten Spruch des Hermes Trismegistos (gr.: der Dreimalgroße Hermes) aus der antiken Handschrift des im 15. Jahrhundert wiederentdeckten *Corpus Hermeticum* erinnert: „Wie oben, so auch unten." Demnach gibt es zwischen so unterschiedlichen Ebenen wie „Himmel" und „Erde", Makrokosmos und Mikrokosmos, Entsprechungen. Gemäß dem Selbstverständnis der Ägypter sollte ganz Ägypten mit seinen Tempeln, seinem Staat mit dem sonnenhaften König an der Spitze eine irdische Spiegelung der Kräfte des Himmels sein. Kultrituale als Antwort des Menschen auf die Schöpfung symbolisierten in verkürzter Form den Lauf des Kosmos und unterstützten seine lebenserhaltenden Mächte, so daß die Welt erhalten bleibt. In diesem Analogiedenken wird der Mensch selbst zum Mikrokosmos, in dessen „Seele" sich der Makrokosmos der Natur abbildet.

Wegen seines Wissens galt der „Dreimalgroße Hermes" in philosophischen und alchimistischen Traktaten als Inbegriff der Gestalt eines Weisen. „Vorbild" dieser Gestalt aber ist niemand anders als der ägyptische Weisheitsgott Thot, den die Griechen später mit Hermes gleichsetzten. In den Zirkeln der Alchimisten und der Freimaurerlogen wurde Hermes Trismegistos zum Urbild aller Philosophen. Und so sah schließlich Adam Weishaupt, Gründer des Illuminatenordens, dem auch Herder angehörte, das Nilland noch in vollem Besitz ursprünglicher Weisheit, die mit fortschreitender Zeit durch Kriege und Katastrophen allmählich niederging.

Das Archetypische verleiht den Göttern etwas Zeitloses und macht sie für uns nach wie vor interessant. In neuerer Zeit hat Andreas Schweizer versucht, in den ägyptischen Darstellungen des nächtlichen Sonnenlaufs eine frühe Bildsprache zu sehen, die auch innerseelische Abläufe anschaulich macht. Re, Sonne und Licht, steht in Ägypten seit je als Urbild für Gerechtigkeit. Die Sonne ist auch Symbol für das kreative, ordnende Bewußtsein des Menschen. In der Form einer Pyramide lassen sich himmlisch-solare Ordnungsprinzipien in abstrakter Geometrie am deutlichsten ausdrücken. Sonnenhaftigkeit in reinster Form inkarnierte sich auf Erden vor allem im Amt des ägyptischen Königtums, von dessen kreativer Potenz Ägypten über Jahrtausende profitiert hat,

In der Götterwelt zeigt sich das Eigenleben einer komplexen Natur in seiner Gesamtheit.

und gemäß dem Willen des Himmelsgottes galt der König als Garant der vom Sonnengott gestifteten Weltordnung Maat. Damit diese Sonnenkraft nicht verfällt, muß sich Re auf eine nächtliche Reise begeben und in die Unterwelt eintauchen. In dieser dunklen Tiefe herrscht der Gott Osiris; seine Welt ist gefahrvoll und regenerierend zugleich. Während dieser nächtlichen Sonnenfahrt vereint Re sich schließlich mit Osiris, durch dessen unterirdische Auferstehungskräfte er am nächsten Morgen wieder neu und verjüngt am Himmel erscheint. Osiris wird auf psychologischer Ebene zu einer Potenz der inneren, seelischen Regenerationskräfte, aus der sich der schöpferische und sonnenhafte Geist immer wieder zu erneuern vermag.

Die Welt der Ägypter ist, obwohl keine naturwissenschaftlichen Systeme im heutigen Sinn existierten, sehr reich an Wissen um Lebenszusammenhänge gewesen, und trotz fehlender naturwissenschaftlicher Systeme konnte man für damalige Verhältnisse große technische Leistungen vollbringen. Eine Ausrichtung unseres Denkens und Handelns auf rein kausale Erklärungsmodelle, auf technisch Machbares um des Profits willen und damit auf überwiegend monetäre Ziele ist dem entgegengesetzt, was ägyptische Priesterweisheit in unserem kulturellen Gedächtnis verkörpert. Galt den Gelehrten bis zur Zeit der Aufklärung noch die Maxime, daß jegliches Handeln gemäß sorgfältiger Berücksichtigung aller inneren, verborgenen und metaphysischen Zusammenhänge erfolgen müsse, so ist dieses Postulat heute längst verklungen. Womöglich sind wir, die wir gerne über den alten Götterhokuspokus zu lächeln pflegen, gerade dabei, die größte Katastrophe in der Geschichte zu produzieren, weil das Gespür für Zusammenhänge verloren ist. Götter existierten, so denkt fast jeder, nur als Hirngespinste in der Phantasie, weil der Mensch es wegen seiner frühgeschichtlichen naturwissenschaftlichen Ungelehrigkeit eben „nur" bis zu einem bornierten Götterglauben geschafft habe. Mit diesem Urteil aber hat sich der Mensch der Gegenwart ein Armutszeugnis ausgestellt. Die Wirklichkeit dieser Götter zu leugnen bedeutet, so Jan Assmann, der Welt ihr differenziertes und numinoses (göttliches, heiliges) Eigenleben abzusprechen. Wie die laufende Entwicklung zeigt, sind die Folgen der Entgötterung bereits tragisch genug.

So erscheint uns das ferne Ägypten heute wie eine Gegenwelt. Noch in der Barockzeit war man von einer wissenschaftlichen Rezeption der ägyptischen Religion weit entfernt; trotzdem bemühte man sich darum, zu verstehen, welchen „Sinn" Ägypten innerhalb unserer eigenen kulturellen Entwicklung hat. Heute kann man hieroglyphische Texte lesen, doch oft fehlt es an diesem früheren Bemühen um Verständnis. Dabei liegt die Schwierigkeit keineswegs an einem Mangel an Quellen, sondern am Umgang mit ihnen. Ägypten, so lange Gegenstand umfassender Betrachtungen und der Inspiration, ist heute kein Gegenstand einer breiten kulturphilosophischen Diskussion mehr. Durch Verwissenschaftlichung wurde Ägypten für die Öffentlichkeit entzaubert. Elementar wichtige Fragen werden nicht mehr gestellt, so daß sich viele von der Ägyptologie abgewandt haben und zur Esoterik übergelaufen

Abb. 4:
Der König bringt die Göttin Maat dar und bekräftigt damit als Garant des Ausgleichs die Weltordnung.
Nach: H., E.: Geist der Pharaonenzeit. Artemis Verlag, Zürich und München 1989. Abb. 25, S. 133
Zeichnung: H. Keel-Leu, nach: Calverley A. M.: The Temple of King Sethos I. at Abydos IV, London 1958, pl. 10

sind, der heute jenes philosophische Fundament fehlt, das sie noch zur Zeit des Barock hatte. Und nach wie vor mangelt es wissenschaftlich denkenden Köpfen nicht an Fehleinschätzungen und Denkschablonen. So heißt es noch oft, daß die Ägypter statt zur sinnlosen Götterverehrung und zu den vielen und nutzlosen Kultbauten ihre volkswirtschaftliche Energie lieber auf vernünftigere Weise hätten einsetzen sollen, zum Beispiel um die Naturkräfte zu beherrschen. Genau dieses Unverständnis gilt es zu korregieren. Ägyptens Vergangenheit ist noch immer ein tiefer Brunnen, wie Thomas Mann einst am Beginn des Vorspiels seiner Josephs-Romane geschrieben hat, der die Kultur des Abendlandes inspirieren kann.

Bücher zum Thema:

– Assmann, Jan: Ägypten – Theologie und Frömmigkeit einer frühen Hochkultur. Kohlhammer Verlag, Stuttgart etc. 1984
– Assmann, Jan: Ägypten. Eine Sinngeschichte. Carl Hanser Verlag, München/Wien 1996
– Hornung, Erik: Der Eine und die Vielen. Ägyptische Gottesvorstellungen. Wissenschaftliche Buchgesellschaft, Darmstadt 1971
– Hornung, Erik: Das esoterische Ägypten. Das geheime Wissen der Ägypter und sein Einfluß auf das Abendland. Artemis Verlag, München 1999
– Schweizer, Andreas: Seelenführer durch den verborgenen Raum. Das ägyptische Unterweltsbuch Amduat. Kösel Verlag, München 1994

Wolfgang Wettengel, M. A., ist selbständig als Ägyptologe tätig, organisiert Ausstellungen in Zusammenarbeit mit Museen und arbeitet zur Zeit an einer Promotion über einen altägyptischen literarischen Papyrus.

Wen vergöttern Sie?

„Mein Gott sitzt besser gesagt saß in Bielefeld: Niklas Luhmann. Ich bin systemischer Konstruktivist.“

Pädagoge, 43

„Warum?“

Studentin, 25

„Im religiösen Sinne gibt es nur einen Gott, deshalb ist der Plural Ihrer Frage unchristlich. Außer Sie gehören einer Sekte an.“

Stadtgärtner, 38

„Sind Sie wirklich nicht von den Zeugen Jehovas?“

Bankkaufmann, 27

„Götter sind prinzipiell schlecht, weil sie einem die Sicht verstellen.“

Chemiker, 29

„Guildo Horn – der nimmt sich nicht ernst.“

Schülerin, 15

„Da fällt mir so spontan nur Götterspeise von Doktor Oetker ein (lacht), aber jetzt mal ernsthaft: Wen soll man denn heutzutage noch vergöttern? Menschen, wie zum Beispiel meine Frau, kann man lieben, aber nicht vergöttern. Beim ‚Vergöttern' handelt es sich um eine asymmetrische Beziehung. Jemanden vergöttern bedeutet ja, jemanden oder etwas nur anhimmeln, wie man hier im Schwäbischen mit Blick nach oben so schön sagt. Gemeint ist dabei ein sturer, unkritischer Blick nach oben. Was von Gott kommt, wird kritiklos akzeptiert, ähnlich wie bei der Bundeswehr, bloß, daß man da nach vorne und nicht nach oben schaut. Kirchen und vor allem deren irdisches Personal sind ebenso wie der Staat und die Regierungen mehr als unglaubwürdig geworden. Als Buddhist vergöttere ich nur das Nichts. Und wie man etwas vergöttern kann, das es nicht gibt, das können Sie sich jetzt selbst überlegen.“

Programmierer, 44

„Ich habe niemanden mehr vergöttert, seit ich 18 bin. Da haben sich die Beatles getrennt.“

Busfahrer, 47

„Ich vergöttere Gotthilf. Das ist mein Mann (lacht).“

Rentnerin, 71

„Ich komme gerade aus Frankfurt, da sitzen die Götter im fünfzigsten Stock. Zu denen kann man aufschauen, bis man Nackenschmerzen bekommt.“

Jurist, 34

„Ich habe viele Götter, aber die sage ich Ihnen nicht, weil das meine sind.“

Schülerin, 22

„Das ist aber eine komische Frage in der heutigen Zeit.“

Klavierlehrerin, 39

„Darüber habe ich noch nicht nachgedacht … Jedenfalls nicht Michael Jackson oder so.“
Erzieherin, 45

„Jetzt muß ich wohl sagen: meine Freundin, weil die neben mir steht, aber eigentlich ist es eher meine Mutter, weil die besser kocht. Aua!“
Gymnasiast, 18

„Ich vergöttere niemanden, aber ich verehre meine Eltern, sie haben mir das Leben geschenkt.“
Marktfrau, 51

„Ich vergöttere den Eismann da drüben. Der macht geiles Eis.“
Friseurlehrling, 18

„Ist mir zwar peinlich, aber ich bin Fan von Pierre Brice.“
Hotelfachfrau, 47

„Die Götter der Wirklichkeit treffe ich jedes Jahr auf dem Finanzamt.“
Unternehmer, 48

„Wer einen Gott braucht, hat keinen Charakter!“
Atheist, 35

„Vergöttern? Religiosität ist das beste Beispiel für die anhaltende Wirkung einer schlechten Erziehung.“
Straßenmusikantin, 39

„Gott oder nicht Gott, das ist hier die Frage.“
Schauspieler, 37

„Der Mensch, der sich selbst ergreift ohne Gott, wird an seiner eigenen Angst zugrunde gehen…"

Ein Interview mit Eugen Drewermann

Eugen Drewermann

Geboren 1940 in Bergkamen, studierte 1959 bis 1965 Philosophie in Münster und katholische Theologie in Paderborn. 1966 Priesterweihe in Paderborn. 1966 bis 1968 Kaplan und Kurseelsorger in Bad Driburg. 1971 bis 1974 Ausbildung in Neopsychoanalyse. 1975 Promotion zum Doktor der Theologie mit der Arbeit „Strukturen des Bösen. Die jahwistische Urgeschichte in exegetischer Sicht"; 1978 Habilitation. Priester der Pfarrerei St. Georg in Paderborn, 14 Jahre lang Privatdozent für das Fach Katholische Dogmatik/Systematische Theologie.

Oktober 1991 Entziehung der Lehrbefugnis durch Bischof Johannes Degenhardt, Januar 1992 Predigtverbot, März 1992 Suspendierung vom Priesteramt und Verurteilung als Häretiker (Ketzer).

Er lebt und arbeitet als freier Autor und Psychotherapeut in Paderborn.

Buchveröffentlichungen (Auswahl):

Strukturen des Bösen. 3 Bde. Schöningh-Verlag, Paderborn 1977/1978; Der Krieg und das Christentum. Pustet Verlag, Regensburg 1982; Psychoanalyse und Moraltheologie. 3 Bde. Matthias-Grünewald Verlag, Mainz 1982–1984; Tiefenpsychologie und Exegese. 2 Bde. Walter Verlag, Zürich/Düsseldorf 1984/1985; Kleriker. Psychogramm eines Ideals. Walter Verlag, Zürich/Düsseldorf 1989; Der tödliche Fortschritt. Herder Verlag, Freiburg/Br. 1991; Glauben in Freiheit (Trilogie): Bd. 1: Glauben in Freiheit. Tiefenpsychologie und Dogmatik (1993). Bd. 2: Jesus von Nazareth. Befreiung zum Frieden (1997). Bd. 3/1: Der sechste Tag. Die Herkunft des Menschen und die Frage nach Gott (1998). Bd. 3/2 … und es geschah so. Die moderne Biologie und die Frage nach Gott (1999); Sämtlich: Walter Verlag, Zürich/Düsseldorf. Zahlreiche Bücher mit Märcheninterpretationen, Predigten und Meditationen; Kommentare zum Markus- und zum Matthäusevangelium.

Herr Drewermann, Sie sind vor allem durch Ihre Auseinandersetzung mit der Kirche bekannt geworden. Beim aufmerksamen Lesen Ihrer Schriften bekommt man jedoch den Eindruck, daß diese Auseinandersetzung nicht Ihr eigentliches, Ihr wichtigstes Anliegen ist.

Mein erstes Anliegen bezieht sich auf eine Neuinterpretation des Christentums. Nach meinem Eindruck ist kirchengeschichtlich eine verhängnisvolle Weichenstellung erfolgt, als man im zweiten, dritten Jahrhundert die therapeutischen Bewegungen unter dogmatischem Zwang aus der Kirche herausgedrängt hat. Schon im zweiten Kapitel des Markusevangeliums erklärt Jesus: „Ich bin nicht gekommen zu den Gesunden, sondern zu den Kranken." Mir folgt daraus, daß die heutige Form der Seelsorge in ein vertieftes Gespräch mit der Seelenheilkunde eintreten müßte.

Mein zweites Anliegen ergibt sich wie von selber daraus. Jeder begreift, daß eine Gottesrede, die im Grunde darin besteht, Gott zum Lokaleigentum einer bestimmten Konfession oder Region zu machen, nicht von Gott redet, sondern von einem Gespenst des eigenen Dogmatismus. Hingegen, wenn wir uns erlauben wollten, wieder erfahrungsnah, poetisch gerade aus den unbewußten Schichten der Seele heraus Religion zu formulieren, hätten wir statt der permanenten Ausgrenzung ganzer Menschengruppen von Andersdenkenden, in anderen Kulturen Aufgewachsenen eine Einladung an alle Menschen – das sollte Religion sein.

Ein dritter Punkt ergibt sich mit daraus und ist in den letzten beiden Büchern *Der sechste Tag*, *Und es geschah so* wichtig geworden für mich. Ich möchte die These aufstellen, daß die Religion sich nicht länger begründen kann, indem sie Gott für die oberste Ursache der Weltkausalität erklärt. Nicht die Naturphilosophie führt zu Gott, ganz im Gegenteil, die Philosophie, die den Stand der modernen Naturwissenschaften reflektiert, wird alle Erwartungen der Theologen an die Weltwirklichkeit enttäuschen. Der Weg zu Gott sollte über den Existentialismus (siehe Kasten) begonnen werden, basierend auf der Frage, wie wir Menschlichkeit inmitten einer unmenschlichen Welt bewahren und bewähren können.

In der *Kritik der reinen Vernunft* weist Kant der Religion noch eine Begründungsfunktion für die Moral zu, während in der *Kritik der Urteilskraft* die Religion nicht mehr die Moral fundiert, sondern vielmehr die Religion aus der Moral hervorgeht. Wie sehen Sie das Verhältnis von Religion und Moral?

Kants Idee halte ich für genial und richtungsweisend. Immanuel Kant hat vor zweihundert Jahren vollkommen richtig gesehen, daß Freiheit kein möglicher Begriff der Wissenschaft sein kann. Um der Selbstbegründung des Menschen willen aber müssen wir das wissenschaftlich Unbegründbare annehmen. Als eine Grundtatsache müssen wir postulieren, der Mensch sei frei und er habe eine Seele, er sei eine Person, etwas, das in der Form des „Ich denke" als begleitende Konstante der Selbstreflektion sich durchhält. Wir brauchen eine Vorstellung von uns als Person, um von Menschen menschlich zu reden. Desgleichen ist die Idee Gottes notwendig, weil angesichts der Unvermeidbarkeit von Scheitern und Schuld, ohne eine Instanz der Vergebung und der Sinnstiftung ein Mensch seine Freiheit nie riskieren wird. Darum glaube ich, daß Kant vollkommen richtig im Raum von Erkenntnistheorie die Gottesfrage aufgegriffen hat, wobei er etwas meinte, das wir mit den Mitteln des Existentialismus und der Erkenntnisse der Humanwissenschaften am Ende des 20. Jahrhunderts in etwa so wiedergeben müßten: Die Religion bietet mit dem Begriff Gottes keinen Gegenstand erfahrungstranszendenter Erkenntnis (siehe Kasten), aber sie bietet eine transzendentale Voraussetzung zur Begründung von Humanität.

In seiner Spätschrift *Religion in den Grenzen der Vernunft* betont Kant das anthropologische Fundament der Religion, das heißt die tiefe Verwurzelung der Religion im Wesen, in der Bedürftigkeit des Menschen. Würden Sie so weit gehen, Religion als konstituierendes Moment des Menschseins zu bezeichnen?

Ja, eine andere Grundlage wird es für die Religion nicht geben, als daß wir Menschen sie brauchen. Die Natur hat sich, indem sie den Menschen hervorgebracht hat, in gewissem Sinne ein unerhörtes Risiko eingehandelt. Sie hat, basierend auf Prozessen der Kausalität und eines hohen Maßes von Zufälligkeit, Strukturen hervorgebracht, die durch Selbstreflektion selber Kausalität setzen können und dadurch Freiheit etablieren. Keine Naturwissenschaft kann einem Menschen, der frei ist, sagen, was er tun soll. Es ist nicht möglich, aufgrund von Kausalerkenntnis eine Richtung vorzugeben, denn die Freiheit besteht gerade darin, bei aller Erkenntnis von Kausalität neue Möglichkeiten zu erschließen. An diesem Widerspruch leiden wir Menschen. Wir sind aus der Natur hervorgegangen, aber wir sind nicht mehr identisch mit der Natur. Also brauchen wir einen Halt, der in der Natur nicht liegen kann, wir brauchen eine Antwort, die jenseits der Natur liegen muß. Deswegen glaube ich, daß Feuerbachs Religionskritik so richtig wie verkehrt ist, wenn er mit Hilfe des Begriffs der Projektion zu erklären versucht, daß Menschen Gott als Idealtypus ihrer selbst in ihrem Anderssein, im Zustand ihrer Selbstentfremdung anschauen. Was Feuerbach nicht wirklich diskutiert, wird bei Kierkegaard thematisiert. Die menschliche Angst gehört konstitutiv als subjektives Begleitmoment zur Freiheit. Die Kernfrage ist, wie wir mit der Angst umgehen, die zum Menschsein gehört, und

„Religion muß sinnlich sein. Nietzsche ist genial als Diagnostiker, aber miserabel als Arzt."

„Wir Menschen sind die einzigen Kreaturen die nicht nur sterben müssen, sondern die auch mit dem Sterben leben müssen."

ich sehe, daß die Tendenz groß ist, auf Angst statt mit angstüberwindendem Vertrauen zu antworten mit Angstverbreitung.

Sie sprechen in vielen Ihrer Werke immer wieder von einer existentiellen Angst des Menschen, von der alles ausgeht. Was genau ist diese Angst?

Sie können von seiten der Tierpsychologie und der Verhaltensforschung zeigen, daß es grundlegende Ängste gibt, die aus dem Tierreich situativ in das menschliche Erleben kommen, wie zum Beispiel die Angst zu verhungern, die Angst, allein zu sein, die Angst, von einem Beutegreifer verfolgt, oder die Angst, aus der Gruppe ausgestoßen zu werden. All diese Ängste liegen in uns Menschen, werden aber nicht mehr mit situationsbedingten Augenblicksreflexen abgearbeitet, sondern aufgrund unserer Vernunft sind wir im Stande zu begreifen, daß wir es wirklich mit Grundängsten zu tun haben, die wir nie loswerden; und darin liegt für das menschliche Leben eine grundlegend neue Situation. Entweder wir versuchen, unsere Vernunft zu benützen, um biologische Antworten gegen die Angst ins Unendliche zu treiben, oder aber wir gebrauchen unsere Vernunft, die alle Ängste ins Unendliche getrieben hat, zur Beruhigung der Angst. Nur im letzeren Falle werden wir die Religion einsetzen. Einfacher gesagt, nur wir Menschen können begreifen, daß wir Verlorene sind inmitten dieser Welt. Wir sind die einzigen Kreaturen, die nicht nur sterben müssen, sondern die mit dem Sterben leben müssen. An dieser Stelle ist es die Religion, die unsere unendlich gewordene kreatürliche Angst zu beruhigen versucht.

Heidegger spricht von einem Leben auf den Tod hin.

Ganz richtig. Nur muß ich Sie warnen. Heidegger hat die Problematik, wie sie sich bei Kierkegaard bereits stellt und bei Sartre atheistisch zugespitzt wird, mit scheinchristlichen Vokabeln eingekleidet und abgeschwächt. Für Heidegger ist das Vorlaufen auf den Tod identisch mit dem Endgültigwerden des Daseins. Sartre sagt vollkommen richtig, man kann sich nicht auf den Tod hin entwerfen. Und wieso ist denn das Dasein endgültig, bloß weil es zu Ende ist? Der Tod, meint Sartre, ist die Auslieferung an den Anderen, in radikaler Objektivierung und Qualifizierung durch den Anderen. Das findet statt in völliger Entfremdung. Ich glaube, das ist sehr richtig gesehen gegen Heidegger – es ist viel hoffnungsloser, viel schonungsloser. Es gibt nicht die Beruhigung, wir könnten in der Welt mit einigem Mut, mit Entschlossenheit die Unerschlossenheit des Seins entbergen. Was wir brauchen, ist eine Geborgenheit, die uns den Blick nicht allzusehr durch Angst verwirrt.

Transzendentalphilosophie *heißt bei I. Kant das System aller Erkenntnisse, die a priori, das heißt ohne Kenntnis der Erfahrung, aus reiner Vernunft gewinnbar sind.* **Transzendent** *sind Erkenntnisse, welche die sinnlich erkennbare Welt überschreiten, sozusagen übersinnlich beziehungsweise übernatürlich sind, wohingegen diejenigen Erkenntnisse als* **transzendental** *bezeichnet werden, die als vor jeder subjektiven Erfahrung liegend die Erkenntnis der gegenständlichen Welt an sich erst ermöglichen.*

Metaphysik:
Philosophische Disziplin, die sich mit den über die Naturerscheinungen hinausgehenden Fragen des Seins beschäftigt.

Existentialismus *bezeichnet die vor allem durch Jean-Paul Sartre begründete Spielart der* **Existenzphilosophie**, *als deren Begründer Kierkegaard gilt. Kennzeichnend für alle Richtungen der Existenzphilosophie ist die Deutung der Seinsweise des Menschen, als von allen anderen Seinsweisen völlig verschiedene: als Existenz im Sinne eines letzten, nicht hintergehbaren Seins, das insbesondere gekennzeichnet ist durch seine Endlichkeit, Geschichtlichkeit und seine Freiheit, aufgrund deren es sich entwerfen muß. Kierkegaards Ausprägung der Existenzphilosophie fußt auf einem das Selbstverhältnis und die Selbsterfahrung des Menschen in dessen konkreter Existenz gründenden Denken. Existenz faßt er als Verhältnis zu sich selbst und darin zu Gott, die gekennzeichnet ist als eine Vielfalt unterschiedlicher, aber dennoch verbundener Synthesen von unter anderem Möglichkeit und Unendlichkeit (Freiheit), Ewigkeit und Zeitlichkeit (Augenblick), Idealität und Realität (Bewußtsein). Die Verzweiflung des Nicht-selbst-sein-Wollens als „Krankheit zum Tode", kann durch das Ergreifen des Selbstseins im wahren Glauben überwunden werden. Der* **Existentialismus** *versteht sich als Atheismus, da die radikale Freiheit des Menschen gewahrt werden muß, sowie als Humanismus, der keine andere Wirklichkeit als die des Menschen anerkennt.*

Für Fichte ist Religion ein Mittel zur stärkeren Bestimmung durch das Moralgesetz, unterscheidet sich aber von der reinen Vernunftidee durch eine Beimengung an Sinnlichkeit. Wie sehen Sie das Verhältnis von Religion und Sinnlichkeit?
Die Religion muß sinnlich sein, weil sie eine Fülle von Symbolen aus der Evolution aufgreift. Erfahrungen, die die Tiere machen mußten, um zu überleben, werden von der Religion genützt, um Antworten zu geben auf Fragen, die die erfahrbare Welt bei weitem übersteigen. Was zum Beispiel kann eine Antwort auf die Sterblichkeit des Menschen sein? Für ein Tier ist es Schutz vor dem Tod, sich in eine Höhle zurückzuziehen oder auf einen Baum zu klettern. Für uns Menschen, die wir wissen, daß wir sterben werden, sind Höhle und Baum zunächst nichts weiter als Orte und Gegenstände im Raum. Als Symbol verstanden, kann die Höhle aber zu einer Kirche werden oder zu einem Ort der Wiedergeburt in der Nachbildung des Mutterschoßes und kann der Baum als ein Kreuzessymbol Auferstehung signalisieren. Indem wir Orte der Geborgenheit, die im Tierreich über Jahrmillionen eine Rolle spielten, in Symbole verwandeln, benützen wir im Grunde Vorstellungsweisen und Gefühle des Säugetiergehirns, des limbischen System, um damit Antworten sinnlich überzeugend darzubieten, die sich im Großhirn, im Neokortex, stellen. Weil das Gefühl der Angst durch den Verstand sich verunendlicht, brauchen wir an derselben Stelle, wo Gefühle ins Unendliche zum Schaden getrieben werden, Bilder, die dieselben Gefühle im Unendlichen beruhigen. Auf diesem religionspsychologischen „Trick", wenn Sie so wollen, basiert die Religion, deshalb muß sie sinnlich sein.

Würden Sie Schleiermacher zustimmen, wenn er das Wesen der Religion nicht im Denken und Handeln sieht, sondern in der Anschauung, im Gefühl?
Ja, unbedingt. Bei Schiller steht, daß man Gott entweder fühlt oder gar nicht hat. Es ist ein großes Unglück, daß vor allem der Protestantismus im ganzen 19. Jahrhundert versucht hat, gegen Schleiermacher anzukämpfen und den religionspsychologischen Ansatz, der in seinem Denken konstruktiv steckt, einfach zu überhören. Vom Katholizismus muß man sagen, daß er Schleiermacher bis heute nicht einmal gelesen hat.
Sie sagten, die Natur hat, indem sie den Menschen hervorbrachte, sich ein Risiko eingehandelt. Das erinnert an Spinoza, für den Gott und Natur identisch sind.
Der Gott der Naturwissenschaftler wird kein anderer sein als der Gott des Spinoza. Gott als Chiffre für die Gesamtwirklichkeit oder für den Ordnungszustand des Universums, als Chiffre für die mathematisch-geistige Struktur des Universums, all das sind Gedanken, die, so unterschiedlich die Formulierungen sein mögen, bei Spinoza zu finden sind, wenn sie nicht sogar direkt darin die Wurzel haben. Ich selber glaube nicht, daß ein Mensch mit Spinoza leben kann. Die Natur enthält nicht die Antworten, die wir Menschen brauchen, um menschlich zu sein. Spinoza konnte nicht entfernt ahnen, in welch einem Umfang vor allem das 19. Jahrhundert auf dem Boden der Biologie die Grausamkeit, den Konkurrenzkampf ums Leben, die vollkommene Gleichgültigkeit der Natur gegenüber dem Leid der Kreaturen nicht als Randphänomen, sondern als Zentrum der Evolution entdecken wird.

„Die Natur enthält nicht die Antworten, die wir Menschen brauchen, um menschlich zu sein."

„Es hat keinen Sinn mehr, eine Religion exklusiv abzugrenzen gegen eine andere."

Ich möchte noch einmal auf Schleiermacher zurückkommen: Nach Schleiermacher haben Religion und Philosophie in Form von Metaphysik (siehe Kasten) und Moral den gleichen Gegenstand, nämlich das Universum und das Verhältnis des Menschen zum Universum. Woher rührt dieser Griff nach dem Absoluten? Welche Rolle spielt der Begriff der Wahrheit in der Religion?

Religionspsychologisch, kann man sagen, gilt dem Menschen dasjenige als absolut, worauf hin er seine psychische Energie maximal konzentriert. Wenn das so ist, stellen wir fest, daß Menschen die Sehnsucht haben, sich an irgend etwas in diesem absoluten Sinne zu halten und zu verschenken. Und die Frage für den Theologen ist nun, was für ein Etwas den Namen Gottes wirklich verdient. Entscheiden wird sich diese Frage daran, wie weit ein Mensch sich, von dem, was er für absolut erklärt, freigesetzt statt unterdrückt fühlt. Und deswegen glaube ich wieder, daß nicht einmal der Begriff des Universums, wenn man ihn mit dem Kosmos gleichsetzt, den Menschen wirklich erweitert. Der Kosmos ist ein zu schrecklicher Raum, als daß der Mensch als Mensch sich darin vollziehen könnte. Was den Menschen als Person leben läßt, kann nur eine Person sein, die er absolut setzt, um in seiner relativen Begrenztheit sich als erlaubt, getragen, begleitet, gemeint und gemocht fühlen zu können. Was die Natur keinem Menschen sagt, was das ganze schweigende Universum niemals sagen wird, verbindet die Religion mit der Vorstellung von Gott als einer Person. Und erst in einem Raum von Liebe, die stark genug ist, Vertrauen und Geborgenheit zu schaffen, wird es möglich werden, ein Weltverständnis so auszudehnen, daß wir am Ende diese Welt diesem Gott zutrauen. Das ist, wenn Sie es recht verstehen, die Umkehrung der alten Begründungszusammenhänge, daß man ausgehend von der Welt zu Gott steigen könne und dann mit Hilfe der Bibel demonstrieren, wie er sich historisch geoffenbart hat.

Würden Sie eine Lesart Nietzsches teilen, die davon ausgeht, daß Nietzsches Hinwendung zum Übermenschen nicht eine eigentliche Abkehr von Gott ist, sondern mehr eine Hinwendung zur totalen Selbstverantwortung ?

Was Nietzsche wollte, war ohne Zweifel ein Typ von Mensch, der es vertragen würde, radikal losgekettet zu sein. Ich glaube nicht, daß Nietzsche viel darüber nachgedacht hat, wie die Katastrophen sich beschreiben, die dieses Losgekettetsein anrichten kann. 1914 ist eine ganze Generation mit dem *Zarathustra* im Tornister nach Langemarck und später nach Verdun marschiert. Man kann dafür nicht Nietzsche die Schuld geben, denn in den zwei großen Evidenzen, von denen er getragen wird, kann man ihm nach meiner Schätzung nur zustimmen: Das Christentum hat durch seinen Moralismus eine falsche Einstellung zur inneren Natur, es ist triebrepressiv, es ist neurotisierend, und es hat eine anthropozentrisch falsche, verkürzte Einstellung zur äußeren Natur, es hat sie eben auf christliche Erwartungen zusammengeschrumpft. Dagegen setzt er die Vorstellung des Künstlergottes, der ästhetischen Rechtfertigung der Welt. Doch auch diese Idee ist problematisch: Die Welt ist nicht schön, sie ist auch nicht grausig schön, sie ist jenseits dieser menschlichen Bewertungen. Die Natur kann ein Spinnennetz schaffen, das für uns im Oktobernebel wunderschön aussehen wird, aber die Spinnen selber sind den

„Religion ist nicht nötig, um Gesellschaft zu begründen, Religion ist nötig, um den Menschen zu begründen."

meisten Menschen ästhetisch eher ekelhaft. Der Natur ist die Grausamkeit egal, mit der die Spinnen ihre Opfer erst einmal verflüssigen, um sie leersaugen zu können. Die Natur hat Bewundernswertes erstellt durch Konkurrenz und Kampf ums Dasein, aber nicht einmal die Ästhetisierung der Natur im Sinne Nietzsches fungiert als Interpretativ dazu. Als Kritiker der christlichen Moral sah Nietzsche: Menschen, die weder in der Natur noch in sich selber leben können, werfen allem, was auf naturhafte Weise stark und gesund ist, Sünde vor und müssen die Priesterreligion propagieren – das ständige Produzieren von Schuldgefühlen und die Notwendigkeit der ritualisierten Vergebung. In all dem war Nietzsche genial als Diagnostiker, aber er ist in meinen Augen miserabel als Arzt. Er hatte viel zu wenig Mitleid, um den Menschen gütig zu begegnen. Nietzsche kann nicht heilen, was er auch nicht wollte. Ganz im Gegenteil: Was so krank ist, daß es Heilung braucht, verdient nach seiner Meinung nicht zu leben. Aber so kann man nur philosophieren, wenn man nie ein Kind an der Hand gehabt hat und wenn man nie für irgendwas existentiell Verantwortung gespürt hat. Man mißversteht Nietzsche, wenn man ihn nachbetet.

Zielt Nietzsche nicht darauf ab, daß man nur im Ergreifen der Verantwortung für sich selbst seinen Gott finden kann?

Der Mensch, der sich selber ergreift ohne Gott, wird an seiner eigenen Angst zugrunde gehen. Ich glaube, an dieser Diagnose Kierkegaards läßt sich schwer rütteln. Das ist der Punkt, den Nietzsche nicht gesehen hat, weil ihm die Angst aus der Schuldmentalität der christlichen Tradition viel zu groß war. Was Nietzsche bekämpft hat, war die Angst vor einem Grimmbart, der im Himmel sitzt und erklärt, ich bin der Einzige der Götter.

Simone Weil schreibt: „Eine der köstlichsten Freuden der irdischen Liebe, dem geliebten Wesen zu dienen, ohne daß es dies weiß, ist in der Gottesliebe nur möglich durch den Atheismus."

Das ist nicht ohne Zynismus gesprochen, aber so liebte Simone Weil sich auszudrücken. Ich geb's mal anders wieder: Wann glaubt ein Kind oder ein Erwachsener wirklich? Ein Kind zum Beispiel, das im Sandkasten spielt und alle zehn Minuten zu seiner Mutter gelaufen kommt, hat seine Mutter lieb, aber es hat auch viel Angst, die Mutter zu verlieren. Ein Kind, das eine Stunde lang im Sandkasten spielt, ohne die Mutter zu vermissen, ohne zu kontrollieren, ob es sie noch gibt, hat in gewissem Sinne mehr Vertrauen zu seiner Mutter, weil es nicht immer wieder daran denken muß, ob sie da ist oder nicht.

Es gibt auch Kulturen, die, wie zum Beispiel die buddhistischen, keinen personalen Gott kennen. Könnte man vermuten, daß dort Vertrauen wirksamer praktiziert wird?

Die buddhistischen Kulturen sind sehr viel friedlicher und haben es verstanden die Universalität des Mitleids über alle Kreaturen auszudehnen, was mir sehr wichtig ist. Worin ich mir bis heute nicht wirklich sicher bin, ist die Frage der Übersetzung der buddhistischen Lehren in unseren Kulturraum. Der Buddhismus legt im Ursprung gar keinen großen Wert darauf, die Frage zu lösen, ob es so etwas wie eine Person gibt oder nicht gibt. Er möchte lediglich zeigen, wie man von der Obsession frei wird, die eigene Person im Zustand der Bedrohtheit immer wieder militant verteidigen zu müssen, wie man sich loslassen kann durch meditative Einkehr, durch Ruhen in sich selber. Der Buddhismus lehrt auf sehr friedfertige Weise, Gottesbilder abzustreifen, durch die einfache Feststellung: Das alles ist nicht mein Selbst. In diesem Falle gibt es, kategorial wohlgemerkt, überhaupt kein Selbst. Da sind wir wieder bei der Erkenntniskritik Immanuel Kants und bei Max Scheler. Aber ob deswegen der Buddhismus sagen will, was ihr im Abendland Person nennt, das gibt es überhaupt nicht, das steht dahin. Was er sagen will, ist ganz sicher dies, daß es vollkommen falsch ist zu sagen, Person definiere sich durch den Besitz von Waren, Macht oder Kapital. Der Buddhismus hat als Kernproblem seiner Fragestellung nicht die Angst, die es kostet, frei zu sein, das Kernproblem des Buddhismus ist, wie kann man den Menschen aus dem Leiden befreien, in das er gerät durch Fehlidentifikation, durch Illusion und Unwissenheit. Der Dalai-Lama hat in einem gemeinsamen Gottesdienst in Zürich mir einmal gesagt, Religionen sind Medikamente, und ein Medikament taugt nicht für alle Krankheiten. Die Menschen können viele Krankheiten haben, und deshalb brauchen sie in gewissem Sinne alle Religionen. Das leuchtet mir sehr ein, weil die verschiedenen Kulturen der Menschen in einer Zeit entstanden sind, wo sehr unterschiedliche Zugangswege zur Menschlichkeit nötig und findbar waren, während wir heute deutlich sehen, daß alle zusammenlaufen müssen, um dem Ganzen zu dienen. Es hat keinen Sinn mehr, eine Religion exklusiv abzugrenzen gegen eine andere. Wir müssen die Fragen herausfinden, auf die hin sie antworten mußten zu ihrer Zeit, und uns dann fragen, wie gültig ist die Antwort, welch ein bleibendes Problem des Menschseins ist darin erfaßt, und wie lassen die verschiedenen Problemstellungen sich zuordnen.

Dann wären universelle Ansprüche allenfalls dadurch einzulösen, daß eine Religion das ihr Eigene bei anderen Religionen wiederfindet.

Ich bin darauf vorbereitet, daß wir auf eine Menschheit zugehen, in der es gar nicht mehr möglich ist, daß sich unterschiedliche Kulturen, unterschiedliche Sprachen auch nur, unterschiedliche Religionen bilden, sondern wo die Menschheit so vernetzt ist, daß sie in tragenden Überzeugungen ihr Zusammenleben regulieren muß.

Nach Siebeck ist Religion ein Faktor des Kulturlebens, der eine spezifische Befindlichkeit des Menschen zum Ausdruck bringt. Diese religiöse Anlage des Menschen tritt, nach Siebeck, als religiöses Bedürfnis gemeinschaftsstiftend auf. Besteht eine solche Gemeinschaft nicht darin, daß eine Identität durch Abgrenzung gegenüber Ungläubigen geschaffen wird?

Ganz richtig. Sie haben in dieser Definition die Vermutung enthalten, daß Sondervarianten des Menschseins in einer spezifischen Kultur identifiziert werden mit dem Religiösen, mit dem Absoluten und daß damit Exklusivitätsideologie betrieben wird. Religion aber ist nicht nötig, um Gesellschaft zu begründen, Religion ist nötig, um den Menschen zu begründen. Das ist viel mehr, als jede Gesellschaft sein kann. Religion ist dazu da, die Begrenztheit des Gesellschaftlichen zu offenbaren. Heutigentags benötigen wir Religion kaum noch, um Kultur zu rechtfertigen. Dazu ist sie mindestens in den bürgerlichen Gesellschaften Nordamerikas und Westeuropas zu schwach geworden. In säkularem Gewande geistert allenfalls nach wie vor der alte Humbug: Wir führen zum Beispiel Krieg, und dafür brauchen wir absolute Rechtfertigungen; die aber wird uns kein Gott mehr liefern, sondern Begriffe wie: „Gerechtigkeit“, „neue Weltordnung“ oder „Humanität“. Wir werden gleichwohl, zum Beispiel in den Vereinigten Staaten von Amerika, in einer Kultur, die die Bücher schreibt, die jeder Psychologiestudent weltweit lesen muß, die Todesstrafe so fleißig exekutieren wie nie, immer noch in der absoluten Zweiteilung zwischen Menschen, die gut sind und verdienen zu leben, und Menschen, die böse sind und nicht mehr zu leben verdienen. Wir haben mit einem Wort durch die Säkularisation der mythisch-religiösen Vorgaben immer noch totalitäre Ansprüche und benötigen sie zumindest im Krisenfall zur Stabilisierung unserer gesellschaftlichen Praxis. In dieser Situation wäre die Religion dringend als Korrektiv gefragt, und es ist sehr schlimm, das Christentum in einem Zustand zu sehen, wo es in Kirchenverwaltungen nichts weiter will als das Arrangement mit der bürgerlichen Macht.

„Das Christentum hat eine falsche Einstellung zur äußeren Natur."

Herr Drewermann, wir danken Ihnen für das Gespräch.

Das Interview führten Luzia Schuhmacher, Thomas Gutknecht und Siegfried Reusch.

Götter, Gräber und Versehrte

Am Anfang war das Wort. Das Wort war „Bang!“. Da außer dem Wort noch nichts war, wog das Wort unendlich viel und war entsprechend groß. Das Wort, die Einheit, zerplatzte aus einer Not der Evolution (oder den Gesetzen aller gut geschriebenen Geschichten) heraus zur Vielheit. Es entstanden die Elemente, oben und unten, die Systeme. Es entstanden die verschiedenen Baugruppen des „Universums“, der Mensch als Erfinder und Vollstrecker der Ideen. Zum Beispiel der von der „universalen“ Gültigkeit von was auch immer – im Wortstamm hallt die Einheit nach, und das Wort ist als Hintergrundstrahlung noch immer meßbar.

Die wirrsten Schöpfungsmythen sind die unbescheidenen, die gleich zu Beginn irgendwo verzeichnen, daß der von Anfang an An*wesende* ein Wohlgefallen an der Entwicklung hatte. Der Gott sieht, es ist gut. Das genügt ihm nicht, er macht weiter, bis noch mehr zu sehen ist. Da fängt der Monotheismus an, bei dem Betrachter mit stereoskopischen Sinnen wie zum Beispiel *zwei* Augen gebeten werden, eines derselben zuzudrücken. Auf der Tonspur sind (in Rechthabe-Mono) zu hören: Donner, Blitze, das Röcheln der vielfältig Gefolterten, also Gläubigen, und ein tiefes, väterliches (nach Auslegung auch mal mütterliches, was im Kern nichts ändert) Rülpsen. Ein Bild, alttestamentarisch, selbstverständlich schwarzweiß: Der Chef vom Dienst des Universums, der seine Untertanen zu bemerkenswert universellen Verhaltensregeln wie „Beachte die EU-Richtlinien zur Rindfleischeinfuhr“, „Kauf nicht bei der Konkurrenz“ oder „Du sollst nicht die ungesäuerten Ziegen deines Nachbarn begehren(!!!)“ verdonnert (siehe Tonspur). Manche der grundlegenden Regeln sind allerdings nur aus einer bestimmten historischen und regionalen Konstellation heraus zu verstehen – so das berühmte „Du sollst nicht morden“ (es handelt sich hier um die richtige Übersetzung des hebräischen „lo tirtsach“; „Du sollst nicht töten“ ist die abendländische Anpassung des Spruchs an zivilisatorisch hochstehende Doppelmoral). Das Morden, also das ungerechtfertigte Töten, zu unterlassen ist ein Appell zur Beachtung des in Wüstengegenden enorm wichtigen Gastrechts. Das Gastrecht des Gottes wiederum bei seinen Auserwählten ist ein begrenztes und den historischen Moden unterworfen. Sucht er sich sein Volk der Auserwählten, gibt er sich patriarchalisch-blutrünstig, hat er es gefunden, schickt er butterweiche, langhaarige Stellvertreter los, geht es ihm statistisch dreckig, läßt er Papamobile bauen oder verschwindet in der dünnen Abstraktion von theologischem Nonsens. Tritt man einen Schritt von seinen Schlachtfeldern und den Bibliothekskilometern von Büchern zurück, erinnert ein monotheistischer Gott immer an einen überlasteten Erziehungsberechtigten, und die Geschichte eines Gottes und seiner Auserwählten ist die einer schwierigen Kindheit. Mal mit harter Prügel, mal mit generösen Entschuldigungsschreiben, mal acht Wochen auf Kur. Die Stätten seiner Anbetung sind symbolische Wochenbetten, in denen vor dem weiteren Verlauf der Geschichte gewarnt wird. Die tatsächlichen „unbefleckten Empfängnisse“ sind die Momente der Stiftung: die Begegnung Mohammeds mit dem Erzengel, Moses' vierzigtägige Bergwanderung, Jesu mißlungener Versuch, im Tempel billig einzukaufen – Ehen, durch Zufall, Abfall, Bruch langweilig gewordener älterer gestiftet. Alleinstehende Götter legen großen Wert auf den Buchstaben (des Gesetzes) und Schriftlichkeit im allgemeinen. Sie weisen ihre Gläubigen immerzu an, ein bestimmtes Buch für das einzige zu halten; der Rest sei nur noch als Kommentar und neueste Auslegung geduldet. Das führt zu Tricksereien in der jeweiligen intellektuellen Zunft, die später von hochnäsigeren Zeiten als dunkles Mittelalter diffamiert werden, weil niemand klar sagen durfte, daß der Gott *sooo* einen Bart hat oder mit seinem Bilderverbot schlecht für die Werbung ist.

Anders die polytheistischen Gottheiten: Sie wirken etwas netter und unverkrampfter, weil ihr Benehmen, gerade wenn sie als Horde auftreten, an den Kindergarten im Rotlichtviertel erinnert. Im Gegen-

Ein monotheistischer Gott erinnert immer an einen überlasteten Erziehungsberechtigten, und die Geschichte eines Gottes und seiner Auserwählten ist die einer schwierigen Kindheit.

satz zu gestrengen bis verklemmten Monogöttern lassen sie sich sowohl kunterbunt miteinander als auch mit Menschen und Tieren ein. Ohne scholastische Winkelzüge wechseln sie ihre Gestalt beliebig, wie Zeus, oder geben sich dem Menschen als Puzzle zu erkennen (Osiris, dessen Körper in Stücken über das ganze Land Ägypten verteilt wurde). Der Poly-Durchschnittspantheon ist enorm einwandererfreundlich und legt auf hohe Mitgliederzahlen Wert: Die Römer zum Beispiel brachten von ihren Feldzügen die Götter der Besiegten zur Integration mit. Das hinduistische Indien, das wiederum über Jahrtausende ständig Ziel von siegreichen Eroberern war, brachte es Anfang dieses Jahrhunderts auf dreihundert Millionen Einwohner zu geschätzt genausoviel Awataren von Haus-, Dorf-, Wald- und Wiesengottheiten bis zu Shiva, Vishnu und Brahma. Ein Gott pro Kunde! Das führt zu paradiesischen Zuständen am Arbeitsplatz des Einzelgottes: Der immerhin für das Erschaffen und Zerstören zuständige indische Gott der Dialektik, Shiva, kann es sich leisten, mal ein ganzes Weltzeitalter (viele bis sehr viele Jahre) auszusetzen und gepflegt bekifft auf einer hohen Bergspitze Meditationsurlaub zu machen. Auch wenn diese Mannigfaltigkeit und das Laisser-faire für den Gottesuser nach Demokratie und Wahlmöglichkeiten riechen: Im Gegensatz zu marktwirtschaftlichen Göttern der Neuzeit (siehe unten) wie dem Katalog und dem 24-Stunden-Bestellservice sind Polygötter nicht ständig lieferbar und wegen Eifersuchtsanfällen als Sammelobjekte nicht brauchbar. Im Extremfall fallen sie sich gegenseitig an und stören die bestgemeinte Anbetung. Ihr chronischer Erlebnishunger kommt daher, daß sie ständig neue Geschichten erfinden, um lebendig zu bleiben. Kein abgeschlossenes Buch, kein einmal aufgetischter Dekalog oder ähnliches ist ihr Ziel, sondern die Serie, so etwas wie metaphysisch überhöhte gute Zeiten, schlechte Zeiten. Also sind sie Kinder, fern von Zarathustras Lampe, und aus ihren Reihen steigt von Zeit zu Zeit einer auf, der den Rest abwürgt und von vorne anfängt – erwachsen geworden, verlegt er den Bang seiner Machtübernahme an den Anfang von allem (siehe oben) und die Hoffnung ins Jenseits. Daraus die einfache Gleichung „Aus Poly wird mit der Zeit Mono" abzuleiten wäre genauso absurd wie die umgekehrte Idee von der Polyphonie als Krönung der Musikgeschichte. Eher denkbar, daß eine weitere Existenz der Menschheit (so möglich) von hunderttausend Jahren x neue Varianten der gleichen Leier „Ein Verantwortlicher oder ein Leitungsgremium muß her" ergibt. Respekt also für die Schönheit und Dummheit, die in solchen Erfindungen liegt!

Daß es sich bei all solcher Metaphysik, ob mono oder poly, nur um eine groteske Vergrößerung allgemein menschlicher Effekte und Defekte handeln kann, ist die einzige Idee, die die Ungläubigen aller Klassen vor den angedrohten Paradiesen retten könnte. Zwar gibt es Vorschläge in Güte, wie den, an die Vermenschlichung von einfach allem zu glauben (Pantheismus, allgemeine Beseelung, die an der Existenz von Fahrkartenautomaten scheitert) oder den Glauben an die Lücke, die viele abgeschaffte Götter hinterlassen (Buddhismus, harte Disziplin des Glaubenden, sich selbst abzuschaffen), aber die sind genauso einseitig wie der Glaube ans Sein, an die Phänomene, an die Ideen, weil sie alle nur im Schatten der Götter arbeiten und auf deren Müllkippe. So wie die Philosophie gestrecktes Opium ohne Volk ist, füllt eine Religion nur die Lieferschwierigkeiten der je anderen auf. Es scheint, ein Bedürfnis wie das nach Weihrauch, Betäubung und destinativer Sicherheit läßt sich nur mit gröbsten Mitteln befriedigen. Vielleicht hilft es weiter, den Blick von den Göttern und deren Gräbern abzuwenden hin zu den Versehrten. Das Augenfälligste an einer funktionierenden Religion ist immer deren alltägliche Präsenz, die dem Beteiligten als selbstverständlich und dem Beobachter als despotisch erscheint. Für die Jetztzeit stellt der Beobachter eine Tyrannei des Straßennetzes, des Materialismus einfacher Machart fest, die weltweit an käuflichem Boden gewinnt. Der Verwalter des Logos des Ganzen, der Betriebswirtschaftler, murmelt die dunkle Litanei: Monopol, Polypol, Oligopol, das Mantra der Konzentration. Pythagoreer haben Spaß an den harmonischen Beziehungen der Börsenzahlen, Platoniker sehen nach innen: nur noch verwischte Schatten in ihrer Stirnhöhle. Die Götter kommen und gehen, die Gräber aber bleiben, wenn auch versehrt.

Ingo Anhenn

Ulrich Horstmann

Allmacht und Selbstverwüstung

Zur Wiederentdeckung Philipp Mainländers und seines lebensmüden Weltenschöpfers

Philipp Mainländer: Freie Zeichnung von Keuchenius (nach dem Text)

Zur Unperson wurde Philipp Mainländer nicht zuletzt durch einen selbst unehrenhaft aus der akademischen Truppe Entfernten. Der Rufmörder hieß Friedrich Nietzsche und räumte in der *Fröhlichen Wissenschaft* mit der „Ungeschicktheit dieses nach-Schopenhauerischen Pessimismus" auf: „... durfte man solche Dilettanten und alte Jungfern wie den süßlichen Virginitätsapostel Mainländer unter die guten Deutschen zählen? Zuletzt wird es ein Jude gewesen sein (alle Juden werden süßlich, wenn sie moralisieren)." Nietzsche wollte mit dem Hammer philosophieren, weil so viele nur noch behutsam vor sich hinziselierten. Gut; aber diesmal traf der wuchtige Schlag das Allerkostbarste in diesem Metier: eine Idee. Denn Mainländers *Philosophie der Erlösung* ist zwar auch alles das, was ihre gebildeten Zeitgenossen so abstieß: verschroben, unausgewogen, durch den Selbstbehauptungswillen eines Autodidakten deformiert, aber gleichzeitig unzweifelhaft ein großer Wurf, ein aufregendes Buch, die erste und einzige Metaphysik der Entropie (siehe Kasten), die wir besitzen.

Ein furchtbarer Verdacht wird darin auf den Begriff gebracht, die Denkmöglichkeit mit letzter Konsequenz durchgespielt, daß diese Welt sich nicht nach dem Wendeltreppenprinzip immer höher hinaufschraubt und emporwindet, sondern eher wie das Schneckengewinde eines Fleischwolfs funktioniert, der auf die Verarbeitung jeder Form von Materie eingerichtet ist. Verschleiß und Vernichtung rücken unter dieser Perspektive zum eigentlichen Endzweck der kosmischen Veranstaltung auf; Höher- und Weiterentwicklung finden zwar statt, aber keineswegs als gegenläufiges Prinzip, sondern als flankierende Maßnahme. Evolutionsgeschichte beschreibt nichts anderes als die Mittel und Wege, auf welche die Natur zum Zwecke der Erhöhung des Stoffdurchsatzes und der Rotationsgeschwindigkeit der Transportschraube verfallen ist.

Dieses Weltbild setzte sich bei Mainländer, der mit bürgerlichem Namen Philipp Batz hieß, vielleicht schon in frühester Jugend fest, denn er und seine vier Geschwister waren allesamt, wie er einmal formuliert, „Kinder ehelicher Notzucht". Die Atmosphäre im Fabrikantenhaushalt Batz muß eine Art schleichendes Gift enthalten haben, das schon 1859 einen seiner Brüder in den Freitod trieb und später noch zwei weitere Opfer fordern sollte. Mainländer erreichte die schreckliche Nachricht in Neapel, wo er insgesamt fünf Jahre in einem Handelshaus tätig war. In dieser Zeit liest er neben Petrarca, Boccaccio, Tasso und Leopardi auch zum ersten Mal Schopen-

> *„Das* **Entropiegesetz** *ist gleich dem* **Zweiten Hauptsatz der Thermodynamik**. *Der Erste Hauptsatz besagt, daß der Betrag der gesamten Materie und Energie des Universums konstant ist ... Der Zweite Hauptsatz stellt fest, daß Materie und Energie nur in eine Richtung verändert werden können, nämlich von einer* nutzbaren *Form in eine* nicht-nutzbare, *von einer* verfügbaren *in eine* nicht-verfügbare, *von einer* geordneten *in eine* ungeordnete. *Die Grundaussage des Zweiten Hauptsatzes ist, daß alles im Universum eine Struktur besaß und sich unwiderruflich auf ein Chaos zubewegt ... Wann und wo immer auf der Erde oder im Universum eine geordnete Struktur geschaffen wird, geschieht dies nach dem Entropiegesetz auf Kosten einer größeren Unordnung in der jeweiligen Umgebung."*
> *Zitiert nach: Rifkin, Jeremy: Entropie. Ein neues Weltbild. Frankfurt 1985, S. 15 f.*

hauer, der seine Sicht der Dinge auf das nachdrücklichste bestätigt und zum „Ferment" seines eigenen Nachdenkens wird.
Gären allerdings sollte es bis zur endgültigen Niederschrift der *Philosophie der Erlösung* noch mehr als zehn Jahre, wenn sich auch 1866 im dritten Teil seines – im übrigen unsäglichen – dramatischen Gedichts *Die letzten Hohenstaufen* schon eine bildliche Vorwegnahme der Leitidee findet. Dort nämlich beschreibt Galiane, die Geliebte Konradins, verstört eine metaphysische Vision. Auf einer weiten Ebene schläft je ein Exemplar aller Geschöpfe dieser Erde, und, so die Seherin, „ich erstaunte mich ob des großen Friedens". Der aber währt nicht lange, denn auf einen Weckruf hin erhebt sich alles und fällt übereinander her. Ein furchtbares Gemetzel und Zerfleischen hebt an, das immer grauenvoller wird, weil es nicht enden kann, „denn aus den Getöteten erwuchsen immer wieder neue Wesen".
Im Traum kommt endlich die Nacht, und eine Stimme preist jene ganz andere Welt, von der gelten soll: „Hier ist kein Werden, hier ist kein Vergehen, hier ist kein Kampf … (nur) ewiger Friede." Nach diesem Nicht-mehr, nach dem Ausschalten des Fleischwolfs Realität und dem Ende jener produktiven Notzucht, die für Nachschub sorgt, hat sich Mainländer ein Leben lang gesehnt. Sein philosophisches System, das er in Fragmenten Anfang der siebziger Jahre zu konzipieren begann, ist der verzweifelte Versuch, die Endlichkeit der Schöpfung und damit des Leidens nachzuweisen. Und es soll noch ein zweites leisten, nämlich die Sinnhaftigkeit der Selbstatomisierung des Kosmos verdeutlichen, damit die ungeheuerlichen Opfer nicht umsonst gebracht wurden.
„Das Herz will etwas haben, woran es sich anklammern kann, einen unerschütterlichen Grund im Sturm des Lebens", schreibt Mainländer später und reibt sich ebenso an seinem Lehrer Schopenhauer, dessen elitärer Pessimismus die Masse „höhnisch" ihrem Schicksal überlasse, wie an einem empiristischen Schulterzucken gegenüber den Welträtseln. „Zu sagen: ‚Die Welt ist durch einen Urzufall', kommt dem Verzichte gleich, sie zu erklären. Einen Weg der Welt ohne Zweck und Ziel und Ende annehmen heißt den tiefernsten Charakter, den der ganze Verlauf dieses Prozesses an sich trägt, zu einem vollendet grausamen zu verschärfen. Was hat eine Philosophie, die von solchen Voraussetzungen ausgeht, dem Individuum, das nach Erlösung von der Qual des Daseins schreit, an Trost zu bieten?"
Tröstung ist eine entscheidende Funktion der Religion, und ihr Heilsgarant heißt Gott. Energisch reklamiert Mainländer ebendiese Aufgabe jetzt für die Philosophie, die bei ihm den Weltsinn allerdings auf ganz ungewöhnliche und unerhörte Weise transzendental (als Bedingung, die erfüllt sein muß, damit Erkenntnis von Seiendem möglich ist) verankert. Denn das Göttliche verwirklicht sich in seiner Schöpfung nicht mehr, um in einem umfassenderen Sinne zu existieren, sondern gerade, um sich zu entewigen, um sterben zu können. Die Schöpfung ist der Selbstmord des Demiurgen (Weltenschöpfers).
„Die Theologen aller Zeiten haben unbedenklich Gott das Prädikat der Allmacht gegeben, d. h. sie legten ihm die Macht bei, alles, was er wollte, ausführen zu können. Keiner jedoch dachte hierbei an die Möglichkeit, daß Gott auch wollen könne, selbst zu Nichts zu werden. Diese Möglichkeit hat keiner je erwogen. Erwägt man sie aber ernstlich, so sieht man, daß in diesem einzigen Falle Gottes Allmacht, eben durch sich selbst, beschränkt, daß sie keine Allmacht sich selbst gegenüber war." Das Transzendente (das die Grenzen möglicher Erfahrung Überschreitende) kann sich folglich, gerade weil es den Sonderstatus der Omnipotenz (Allmacht) besitzt, nicht einfach selbst durchstreichen und aufheben, es muß seine Substanz vielmehr mühsam über den wechselseitigen Abrieb myriadenfacher Vergegenständlichung wegerodieren: „Gott erkannte, daß er nur durch das Werden einer realen Welt der Vielheit, nur über das immanente Gebiet, die Welt, aus dem Übersein in das Nichtsein treten könne."

Die Schöpfung ist der Selbstmord des Weltenschöpfers.

Am Anfang also war „der Wille zum Ende". Alles durchwaltet dieser urtümliche und unbeeinflußbare Trieb, der immer schon auf Abnutzung, Verschleiß, Vernichtung abzielte und dessen auf den ersten Blick überwältigende schöpferische und konstruktive Potenz nach Mainländer im Endeffekt nur dazu dient, den Verfall zu beschleunigen, so wie der Mensch immer komplexere Maschinen einsetzt, um beispielsweise Urwälder zum Verschwinden zu bringen oder eigene Bauwerke wieder einzureißen.
Das Leben hat als bisher effektivster Entropievermehrer (siehe Kasten) zu gelten und der Homo

Die Verheerungen, die unsere Gattung auf ihrem Planeten angerichtet hat und über die die Ökophilen unermüdlich lamentieren, sind kein Betriebsunfall der Evolution, sondern ihr höchster Triumph.

sapiens zumindest in dieser Hinsicht weiterhin als Krone der Schöpfung. Die Verheerungen, die unsere Gattung auf ihrem Planeten angerichtet hat und über die die Ökophilen unermüdlich lamentieren, sind demnach kein Betriebsunfall der Evolution, sondern ihr höchster Triumph. Und auch das selbstbewirkte Verschwinden dieses aufrechten Säugers ist ganz in der kosmischen Ordnung, wenngleich sich die Philosophie der Erlösung von unserem Abgang nichts verspricht, das dem ähnelte, „was man auf dem Theater einen Knalleffekt nennt".

Das ganze, sich „in gewaltigster Tension" (Tension: Spannung; Druck) befindende Weltall steht unter dem „Gesetz der Schwächung der Kraft". Deshalb wehrt sich Mainländer auch zu keinem Zeitpunkt gegen den kosmischen Shredder, sondern schlägt sich rückhaltlos auf die Seite des Ruinösen. „Der Streit ist der Vater aller Dinge, sagte Heraklit. Ich füge hinzu: Es kann gar nicht genug Reibung in der Welt sein." Da die menschliche Zivilisation in dieser Hinsicht als ein Multiplikator par excellence zu gelten hat, findet sich in Mainländers Werk sogar eine breit ausgeführte Theorie des „idealen Staates" mit sozialistischen und kommunistischen Zügen. Aber auch diese Utopie eröffnet keineswegs einen heilsamen Ausweg, sondern bleibt Mittel zum Zweck, Subsystem jener Selbstzerstörungsmaschine Welt, deren Daseinsgrund sich für den modernen Leser vielleicht am eindrücklichsten durch den Hinweis auf die selbstzerstörerischen kinetischen Skulpturen eines Jean Tinguely veranschaulichen läßt.

Der Mensch, so das ernüchternde Resultat (selbst einer spekulativen sozialen Optimierung), kann gar nicht anders, als sein destruktives Scherflein zum sich immer höher auftürmenden Trümmerhaufen beizutragen. Der Teufel und der Heilige arbeiten sich dabei gegenseitig in die Hände; der Asket biegt nur einen größeren Teil der Vernichtungsenergien auf sich selbst zurück als der Schwelger, der Kinderlose bleibt ebenso ein Zahn in dem großen Mahlwerk wie der Zeugungswütige, der zusätzlich „Reibeflächen" schafft.

Diese Unausweichlichkeit der Abläufe, das Sich-Einebnen der Wirklichkeit, ihr Zusammenfallen im Nichtigen heißt in den Naturwissenschaften Entropie. Dieses Konzept wurde 1850 von dem deutschen Physiker Rudolf Clausius entwickelt und keine zehn Jahre später von Helmholtz „kosmologisiert", wobei die Analogien zum Deutungsversuch Mainländers ins Auge stechen. Allerdings scheint es mehr als fraglich, ob Mainländer mit den Arbeiten von Clausius und Helmholtz vertraut war. Die wissenschaftliche Schutzbehauptung, hier habe jemand abgeschrieben, ist nicht plausibel. Außerdem ergeben sich spiegelbildliche Ähnlichkeiten wie die vorliegende ja auch im Schoß von Mutter Natur nicht dadurch, daß ein Zwilling den anderen nachäfft, sondern erklären sich durch denselben Ursprung.

Im vorliegenden Fall ist das nicht anders. Bei Mainländer wie im Zweiten Hauptsatz der Thermodynamik (siehe Kasten) bricht dieselbe archaische Vorstellung wieder auf, manifestiert sich der nämliche uralte Mythos: das Wissen um die langsame Kadaverisierung der Welt, die Saga vom großen Verkommen. Daß diese im wissenschaftlichen Gewande der Entropie den neuzeitlichen Rivalitätsmythos des Fortschritts, Aufstiegs, der Perfektibilität infiltriert hat und ihm schon längst zum trojanischen Pferd geworden ist, beweist nur ihre Kraft und Übermächtigkeit, von der allein ein paar kurze Jahrhunderte wissenschaftlicher Wundergläubigkeit nichts mehr wissen wollten.

Mainländer erlebt das lässige Abwinken nicht mehr, mit dem die Gründerzeit seinen philosophischen Alptraum beiseite schiebt. Anfang 1876 korrigiert er die Druckbogen seines Hauptwerks, verfaßt die Novelle *Rupertine del Fino*, bringt seine Lebenserinnerungen zu Papier und schreibt die sechshundertfünfzig Seiten des zweiten Teils der

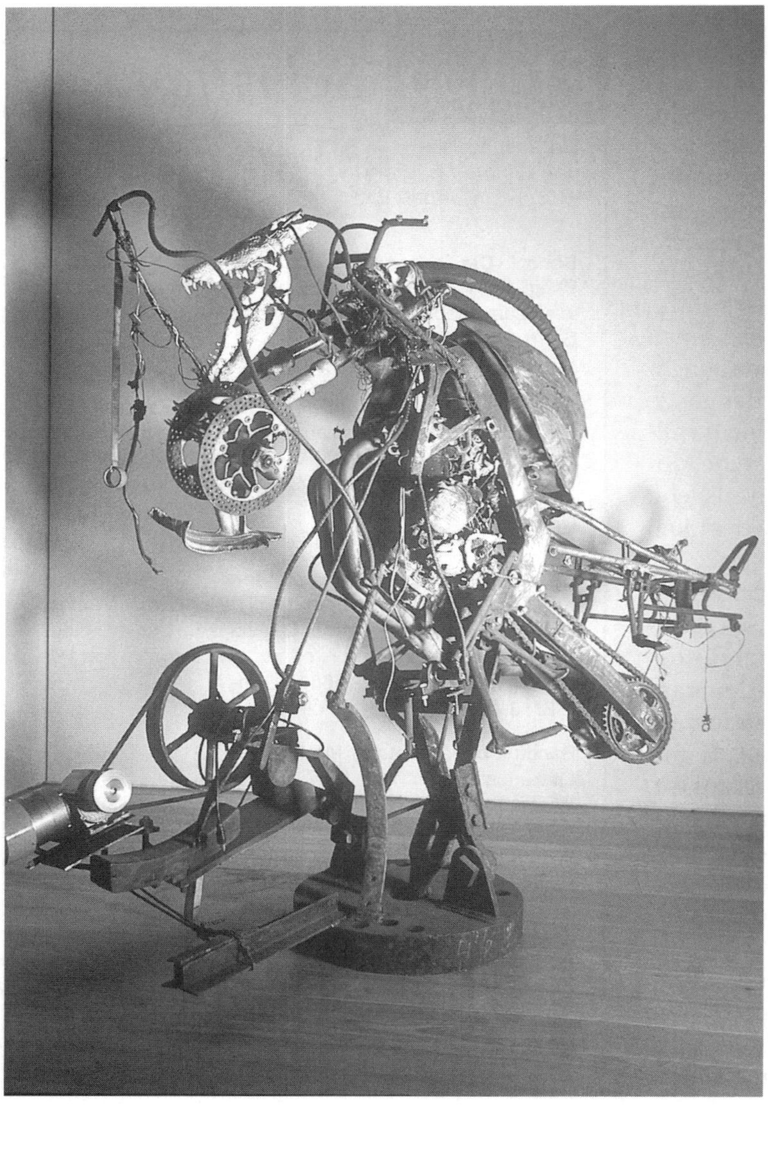

Jean Tinguely: La Moto de la Mort, 1989, 186 x 210 x 100 cm, Schenkung Niki de Saint Phalle. Foto: Christian Baur, Basel. Mit freundlicher Genehmigung des Museum Jean Tinguely, Basel

Philosophie der Erlösung. Welchen Raubbau er damit an seinen Kräften treibt, ist ihm ebenso klar wie das fast schon Testamentarische dieser letzten Anordnungen. „Es ist alles Ährenlese auf abgeernteten Feldern", heißt es in einer Aufzeichnung aus dem Dezember 1875, „daß neben die drückenden Arbeiten, durch eine eigentümliche Hast, die ähnlich der Hast des Insekts ist, mit der es im Herbst seine letzten Eier legt, um darauf zu verenden, noch eine berauschende duftige Nachblüte meines Geistes getreten ist, ist Nebensache."

Ende Februar zeichnet sich dann der Zusammenbruch überdeutlich ab, dessen Symptomatik in vielem dem geistigen Kollaps seines Kritikers Nietzsche gleicht. Mainländer war sich jetzt sicher, daß in ihm „die Gottheit schreibt", daß „der Geist, in dem ich vor der Welt war, meine Hand führt". Seine Schwester herrscht er an: „Wenn du mich hindern willst, zertret' ich dich", und fordert sie auf, „den Saum seines Kleides zu erfassen und dann die Augen zu verschließen", damit sie kein Schwindel überkomme. Er spürt eine ungeheure Metamorphose (Verwandlung), glaubt sich nicht mehr todgeweiht, sondern schon verklärt, will im Handumdrehen vom Philosophen und Theoretiker der Erlösung zum politischen Heiland werden – Erbe Lassalles und sein Überwinder in einem: „Die Rede, die mich sofort auf die höchste Woge der Partei heben wird, liegt in den Grundzügen vor mir und ihre Ausarbeitung verlangt nur zwei Tage. Ich brauche dann nur mit den Führern der heutigen Sozialdemokratie zwei Worte zu sprechen, dann eine Versammlung in Frankfurt zu berufen und am dritten Tage werden alle Zeitungen von mir reden und alle Arbeiter mit verzehrender Glut an meinem Munde hängen."

Aber nirgendwo erschienen Aufmacher über den neuen Volkstribun; es gab nur eine kleine Notiz im Polizeibericht. In der postum veröffentlichten *Soldatengeschichte* erklärt sich Mainländer seinen befremd-

> **„Der Streit ist der Vater aller Dinge, sagte Heraklit. Ich füge hinzu: Es kann gar nicht genug Reibung in der Welt sein."**
>
> ***P. Mainländer***

lichen Drang zu den Waffen einmal damit, daß er wohl auf dem Schlachtfeld sterben solle. Diese Ahnung hat ihn nicht getrogen. Nur war es die Walstatt eines Philosophen, und die fällt in der Regel bescheidener aus als die von Volk und Vaterland. Mehr als ein paar Quadratmeter sind nicht nötig für das letzte Gefecht gegen sich selbst.

Philipp Mainländer besiegte Philipp Batz in der Nacht zum 1. April 1876. Am Vortage waren die ersten, noch druckfrischen Exemplare der *Philosophie der Erlösung* eingetroffen. Sein Leben habe nun keinen Sinn mehr, soll der Empfänger geäußert haben, bevor er die Treppe zu seinem Zimmer hinaufstieg. Dort oben war es so still wie vor der Erschaffung der Welt. Mainländer dachte an Gott. An jenen Gott, der es in der ewigen Seligkeit und in der Vollkommenheit seiner Transzendenz nicht mehr ausgehalten hatte und deshalb aufbrach ins Nichts. Sein Prophet hatte Zeugnis abgelegt, jetzt überließ er sich selbst dem Sog. Als sich die Schlinge zuzog um den Hals dieses neben Jean Améry vielleicht größten Schutzheiligen all derer, die Hand an sich legen, hörte er ein paar Sekunden lang nur das Pulsen des Blutes in den Ohren. Dann aber drang langsam, ganz langsam etwas anderes durch und übertönte, fraß, verschluckte alles andere. Ein Mahlen war es von unerbittlicher, von diamantener Härte, ein Knirschen, Schleifen und Schrammen...

Literatur:

Die lange überfällige Wiedergutmachung kommt nicht schamrot, sondern kardinalslila daher und umfaßt vier Bände. Seit Anfang des Jahres ist die von Winfried Müller-Seyfahrt besorgte Werkausgabe Philipp Mainländers komplett und dieser Philosoph zum ersten Mal seit seinem Freitod im Jahre 1876 wirklich präsent: *Mainländer, Philipp: Schriften. Vier Bände, hrsg. von Winfried H. Müller-Seyfahrt. Olms Verlag, Hildesheim 1996–1999*

Ulrich Horstmann ist Professor für Neuere Englische und Amerikanische Literatur am Institut für Anglistik und Amerikanistik der Universität Gießen.

Gottesbeweise

In der Tradition des Christentums hat sich ein Gottesbegriff entwickelt, demzufolge Gott als ein absolutes, transzendentales, geistiges und personales Wesen gedacht wird. Dieser Gott kann nicht empirisch (in der Erfahrungswelt) erkannt werden, wodurch sich das Bedürfnis ergeben hat, durch Beweise, die mehr als bloße Erhebung des Gemüts zu Gott ausdrücken, sein Wesen und seine Existenz unabhängig von dem auf Offenbarungsinhalten beruhenden Glauben zu demonstrieren. Offenbarungsinhalte können zwar subjektiv für absolut wahr gehalten werden, können aber nicht wie ein mathematischer Beweis objektive Gültigkeit beanspruchen. Da der christliche Gottesbegriff beinhaltet, daß Gott der Schöpfer dieser Welt (dieses Universums) sei, ist auch die Frage nach dem Anfang beziehungsweise Ursprung der Welt im Sinne einer objektiv gültigen Erkenntnis gestellt. Diese Frage wiederum ist nicht spezifisch christlich, so daß Überlegungen christlicher Autoren zum Gottesbeweis auf Gedanken zurückgreifen konnten, die auch in vorchristlichen Kulturen oder in säkularisierten (weltlich gewordenen) Theorien auftreten. (Und letztlich lassen sich alle weiteren Arten von Gottesbeweisen immer auf einen Grundtypus der hier dargestellten wichtigsten Beweisarten zurückführen.)

So konnten christliche Philosophen ohne Schwierigkeiten auf Ausführungen zurückgreifen, die Aristoteles in der *Physik* und in der *Metaphysik* gemacht hatte. Hier ging es in den sogenannten Bewegungsbeweisen um die Frage, ob alle Veränderungs- beziehungsweise Verursachungsprozesse einen Anfang haben oder nicht. Diese Frage überrascht deshalb, weil in der Zeit des Aristoteles ein zyklisches Weltbild vertreten wurde. Aristoteles fragt, ob eine Kette von Veränderungen oder Verursachungen irgendwann einmal begonnen habe oder ob man einen „schon immer" vorhandenen Prozeß denken müsse. Dabei geht er von dem jetzigen Zustand der Welt aus: In diesem Augenblick gibt es Veränderung oder Verursachung. Das, was jetzt verursacht wird, wird durch etwas verursacht, was nicht mit ihm identisch ist, da die Ursache dem Verursachten ontologisch gesehen (dem Sein nach) vorausgehen muß. Würde man das nicht annehmen, ergäbe sich die aller Erfahrung widersprechende Konsequenz, daß etwas, was noch nicht existiert, sich selbst verursacht (= zu einem Seienden macht). Bevor also etwas entstehen kann, muß ein anderes existieren, was schon ist und wirken kann. Da aufgrund unserer Erfahrung von diesem Seienden, das Ursache werden kann, angenommen werden muß, daß es nicht „schon immer" existierte, muß auch dieses eine Ursache haben. Es ergibt sich eine Kette von Seiendem, wobei jedes einzelne Glied in Hinsicht auf ein späteres Ursache und in Hinsicht auf ein früheres Verursachtes ist. Zwar gibt es jetzt für jedes Seiende (als Glied in einer solchen Kette) einen Anfang und Ursprung, aber es erhebt sich die Frage, ob diese Kette ohne Anfang ist. Nach Aristoteles ist eine Kette ohne Anfang unmöglich, weil sie sonst unendlich wäre; er geht davon aus, daß es einen Anfang einer jeden Kette geben müsse, aber dieser Anfang ist notwendigerweise unverursacht. Einen solchen unverursachten, aber verursachenden Anfang benennt Aristoteles als „den Gott".

Ein Beweis von einem völlig anderen Typus ist der des Anselm von Canterbury (jedenfalls stammt die erste volle Ausgestaltung von ihm), der gewöhnlich „ontologischer Gottesbeweis" genannt wird, wobei diese Bezeichnung von Kant stammt. Der Beweis Anselms ist folgendermaßen aufgebaut: Gott ist das Wesen, über das hinaus kein vollkommeneres gedacht werden kann. Wäre dieses Wesen nicht existent, sondern nur gedacht, so würde ihm die Vollkommenheit nicht wirklich zukommen. Ein Wesen, dessen Vollkommenheit nicht steigerungsfähig ist, muß daher notwendigerweise existieren: Also existiert Gott. Gegen diesen ontologischen Beweis wurde sofort (von dem Mönch Gaunilo) eingewandt, daß eine solche Überlegung nicht nur auf Gott, sondern auf alles mögliche, zum Beispiel auch auf eine Insel anzuwenden wäre: die Insel, über die hinaus eine vollkommenere nicht gedacht werden kann, muß notwendig existieren – was jeder als unsinnig zurückweisen würde. – Eine zu Anselms Gedankengang ähnliche Überlegung liegt einer Argumentation von Augustinus zugrunde, die von Descartes wieder aufgegriffen wurde: Jeder Mensch hat von Natur aus einen Begriff (idea) von Gott als dem absolut vollkommenen Wesen. Diesen Begriff kann er nicht selbst gebildet haben, weil er als Mensch unvollkommen ist, und der Begriff kann auch nicht aus etwas anderem Unvollkommenen stammen. Also muß der menschlichen Natur ein solcher Begriff von diesem absolut vollkommenen Wesen selbst eingegeben worden sein, folglich muß dieses auch existieren. Dieser Beweis hat eine ähnliche Form wie der ontologische.

Der Beweis des Anselm wird von Thomas von Aquin als unzureichend kritisiert – fast mit denselben Argumenten, mit denen Kant in der *Kritik der reinen Vernunft* den ontologischen Beweis kritisiert, ohne die Argumentation von Anselm zu kennen. Nach Thomas ist es nicht klar, ob Existenz eine Vollkommenheit darstellt und ob demnach das Gedachtsein etwas Unvollkommenes wäre; daran aber hängt die Gültigkeit des anselmischen Beweises. Ob die berühmten „fünf Wege" am Anfang der *Summa theologica* des Thomas Gottesbeweise darstellen oder nicht, ist sehr umstritten. Zuerst stellt er die Frage, ob die Existenz Gottes evident (offensichtlich) sei, was er verneint; in diesem Zusammenhang kritisiert er Anselm. Danach wird in der Diskussion der Frage, ob die Existenz Gottes beweisbar sei, eine wichtige Vorentscheidung getroffen: ein Beweis der Denknotwendigkeit der Existenz wird akzeptiert, ein Beweis der Wesensbestimmung hingegen wird abgelehnt. Danach kommen die „fünf Wege", durch welche die Existenz bewiesen werden soll. Hier greift Thomas weitgehend ältere Gedanken auf. Die beste Beschreibung für den „teleologischen Beweis", der hier der „fünfte Weg" ist, gibt Thomas selbst im ersten Buch seiner Summe gegen die Heiden: „Es ist unmöglich, dass gegensätzliche und nicht übereinstimmende Dinge immer oder zumeist in einer einheitlichen Ordnung zusammenstimmen, wenn sie nicht unter jemandes Leitung stehen, durch die sie in ihrer Gesamtheit und als Einzelne auf ein bestimmtes Ziel hinstreben." Die zielgerichtete Ordnung der Welt verweist also auf das ordnende Prinzip. Der „Stufenbeweis" (vierter Weg) besagt, dass alles, was gut ist, nicht durch sich selbst gut ist, sondern durch etwas seine Gutheit hat, was das höchste Gut ist und alles Seiende nicht durch sich selbst ist, sondern das Sein vom höchsten Seienden hat, das wiederum nur durch sich selbst *ist*. Es gibt also eine Stufenfolge der Naturen, und wo es eine Folge gibt, muss es ein Oberstes geben. Dagegen geht der „Kontingenzbeweis" (dritter Weg) von der Zufälligkeit der Welt aus: Alles in unserer Welt kann sein, muß aber nicht sein; wenn es ist, war es zuvor nicht und es wird auch einmal nicht mehr sein. Wenn man nicht unsinnig behaupten will, etwas Kontingentes (Zufälliges) sei „schon immer" gewesen – das ist deshalb unsinnig, weil das, was „schon immer" ist, nicht kontingent sein kann –, dann muß diesem Kontingenten etwas vorangehen, durch das es bewirkt worden ist. Wenn dieses ein Kontingentes ist, gilt dasselbe: Das heißt, die Kette geht entweder ins Unendliche zurück oder sie muß einen Anfang haben, der durch etwas gesetzt wird, das nicht kontingent ist. Da Thomas wie Aristoteles bei der Verursachungskette eine solche Unendlichkeit nicht zuläßt, denn durch sie würde nichts erklärt, muß der Anfang ein Nichtkontingentes, ein Notwendigseiendes sein. Und nun sagt Thomas etwas, was man sehr aufmerksam lesen muß: „Und das nennen wir Gott." Er behauptet also nicht, daß das aus der Denknotwendigkeit erschlossene erste Notwendige, der erste Ursprung oder die erste Ursache als mit Gott identisch bewiesen sei. Die Existenz eines ersten Anfanges ist für Thomas denknotwendig und somit seinsnotwendig, aber die Identität mit dem Wesen Gott kann nicht bewiesen werden.

Thomas behält wie Aristoteles eine (ihm vielleicht nicht bewußte, weil nirgends problematisierte) Voraussetzung bei: Die Gesetze unseres Denkens sind auch die Gesetze der Realität; wenn wir logisch richtig denken, erfassen wir die Welt richtig. Wenn diese Voraussetzung in Frage gestellt wird, weil sie nicht bewiesen werden kann, dann ist ein Gottesbeweis nicht mehr zu führen. Jeder Beweis beruht auf Prämissen (Voraussetzungen), so wie jede Geometrie auf einer Anzahl von Axiomen (gültigen Wahrheiten, die keines Beweises bedürfen) beruht. So lange nur eine einzige Geometrie bekannt war, konnte man von ihrer universalen Gültigkeit ausgehen und in Analogie dazu erwarten, daß Denken und Realität dieselbe logische Struktur haben. Seit dem 19. Jh. ist die beliebige Konstruierbarkeit von Geometrien gezeigt, womit keine mehr als universal gültig angesehen werden kann. Für das Verhältnis von Erkennen und Realität haben der Nominalismus im 14. Jh. (demzufolge Begriffe nur subjektive Bewusstseinsgebilde sind) und später Kant gezeigt, daß die Identität der Denkgesetze mit den Gesetzen der Realität nicht zwingend und prämissenlos bewiesen werden kann. Gottesbeweise setzen wie jeder Beweis eine Reihe von Axiomen voraus, die selbst wiederum nicht als allgemeingültig erwiesen werden können. So hängen die Beweise, die die Verursachungskette von Seiendem betrachten, von der Gültigkeit des Verbotes des infiniten Regresses (das heißt, man kann keine unendliche Verursachungskette annehmen) ab, und der anselmische (= ontologische) Beweis hängt davon ab, ob die reale Existenz als ein Prädikat der Vollkommenheit akzeptiert wird. Die Gültigkeit einer solchen Voraussetzung kann nicht voraussetzungslos bewiesen werden, und so kann die Gültigkeit eines Gottesbeweises nicht endgültig bewiesen oder widerlegt werden. Letzten Endes gelten diese Bedingungen nicht nur für klassische metaphysische Gottesbeweise, sondern auch für moderne kosmologische Überlegungen zum Ursprung des Universums.

Dr. Martin Bauer ist Akademischer Oberrat am Institut für Philosophie der Universität Stuttgart.

Rituale

In einer ersten Annäherung lassen sich Rituale als Handlungen ohne Worte begreifen, die sich in Gesten ausdrücken. Lévi-Strauss hat sie als eine Sprache neben der Sprache bezeichnet, die als Handlungen nicht auf Worte reduzierbar sind. Rituale sind *körperliche Bewegungen,* die einen Anfang und ein Ende haben, die gerichtet sind und die den Beteiligten eine Position zuweisen. Rituale lassen sich als *symbolische, kodierte Körperprozesse* begreifen, die soziale Realitäten erzeugen und interpretieren, erhalten und verändern. Sie werden von Gruppen ausgeführt und sind normativ (vorschreibend/zwingend) bestimmt. Sie umfassen standardisierte Elemente und ermöglichen Abweichungen von diesen.

Über rituelles Handeln und Verhalten werden soziale Normen in die Körper eingeschrieben. Mit diesen Einschreibungsprozessen werden Machtverhältnisse einverleibt. Diese Prozesse verlaufen weitgehend außerhalb des Bewußtseins der Beteiligten und entfalten daher um so nachhaltigere Wirkungen.

Rituale lassen sich als *symbolische Aufführungen* begreifen, die sich von anderen Inszenierungen wie Theater, Oper oder Happening dadurch unterscheiden, daß sie in erster Linie von den und für die am Ritual Beteiligten durchgeführt werden. Rituale sind überwiegend *selbstbezüglich.* Wer sie inszeniert und aufführt, ist zumeist auch ihr Adressat.

Rituale erzielen ihre soziale Wirkung dadurch, daß sie sich der menschlichen Körper bedienen. Wenn *Rituale symbolisch kodierte Bewegungen des Körpers* sind, finden sie in einem historischen und kulturellen Kontext statt, können jedoch nicht auf ihre symbolische Bedeutung reduziert werden. Als körperliche Handlungen sind sie unmittelbar mit der Wahrnehmung (gr.: aisthesis) verbunden. Es gibt kein Ritual, zu dessen Vollzug und Verständnis es nicht der Sinne bedarf. Rituale stellen gleichsam *Fenster* dar, durch die hindurch die Dynamik betrachtet werden kann, mit deren Hilfe Menschen ihre kulturelle Welt einschließlich Familie und Schule schaffen, erhalten und verändern.

In der kulturanthropologischen Erforschung von Ritualen und Ritualisierungen lassen sich drei Schwerpunkte unterscheiden. Beim ersten stand die Erforschung von Ritualen im Zusammenhang mit Religion, Mythos und Kultus (Max Müller, Herbert Spencer, James Frazer, Rudolf Otto). Beim zweiten Schwerpunkt dienten Rituale dazu, Werte und Strukturen der Gesellschaft zu analysieren; herausgearbeitet wurde der Funktionszusammenhang zwischen Ritual und Gesellschaftsstruktur (Fustel de Coulanges, Emil Durkheim). Beim dritten Schwerpunkt wurden Rituale als Texte gelesen; Ziel war die Entschlüsselung der kulturellen und sozialen Dynamik der Gesellschaft. Hier richtete sich die Aufmerksamkeit auf die Bedeutung von Ritualen für kulturelle Symbolisierung und soziale Kommunikation (Victor Turner, Clifford Geertz, Marshal Sahlins).

Um die soziale Bedeutung von Ritualisierungen und rituellem Verhalten zu verdeutlichen, sollen zunächst Rituale anläßlich zentraler Lebenseinschnitte von kalendarischen Ritualen unterschieden werden. Zu den von Ritualen begleiteten zentralen Lebenseinschnitten gehören Geburt, Pubertät, Heirat, Scheidung, Tod. In diesen Zusammenhang gehören auch Rituale der Statuserhöhung, etwa am Ende der Schulzeit, des Studiums oder bei der Übernahme höherer Ämter. In diesen Fällen sind die Rituale an individuelle, familiale und an im Rahmen kleinerer Gruppen begangene Ereignisse gebunden.

Während früher die Handlungsspielräume bei der Durchführung von Ritualen relativ gering waren, so stehen heute überlieferte Rituale zur Disposition der Individuen. Individuen können und müssen entscheiden, in welchem Ausmaß sie sich auf Rituale einlassen, sie ändern oder neu gestalten. Trotz Vergrößerung des Handlungsspielraums sind die Handlungsmöglichkeiten des sozialen Subjekts eingeschränkt. In vielen Fällen gelingt es nur unter großer individueller Anstrengung, Rituale bzw. ritualisiertes Handeln zu modifizieren, außer Kraft zu setzen oder gar zu vermeiden. Bei den kalendarischen Ritualen handelt es sich um solche, die von großen Kollektiven gleichzeitig begangen werden. Zwar geht von diesen Ritualen eine starke Aufforderung zum Nachvollzug, das heißt zur sozialen Mimesis aus, doch hat sich auch in diesem Bereich der individuelle Entscheidungs- und Handlungsspielraum im Vergleich zu früher erhöht. In Ritualen liegen tradierte *Sozialformen* vor, die Jahr für Jahr, Generation für Generation Familien und Individuen auffordern, sich auf sie einzulassen. Daher bedarf es schon einer ausdrücklichen Entscheidungsanstrengung, in einer Familie mit kleinen Kindern das Weihnachtsfest anders als gewöhnlich zu begehen.

Einen Schritt weiter im Verständnis der Funktion und der Struktur von Ritualen führen van Genneps (1986) Überlegungen zu den Übergangsritualen, den „rites de passage". Van Gennep bestimmt sie als Riten, die einen Orts-, Zustands-, Positions- oder Altersgruppenwechsel begleiten, und unterscheidet drei Phasen: die Trennungs-, die Schwellen- und die Anbindungsphase. In der ersten Phase erfolgt die Loslösung eines einzelnen oder einer Gruppe von einem früheren Punkt in der Sozialstruktur oder von einer Reihe kultureller Bedingungen. In der zweiten Phase, der Übergangs-, Transitions- oder Schwellenphase, gerät das Subjekt in eine ambivalente Situation, in der weder die Merkmale der vergangenen noch die der erwarteten zukünftigen Situation gegeben sind. In der dritten Phase ist der Übergang und die Angliederung an die neue Situation vollzogen.

Victor Turner (1989) hat in seinen Arbeiten zur Theorie des Rituals darauf aufmerksam gemacht, daß den Schwellenzuständen in Stammesgesellschaften und in modernen Gesellschaften erhebliche Bedeutung zukommt. Unter dem Einfluß des angelsächsischen Pragmatismus (Bewertung von Vorstellungen aller Art im Hinblick auf ihre praktischen Wirkungen) versteht Turner Gesellschaft zunächst als ein „strukturiertes und oft hierarchisch gegliedertes System politischer, rechtlicher und wirtschaftlicher Positionen mit vielen Arten der Bewegung“, die Menschen im Sinne eines „Mehr“ oder „Weniger“ trennen. In diesem Verständnis kommt den institutionellen Rollenbeziehungen der Gesellschaftsmitglieder zentrale Bedeutung zu. Da in ihnen vieles ausgespart bleibt, erschöpft sich gesellschaftliches Leben nicht in diesen Stukturverhältnissen.

In Schwellenphasen nehmen die Individuen nicht mehr ihren früheren und noch nicht ihren zukünftigen Ort in der gesellschaftlichen Struktur ein. In diesen aus der Strukturordnung herausgenommenen Übergangsphasen werden häufig intensive Gemeinschaftserfahrungen gemacht. Im Unterschied zur normen- und regelgeleiteten, eher abstrakten Sozialstruktur werden in der Gemeinschaft Spontaneität und Unmittelbarkeit artikuliert und entwickelt. Existentielle oder spontane Gemeinschaften lassen sich identifizieren. Sie entstehen beispielsweise unter Jugendlichen und bleiben unterschiedlich lang bestehen. Mit Hilfe neuer Rituale und Ritualisierungen artikulieren sie Widerstände gegen die Erwachsenenkultur und bilden ihre Gruppenidentität heraus. Von diesen lassen sich eher auf Dauer gebildete Dorf-, Haus- und ideologische Gemeinschaften unterscheiden. Sie haben häufig religiöse, weltanschauliche oder utopische Ziele, grenzen sich mit Hilfe von Ritualen ab und konstituieren sich dadurch als Gemeinschaft.

Der Begriff der *Inszenierung* verweist auf den Zusammenhang zwischen Mimesis (Nachahmung), Ritual und Theater. *Kulturelle Aufführungen* wie Rituale, Zeremonien, Gewohnheiten sind Darstellung und Ausdruck sozialen Lebens. Sie sind Selbstdarstellungen von Gemeinschaften und Individuen, die in ihrem szenischen Charakter nicht auf sprachliche Erklärungen reduzierbar sind. Ihre leibliche und ihre szenische Darstellung enthalten etwas, das nicht anders als körperlich und szenisch ausdrückbar ist.

Über die Mimesis sozialer Handlungen und sozialen Verhaltens wird auch die spielerische, eng mit dem Mimetischen verbundene Seite menschlichen Verhaltens erfahren. Da die *spielerische Komponente* ritueller Handlungen Raum für individuelle Ausgestaltung und Variation, aber auch für Distanz und grundlegende Veränderung gewährt, trägt sie viel zur Erhaltung und Wirkung von Ritualen bei. Die spielerische Seite gewährt Entscheidungsmöglichkeiten, ohne daß die Rituale Teile ihrer Funktion und Macht verlören.

Rituelle Prozesse vollziehen sich in sozialen Institutionen wie Familie, Schule und Betrieb, deren Strukturen die Möglichkeiten und Grenzen dieser Prozesse bestimmen. Über das mimetische Einbezogenwerden in diese entstehen die in den institutionellen Strukturen enthaltenen *Machtverhältnisse*. Die mimetischen Fähigkeiten nehmen die in den symbolischen Kodierungen der institutionellen Strukturen enthaltenen Widersprüche gleichzeitig auf und verarbeiten sie. Über die mimetische Beteiligung an den institutionellen Ritualen werden die Werte und Normen der Institutionen in die Körper der Beteiligten eingeschrieben. Diese Übertragung institutioneller Werte, Strukturen und Handlungsformen gibt den sozialen Institutionen Dauer und Kontinuität und ermöglicht ihren Wandel und ihre Weiterentwicklung.

Der mimetische Charakter von Ritualen und Ritualisierungen gewährt den an ihnen Beteiligten die Erfahrung von Sinn. Über die Wiederholung ritueller Handlungen versuchen Organisationen und Institutionen Sinn zu erzeugen und den Anschein zu erwecken, als seien ihre Organisationsformen und Strukturen unveränderbar. Rituale ermöglichen es den Institutionen, ihre gesellschaftlichen Funktionen zu erfüllen, ohne daß diese vollständig durchschaubar sind.

Literatur:

- Bell, C.: Ritual Theory, Ritual Practice. Oxford University Press, New York/Oxford 1992
- Bourdieu, P.: Sozialer Sinn. Kritik der theoretischen Vernuft. Suhrkamp, Frankfurt/M. 1987
- Gebauer, G./Wulf, Ch.: Mimesis. Kultur – Kunst – Gesellschaft. Rowohlt, Reinbek 1992
- Gebauer, G./Wulf, Ch. (Hrsg.): Praxis und Ästhetik. Suhrkamp, Frankfurt/M. 1993
- Gebauer, G./Wulf, Ch.: Spiel, Ritual, Geste. Mimetisches Handeln in der sozialen Welt. Rowohlt, Reinbek 1998
- Gennep, A. V.: Übergangsriten. Campus, Frankfurt/M. 1986
- Rivière, C.: Les Rites Profanes. Presses Universitaires de France, Paris 1995
- Soeffner, H.-G.: Die Ordnung der Rituale. 2. Aufl. Suhrkamp, Frankfurt/M. 1995
- Turner, V.: The Ritual Process. Structure and Anti-Structure. Aldine Publishing Company, New York 1969; dt. Übers. 1989
- Wulf, Ch. (Hrsg.): Vom Menschen. Handbuch Historische Anthropologie. Beltz, Weinheim 1997

Christoph Wulf ist Professor für Allgemeine und Vergleichende Erziehungswissenschaft und Mitglied des Interdisziplinären Zentrums für Historische Anthropologie an der Freien Universität Berlin.

Tabu

Das Wort „tapu" stammt aus der Maori-Sprache – die Maori sind ein polynesisches Volk auf Neuseeland, das im 13./14. Jhr. von den Samoa- und Cookinseln eingewandert ist – und gewinnt wohl seine Bedeutung aus den Silben „ta" und „pu": „ta = bezeichnen" und „pu = außerordentlich". (Der Gegensatz wird durch das Wort „noa" = „gewöhnlich", „allgemein zugänglich" bezeichnet.) Allerdings ist die etymologische (wortgeschichtliche) Erklärung des Wortes nicht restlos geklärt. Man vermutet, daß die Zusammenfassung dieser Silben zu „tabu" (Hawaii: kapu) durch die Bedeutung „nachdrücklich kenntlich machen", „unbedingt verboten", „sich enthalten" oder „heilig", „göttlich" erfaßt wird. Das Tabu verweist insofern auf Worte, Personen, Gegenstände, Handlungen, Orte und Zeiten, die als „außerordentlich", als prekär, gefährlich, unrein, abscheulich und heilig gelten. Das Wort wurde zuerst notiert durch Captain James Cook (1728–79) während seiner Reise nach Tonga 1771, der die Komplexität des Tabus auf den Begriff des Verbots zu reduzieren versuchte: Etwas ist verboten, weil es in einer bestimmten, besonderen Relation zu heiligen oder kosmischen Kräften steht. Damit steht das Tabu in Zusammenhang mit zwei anderen wichtigen Begriffen, dem des „mana" (Wirksamkeit) und dem des „totem" (Verwandtschaft). Das Mana ist die religiöse Vorstellung einer Kraft, die unsichtbar und abstrakt, nur durch ihre Wirkungen in der belebten und unbelebten Natur wahrnehmbar ist – und es steht in dieser Relation in einer Beziehung zur Magie. Mana ist also eine universelle Kraft und kombiniert Heiligkeit mit Können, Gelingen, Glück und Geschick, in denen es zum Ausdruck kommt. Das Totem ist in der Regel ein Tier – seltener eine Pflanze, oder es ist ein natürliches Ereignis (Regen, Wasser), das in einem besonderen Verhältnis zu einer ganzen Sippe steht: Es repräsentiert die Gruppe, ist ihr Stammvater, Helfer und Beschützer. Das Totem ist tabu, weil es den Bestand, den Zusammenhang und die Geschichte der Sippe selbst darstellt – es darf daher nicht beleidigt, beeinträchtigt oder (als Tier) getötet werden.

Die Funktion des Tabus in der polynesischen Religion bestand im wesentlichen in der Etablierung eines unsichtbaren, wirksamen, gleichsam „übergesellschaftlichen" Schutzschilds für das sichere Leben im Diesseits und bezog sich insofern auf die Erhaltung von Traditionen und Gemeinschaftsstrukturen. Der Bruch des Tabus war gleichbedeutend mit göttlichen und religiösen Sanktionen; das System der Tabus umreißt die spirituellen Anordnungen und Verhaltensvorschriften für das Leben in der Gemeinschaft. Bis etwa 1900 spielte in den Religionswissenschaften und der Ethnologie der Begriff des Tabus diese Rolle eines archetypischen religiösen Gesetzes. Der Begriff wurde dann zunehmend erweitert: über ein religiös, magisch oder rituell begründetes und allgemein respektiertes Meidungsverbot bis zur modernen Vorstellung des Tabus als Regulierungs-, Orientierungs- und Verhaltensschema, welches das soziale Verhalten und Handeln den jeweiligen gesellschaftlichen Verhältnissen anzupassen in der Lage ist. Gefördert wurde diese soziale Wende des Tabus durch Emile Durkheim (1858–1917), der die Religion selbst als soziales Phänomen begriff, mit dessen Hilfe sich die Menschen ihrer eigenen Existenz als Gesellschaftsmitglieder und ihrer Beziehungen untereinander versichern. Damit gewinnt das Tabu zwar einen genuin sozialen Hintergrund, bleibt allerdings insofern auf einen engeren Bedeutungsumfang bezogen, als es nur diejenigen Regeln oder Gesetze bezeichnet, in denen der religiöse Bezug im Gegensatz zu dem der säkularen, weltlichen Autoritäten betont wird. Doch kann man mit dieser sozialen Wende auch den Kern der heutigen, sehr weit gefaßten Definition des Tabus bezeichnen, der in der jeweiligen Lesart – formal, kulturell, sozial, religiös – auf einen ganz spezifischen Horizont des Verbotes verweist, dessen Ursprung wiederum göttlichen, gesellschaftlichen, menschlichen oder natürlichen Charakter annehmen kann.

Dabei bezog sich trotz – beziehungsweise wegen – des religiösen Hintergrunds das Tabu immer schon auf nicht nur religiöse oder heilige Gegenstände, Beziehungen oder Handlungen, sondern prinzipiell auf alle sozialen Praktiken. Es gibt zum Beispiel Tabus, die den Schutz persönlichen Eigentums betreffen und somit an „juristische" oder „ökonomische" Überlegungen gebunden sind. So tabuierten Häuptlinge auf den polynesischen Inseln spezielle Fruchtbäume zwecks eigenen Bedarfs oder um das Reifen der Früchte sicherzustellen. Ebenso finden sich Tabus in sozialen oder ästhetischen Relationen. Verbreitet sind hier vor allem Tabus, die die Geschlechterdifferenz betreffen: So besteht eine Scheu vor schwangeren und menstruierenden Frauen, ja selbst die Anwesenheit oder Nähe von Frauen kann während wichtiger Entscheidungen, Situationen oder Vorbereitungen absolut tabu sein. Oft bildet der Umgang des Schwiegersohns mit der Schwiegermutter eine absolute Verbotszone. Aber auch der Umgang mit Müttern, Mördern, Zwillingen, Priestern, Gesandten und verwundeten Kriegsgegnern war mit Einschränkungen verbunden. Entscheidend für die soziale Ordnung erscheinen zudem Tabus, die sich auf die Hygiene beziehen und die mit strengen Trennungs-, Ordnungs- oder Reinigungshandlungen verbunden sind. Denn das Tabu ist seinem Wesen nach ansteckend, die Verletzung des Tabus führt selbst zur Tabuisierung. Frisches oder salziges Wasser dient hier ebenso als Gegenmittel, das Tabu zu neutralisieren und zu beseitigen, wie Feuer und Hitze als natürliche Gegenmittel gegen die ansteckende Wirkung des Tabus verwendet werden. Dabei wird – darauf hat Mary Douglas vor allem hingewiesen – deutlich, daß für viele Naturvölker das Heilige mit dem Schmutzigen, Unreinen und Ansteckenden in Verbindung gebracht wird. Zwischen dem Normalen als Reinen und dem Heiligen als Schmutz zu differenzieren bedeutet, die Welt zu organisieren, Erfahrungen zu vereinheitlichen, soziale – symmetrische oder hierarchische – Ordnungen herzustellen. Denn der sozial hohe Status einer Person ist von Tabus umgeben, die sich entweder auf den Umgang mit ihr oder auf ihren Umgang mit anderen bezieht: So war es verboten, in der Gegenwart des sakralen Oberhaupts von Tonga zu speisen, während dieses nun wiederum darauf achten mußte, daß niemand ihn an Größe überragte – da diese Aktion den Verlust seines Mana, seiner Autorität zur Folge gehabt hätte. Auch Worte können tabuiert werden:

Über den Tod, den Teufel, die Götter und die Könige gab es Sprachvorschriften. Bestimmte und äußerst wichtige symbolische Gegenstände wie Pflanzen, Tiere, Verwundete, aber auch (heilige) Orte wie Tempel und Plätze und die damit verbundenen Tätigkeiten unterliegen restriktiven Geboten. Zentrale Einschnitte des menschlichen Lebens, die für den einzelnen wie die Gemeinschaft mit Krisen und Gefahren verbunden sind – wie Geburt, Initiation in die Welt der Erwachsenen, Heirat, Schwangerschaft, Krankheit und Tod – sind mit Ge- und Verboten umgeben. Und nicht zuletzt spielt auch das Verhältnis des Menschen zu sich selbst in den Tabuvorschriften eine wichtige Rolle. Denn das, was man für sich, andere oder Gott zu leisten hat, erfordert eine asketische Lebensweise, erfordert Enthaltung. Hierbei sind vor allem die Nahrungstabus und die sexuellen Genüsse zu nennen: Man soll sich dem Geschlechtsverkehr vor der Jagd, der Ernte, dem Krieg oder dem Fischfang nicht hingeben; man soll sich gewisser Früchte, Tiere oder Teile einzelner Tiere enthalten, denn sie gelten als unrein und gefährlich.
Das wohl bekannteste Tabu ist – nicht zuletzt durch die gewachsene Popularität psychoanalytischer Forschungen durch Sigmund Freud (1856–1939) – das sogenannte Inzesttabu. So verweist Freud darauf, daß das Tabu auch in Zusammenhang zu bringen ist mit dem Unbewußten und der Verdrängung von Wünschen. Ein Tabu ist dort notwendig, wo der – sexuelle oder aggressive – Wunsch keine gesellschaftliche Anerkennung erfahren kann. Das Inzesttabu ist somit das Resultat einer Gefühlsambivalenz, die auf das (männliche/kindliche) Begehren zurückgeht, mit der Mutter zu schlafen und den Vater zu töten und – aus sozialen und moralischen Gründen – doch nicht zu dürfen. Aus soziologischer Perspektive erscheinen dagegen die inzestuösen Wünsche (der Erwachsenen) als Prototypen der Regression, als Weg (zurück) zu den primitiven Formen der Individualität. Das Inzesttabu hat die positive Funktion, den einzelnen aus der Familie in die Gesellschaft zu „vertreiben“, um dort jene sozialen Rollen auszufüllen, die für den Zusammenhang der politischen, ökonomischen, religiösen und kulturellen Praktiken unerläßlich sind.
Zusammenfassend läßt sich sagen, daß das Tabu ein universelles Medium ist, das auf alles zugreifen kann; es kann alles umfassen. Selbst unterliegt es aber einer binären (zweiwertigen) Logik – nicht verboten/verboten, rein/unrein, nicht ansteckend/ansteckend, alltäglich/heilig, Leben/Tod etc. Doch kann das Tabu auch geändert oder aufgehoben werden. Insofern ist es ein doppelt binäres Schema, da es zudem in Geltung oder außer Kraft gesetzt werden kann. Das Tabu ist ein Paradox: Indem es die Welt teilt, versucht es zugleich, deren Einheit begreiflich zu machen. Damit verweist es auf die aus gegensätzlichen Teilen bestehende Vollständigkeit der Welt.

Literatur:

- Durkheim, E.: Die elementaren Formen des religiösen Lebens. Frankfurt/M. 1994 (Original: 1912)
- Freud, S.: Totem und Tabu. In: Studienausgabe Band IX. Hrsg. A. Mitscherlich u. a. Frankfurt/M. 1982 (Original: 1912/3), S. 287–444
- Lehmann, F. R.: Die polynesischen Tabusitten. Leipzig 1930
- Radcliffe-Brown, A. R.: Taboo. Cambridge 1939
- Webster, H.: Taboo. A Sociological Study. London 1942
- Douglas, M.: Reinheit und Gefährdung. Eine Studie zu Vorstellungen von Verunreinigung und Tabu. Frankfurt/M. 1988 (Original: 1966)
- Wagner, R.: Taboo. In: The Encyclopedia of Religion. Bd. 14. Hrsg. v. M. Eliade. New York/London 1987, S. 233–236

Dr. phil. Jörg Zirfas ist Privatdozent für Erziehungswissenschaften an der Freien Universität Berlin.

Dr. B. Reiter

Haben Sie Probleme philosophischer Art? Dr. B. Reiter klärt Sie auf! Es gibt keine Frage, zu der er nicht die passende Antwort hätte. Wenden Sie sich vertrauensvoll an unseren Spezialisten für philosophische Aufklärung.

Sehr geehrter Herr Dr. B. Reiter,

in so mancher philosophischen Vorlesung ist von Metaphysik und Ontologie die Rede. Die einen betonen, daß beides eigentlich das gleiche sei. Andere sagen wiederum, sie reden nur von diesem oder jenem, weil beide verschieden seien. So oder ähnlich verwirren die Hochschulphilosophen ihre Hörer. In welcher Hinsicht bezeichnen Metaphysik und Ontologie nun etwas Gleiches und in welcher gerade nicht?

V. Kempf, Düsseldorf

Sehr geehrter Herr Kempf,

leider ist die Verwirrung um die Metaphysik und die Ontologie nicht die einzige Verirrung, mit der Hochschulphilosophen ihre Hörer verwirren. W. H. Walsh zum Beispiel schreibt über Metaphysik: „Fast alles in Sachen Metaphysik ist kontrovers, und es ist daher nicht überraschend, daß es unter denen, die sich selbst Metaphysiker nennen, wenig Übereinstimmung darüber gibt, was genau es ist, worum es ihnen geht."

Ursprünglich wurden mit Metaphysik die Bücher des Aristoteles bezeichnet, die auf die Schriften zur Physik, die *Vorlesung über die Natur,* folgen (gr.: meta = nach). Festzuhalten ist, daß die Bezeichnung nicht von Aristoteles selbst stammt. Ob es sich jedoch um eine bibliographische Bezeichnung der Editoren seiner Schriften handelt oder ob damit eine inhaltliche Bestimmung getroffen werden sollte, ist im Sinne des Zitats von W. H. Walsh strittig.

In der *Physik* betrachtet Aristoteles die Naturdinge unter dem Gesichtspunkt der Veränderung, das heißt ihres Entstehens und Vergehens sowie ihrer eigenen Bewegung. In den von der Nachwelt mit *Metaphysik* bezeichneten Schriften werden die Dinge von Aristoteles unter dem umfassenden Aspekt ihres Seins schlechthin betrachtet. Während Aristoteles eine Seinswissenschaft in der polaren Spannung von Seins- und Gotteswissenschaft innerhalb einer(!) Wissenschaft entwirft, findet im 17. Jahrhundert (Pererius) eine Spaltung statt in Ontologie als Erste Philosophie und allgemeine Wissenschaft auf der einen Seite und Metaphysik im Sinne von Theologie, Weisheit und göttlicher Wissenschaft auf der anderen. Ontologie (von gr.: to on: das Seiende oder Sein) ist insofern das gleiche wie Metaphysik, als mit Ontologie auch die „allgemeine Metaphysik" (lat.: metaphysica generalis) bezeichnet wird, die von der „speziellen Metaphysik" (lat.: metaphysica specialis) begrifflich geschieden ist. Folgende Begriffsdefinition findet sich bei Micraelius (1597–1658): „Der Gegenstand der Metaphysik ist das Seiende, insofern es seiend ist. Daher wird sie auch von einigen Ontologie genannt … die Metaphysik wird unterteilt in die allgemeine, in der das Seiende in seinem abstraktesten Sinne und in völliger Indifferenz betrachtet wird … und in eine besondere Metaphysik, in der das Seiende in jenen Arten von Substanzen betrachtet wird, die von jeglicher Materie abgetrennt sind, wie es Gott, die Engel und die abgetrennte Seele sind."

Kant weist der Ontologie den „bescheidenen Status" einer bloßen Analytik des Verstandes zu. Er wandelt die Ontologie um in eine Wissenschaft von den allgemeinsten Begriffen und Grundsätzen aller natürlichen Dinge überhaupt, ohne Objekte anzunehmen, die gegeben wären – das heißt in ein System aller Verstandesbegriffe und Grundsätze. Ontologie und

Metaphysik trennt Kant wie folgt: „Sie (die Ontologie) berührt nicht das Übersinnliche, welches doch der Endzweck der Metaphysik ist, gehört also zu dieser nur als Propädeutik (Einleitung), als die Halle, oder der Vorhof der eigentlichen Metaphysik und wird Transzendentalphilosophie genannt, weil sie die Bedingungen und ersten Elemente aller unserer Erkenntnis a priori (vor aller Erfahrung) enthält."

Eine weitere Ausführung der Irrungen und Wirrungen in der geschichtlichen Entwicklung der Begriffe Metaphysik und Ontologie möchte ich Ihnen hier ersparen, da weder die Ontologie als „Kategorienanalyse" bei Nikolai Hartmann noch die Fundamentalontologie Heideggers, der die Ontologie von der Metaphysik befreien wollte, die entstandenen Verwirrungen entwirren helfen. Wie so oft liegt die Schwierigkeit nicht in den Begriffen beziehungsweise in dem, was die Begriffe bezeichnen sollen, begründet. Verursacht wird die Verwirrung vielmehr durch Autoren, die feststehende Begriffe für sich reklamieren und mit je unterschiedlichen Bedeutungen belegen. So ist in der Literatur zum Beispiel von „ontologischer Metaphysik" die Rede, was aber nur dann kein purer Unsinn ist, wenn damit etwas anderes bezeichnet werden soll, als der jeweilige, aus der Entstehungsgeschichte abgeleitete Wortsinn der Begriffe Ontologie und Metaphysik meint. Erfahrungsgemäß greifen Universitätsdozenten oft zu bedeutungsschwangeren Worten wie Ontologie und Metaphysik, wenn eigenes Nichtwissen verschleiert und Studenten beeindruckt werden sollen. Was macht man schon falsch, wenn man das eigene Tun als Ontologie bezeichnet? Irgendeine Bedeutungsvariante wird schon zutreffen, zumal *Ontologe* oder *Metaphysiker* als Berufsbezeichnung allemal gebildeter klingt, als jemanden vorzustellen, der bloß *die Frage nach dem stellt, was ist*. Lassen Sie sich kein X für ein U beziehungsweise keine Ontologie für eine Metaphysik vormachen, fragen Sie, wenn ein Dozierender sich in eine Phrasendreschmaschine zu verwandeln droht, wie er die betreffenden Begriffe verstanden wissen will: im Sinne von Suarez oder so, wie Goclenius diese gebrauchte? Sehr ergiebig für alle denkbaren Begriffe sind auch Goethe, Hegel und Adorno, da diese zu fast allem etwas geschrieben, aber nur wenige selbiges ganz gelesen, geschweige denn verstanden haben.

Noch Fragen?
Fragen Sie Dr. B. Reiter!

Bücherrätsel

1.

Auch dieses Mal sollen beide Bücher, die es im Rätsel zu erraten gibt, etwas mit dem Thema des *blauen reiters* zu tun haben. Besonders hilfreich ist das wohl nicht, weder für den Schreiber noch für den, der sich um die Lösung des Rätsels bemüht. Schließlich sind philosophische Bücher, die mit dem Nachdenken über Götter im weitesten Sinn zu tun haben, keine besonders kleine Teilmenge des philosophischen Druckwerks insgesamt. Lassen Sie es uns trotzdem versuchen, in gewisser Ausgewogenheit also mit einem Buch, das den Göttern gefällig sein sollte, einem, auf dessen Lektüre Sie vielleicht lieber verzichten werden.

Da hätten wir ein Werk, das von seiner ganzen Intention um Göttliches kreist, voller Gedanken, die nur ein Mensch mit ausgeprägtem religiösem Empfinden haben kann. Wie bei den meisten Büchern abendländischer Philosophen der letzten 2000 Jahre geht es natürlich um *einen* Gott, wobei Singular und Plural freilich schon vor Drucklegung ein recht verzwicktes Verhältnis eingegangen sind …

Das gesuchte Buch ist jedenfalls von zutiefst frommer Hand verfaßt, das Werk eines Bekehrten, der sich in seinem vormals bewegteren Leben kaum zu solcher Inbrunst verstanden hätte.

Was darin steht, ist sehr vielfältig und nicht leicht zu sortieren. Die lange Editionsgeschichte des Buches legt Zeugnis vom fragmentarischen Charakter des Ganzen ab. Erschwerend kommt hinzu, daß der Autor vor Vollendung starb (er hatte noch nicht einmal einen Titel gefunden, was dann die ersten Herausgeber übernahmen), erleichternd, daß das Werk in Anlehnung an die zeitgenössische Gattung der Apologien (Rechtfertigungsreden) des christlichen Glaubens konzipiert war.

Zu den eher untypischen, dafür besonders prominenten Passagen gehört ein theologisch betrachtet leicht anzügliches Argument, das besonders den strikten Vernunftmenschen von den Segnungen des Glaubens überzeugen soll. Es appelliert an das, was man heute vielleicht rationale Gewinnmaximierung nennen würde: Unter bestimmten Bedingungen lohnt es sich nämlich immer, auf Gott und den Glauben zu setzen. Das will nicht so recht zum übrigen Inhalt passen, worin der Glaube als Gnade und nicht als intellektuelle Einsicht verstanden wird. So heißt es auch hier: „Wenn Ihnen meine Argumente gefallen und stark dünken, sollten Sie wissen, hier schrieb ein Mensch, der vorher und nachher auf den Knien lag, um das Wesen anzubeten …"

Dieser kleine Abschnitt des gesuchten Buches ist übrigens auch ein Hinweis auf die vielseitigen Begabungen und Interessen dieses Autors, dessen Spuren man noch heute in vielen Mathematikbüchern findet und sogar in manchen Annalen der Informatik.

2.

Nun aber zu einem Buch, das einen wesentlich zwiespältigeren Umgang mit den Göttern pflegt. Es ist sehr berühmt, sehr gehaltvoll und auch ziemlich dick. Es gibt zahlreiche Menschen, die ihr intellektuelles Leben diesem und verwandten Texten gewidmet haben, und entsprechend zahlreich sind die Lesarten und Interpretationen. Um das Rätseln nicht zu leicht zu machen und dennoch nicht in die Fallstricke der Exegese (Textauslegung; besonders der Bibel) zu geraten, möchte ich mich in dieser Sache an Heinrich Heine halten, der ein köstliches Stück über das gesuchte Werk verfaßt hat. Wer dieses kennt, ist schnell bei der Lösung, wer nicht, sollte einfach die prominentesten Philosophen – respektive ihre

Hauptwerke – durchgehen, und das gesuchte wird darunter sein.
„Dieses Buch ist das Schwert, womit der Deismus (Gottesglauben) hingerichtet worden in Deutschland“, schreibt Heine, und auch weil er das für sehr verdienstvoll hält, spart er nicht mit Lob am Inhalt des Buches. Tatsächlich finden sich im gesuchten Werk unter anderem ausführliche Passagen über Gottesbeweise und ähnliche Konstruktionen, wie sie im ersten Rätsel auftauchten. Darin zeigt sich, in Heines Worten, wie wir von Gott „gar nichts wissen können, und wie sogar jede künftige Beweisführung seiner Existenz unmöglich sei … und vernichtet werden die übrigen Luftgebilde der Deisten“. Man sieht, Heine war im Gegensatz zu manchen Dichterkollegen, auf die das Buch einen „zermalmenden“ Eindruck machte, geradezu hingerissen (auch, weil er es nicht als Widerlegung der Existenz Gottes verstand und deshalb in seiner Art von Glauben nicht betroffen war).
Trotzdem spart unser Rezensent nicht mit Kritik am Autor des gesuchten Buches (vom „Typ des Spießbürgers“), eine Sache, welche die Huldigung im Ganzen um so sympathischer macht: Warum, so fragt er, ist das Buch „in einem grauen, trockenen Packpapierstil geschrieben“? Der Autor „wollte sich von den damaligen Popularphilosophen … vornehm absondern und er kleidete seine Gedanken in eine hofmännisch abgeklärte Kanzleisprache. Hier zeigt sich der ganze Philister.“
Noch schlimmer freilich, daß der gesuchte Autor in einem anderen seiner Bücher so manche der Konsequenzen, die man aus dem gesuchten ziehen kann, wieder zurücknimmt. Heine dazu: „Ihr meint, wir könnten jetzt nach Hause gehen? Bei Leibe! es wird noch ein Stück aufgeführt. X hat bis hier den unerbittlichen Philosophen traciert, er hat den Himmel gestürmt, er hat die ganze Besatzung über die Klinge springen lassen, der Oberherr der Welt schwimmt unbewiesen in seinem Blute, es gibt jetzt keine Allbarmherzigkeit mehr, keine Vatergüte, keine jenseitige Belohnung für diesseitige Enthaltsamkeit, die Unsterblichkeit der Seele liegt in den letzten Zügen – das röchelt, das stöhnt – und der alte Y steht dabei … als betrübter Zuschauer, und Angstschweiß und Tränen rinnen ihm vom Gesichte. Da erbarmt sich X und zeigt, daß er nicht bloß ein großer Philosoph, sondern auch ein guter Mensch ist …“ und führt Gott durch die Hintertür wieder ein, zu Heines Verdruß.
Von welchem Buch ist die Rede?

Stefan Baur

Ursprünge des Fußballsports

Eine Zusammenfassung

Es streiten sich zunächst einmal, grob gesagt, die Vertreter einer Auffassung vom göttlichen Ursprung des Fußballsports mit den Verfechtern der tierischen Herkunft beinahe aller Sportarten, nicht nur des Fußballs. Die Anhänger der Lehre vom göttlichen Ursprung sagen, den Fußballregeln wohne eine Vollkommenheit inne, die unmöglich von den Menschen geschaffen sein könne. Die Befürworter dieser Theorie argumentieren, der Schöpfer selbst müsse den Menschen diese Regeln eingegeben haben. Der Kreator hat den Menschen die Regeln imputiert, lautet der Fachausdruck. Hätte er es nicht getan und hätte er uns selber die Regeln suchen lassen, durch Versuch und Irrtum, trial and error, würden wir heute noch Runkelrüben treten: Die ganze lange Evolution hätte nicht ausgereicht, uns auch nur die Abseitsregel finden zu lassen. Von dem neuen System, nach dem der Europäische Fußballverband die Plätze für den Pokal der Landesmeister immer so verteilt, daß die Bayern auf jeden Fall dabei sind, ganz zu schweigen. Aber wir haben die Regeln nicht selber suchen müssen, der Schöpfer hat sie uns gegeben, damit wir unsere Vernunft an diesen Regeln wetzen. So die Anhänger der Lehre des göttlichen Ursprungs.
Ihre Gegner bestreiten bereits den Ansatz: Den Fußballregeln wohnt keine überirdische Vernunft inne. Nirgends im Weltall wird Fußball gespielt, nur hier bei uns, behaupten sie. Der Fußballsport müßte ein getreues Abbild des göttlichen oder aber englischen Urwesens sein, wenn Gott oder ein führender Engel ihn begründet hätte. Dies sei aber ganz gewiß nicht der Fall. Der Name Matthäus täusche nur die allersimpelsten Gemüter. Also, sagen sie, ist es am vernünftigsten, wenn wir uns darauf einigen, daß der Fußball eine rein menschliche Angelegenheit ist.
Wer auf den tierischen Ursprung des Fußballsports weist, der kann sich darauf berufen, daß alles, was wir heute als äußerst kompliziertes Spiel mit einem sehr tiefgründigen Regelapparat kennen, in Wahrheit nichts weiter ist als die weifein differenzierte Ausbildung dessen, was der Mensch motorisch und gestisch mit den höheren Tieren gemein hat. Sind Tiere erregt, bewegen sie sich so, daß wir darin Ansätze auf einer niedrigen Stufe zu einem in der vollendeten Ausbildung dann freilich vollkommenen Spiel zu er-

kennen glauben. Freilich müssen wir bei solchen Betrachtungen stets aufpassen, daß wir nicht zuviel von dem, was nur uns gehört, in die Abläufe der Tierwelt hineinlegen. Wir müssen sehr vorsichtig sein, dürfen nicht unser Gemüt in die großen Naturreiche legen. Freilich sollen wir auch nicht alles, was uns vor die Füße kommt, herzlos zergliedern.

Denn es gibt auch die Utilitaristen. Sie betrachten alles von einem kalten Nützlichkeitsstandpunkt aus. Sie sagen, daß wir die Wurzeln des Fußballsports kulturgeschichtlich in dereinst gemeinsam durchgeführten Transportaufgaben des Stammes und Clans finden, freilich auf einer sehr frühen Entwicklungsstufe der Menschheit. Man wollte gemeinsam Gegenstände befördern, man trat auf sie ein: Hier soll der erste Ursprung des Fußballsports zu suchen sein. Da stand noch der Nutzen im Vordergrund. Irgendwann hat sich der Fußball von der Nützlichkeit befreit, emanzipiert, ist autonom geworden. Heute dominiert wieder der Nutzen.

Der Bauer, der eine mißratene Rübe sieht und sie unmutig beiseite tritt, hilft uns nicht weiter. Wie weit ist er doch noch von der Spielkunst der fortgeschrittenen Artisten in ihrem Fach entfernt. Zum zaghaften Ansetzen und Ablassen muß Verstand hinzutreten, der sich des Rudimentären bedient, es entwikkelt, verfeinert, zu einem differenzierten Spiel hinstrebt. Der fortgeschrittene Spieler drückt nicht mehr wie der Bauer, der verärgert die Rübe wegtritt, Zustände aus oder stiftet Nutzen, nein, er intendiert Bedeutungen, die sich nur im Zusammenhang des Spiels begreifen lassen, und hierin liegt ein ungeheurer Fortschritt.

Die Kulturpessimisten wiederum, die es schon immer gab und die grade in unseren Tagen wieder besonders lautstark auftreten, rufen, der Mensch sei in dem Augenblick, in dem er Spielregeln annahm, von der Güte göttlicher Provenienz, die ihm ursprünglich einmal geeignet hat, abgefallen. Und sozusagen zum Teufel gegangen oder doch wenigstens zur Vorhölle. Der Mensch habe den paradiesischen Zustand ohne Regeln und Konventionen aufgegeben, und zwar für immer. Jetzt sei alles aus, sagen sie. Hier bereits läßt sich aber fragen, was um Himmels willen daran, daß der Mensch Regeln annahm und den Urzustand verlassen hat, so schlimm sein soll? Ist es denn nicht möglich, daß wir einen Zustand der Vollkommenheit verlassen haben, durch das Tal der Regeln und des Verstandes hindurch müssen und später wiederum vollkommen dastehen werden? Sie sehen, man braucht nur ein wenig über die Sache nachzudenken, und schon kann man die Kulturpessimisten mit ihrem ewigen Geschwätz von dem angeblich so großartigen Urzustand in Verlegenheit bringen. Sie wissen nicht, was sie sagen. Sie projizieren in ihrem Ärger über die schlechte Gegenwart alle Erfüllung, die sie hier nicht finden können, in ihre abgeschmackte Urvergangenheit, und sie werden niemals, wie es auch kommen mag, zufrieden sein. Klar ist eines: auch wenn es ein Goldenes Zeitalter dereinst gegeben hat, so sind diese Zeiten doch längst vorbei. Der Mensch hat dieses Zeitalter gegen Regeln und gegen Geselligkeit eingetauscht. Und er muß, so oder so, das Beste aus der Sache machen. Ihm bleibt nichts anderes übrig. Und wenn ihm diese Regeln und diese Geselligkeitsverrichtungen nicht das Glück schenken, das es vielleicht tatsächlich, wir wissen es nicht, ganz früher, am Urbeginn, gab, dann muß er sich eben damit abfinden, Kultur, das heißt Fußball, zu produzieren.

Wir können natürlich auch jederzeit fragen, warum Gott denn den Keim zum Fußballsport in den Geist des Menschen gelegt hat, wenn er im Grunde wollte, daß der Mensch bei seinen Ursprüngen bleibt. Mit dieser Frage lassen sich die Vertreter der Degenerationstheorie jederzeit zum Schweigen bringen, kaltstellen. Sie gehen nämlich nicht so weit, die Annahme von Regeln direkt mit dem Sündenfall gleichzusetzen.

Ich denke, wir sollten es so halten. Der Mensch ist ein Mangelwesen. Er ist auf nichts spezialisiert. Die Natur hat ihn nicht, wie das Tier, mit Werkzeugen für eine ganz bestimmte Umwelt ausgestattet. Der Mensch ist, wie wir sagen, konstitutionell offen, er ist frei für alle Möglichkeiten. Also darf er auch spielen. Früher mag manches anders gewesen sein, aber das braucht uns nicht zu bekümmern. Wenn der Fußballsport aus irgendwelchen Aufgaben der Lebensbewältigung erwachsen ist, soll uns das recht sein. Wenn der Mensch diese Strategien, die aus Urzeiten auf ihn gekommen sind, aufgegeben hat, weil sie nichts taugten, braucht uns das doch weiter überhaupt nicht zu stören. Soll der Fußballsport doch ein Irrweg der Evolution gewesen sein, es ist mir gleich. Es gibt viele Irrwege der Evolution, die mir weit interessanter vorkommen als die Schnellstraßen.

Indem der Mensch Fußball spielt, beweist er sich und den anderen, daß er kalkulierend mit der ehedem als bedrohlich empfundenen äußeren Wirklichkeit umgehen kann. Spielend entwirft er sich, sozusagen, auf Möglichkeiten eines vertrauten Umgangs mit der Wirklichkeit, der Natur. Der Mensch spielt Fußball, weil er Mensch ist.

Udo Dickenberger

Geboren 1958, ein paar Tage vor Madonna und haargenau 99 Jahre nach dem Norweger Hamsun, im oberhessischen Ilbenstadt, in der Wetterau, der sogenannten Kornkammer Hessens, zwischen Vogelsberg und Taunus. Hügel auf allen Seiten, das prägt.

Von Udo Dickenberger erschien unter anderem: Philosophie des Maulwurfs. Reclam Leipzig, Leipzig 1998

„Das Lachen ist ein Affekt aus der plötzlichen Verwandlung einer gespannten Erwartung in Nichts."

„Fotos": Keuchenius

Ein Interview mit Immanuel Kant

Immanuel Kant
*(*1724) studierte Mathematik, Naturwissenschaften, Theologie, Philosophie und lateinische Philologie in Königsberg. Nach mehrjähriger Tätigkeit als Hauslehrer promoviert er 1755 mit der Arbeit „De igne" (Über das Feuer) und habilitiert sich nur wenige Monate danach mit der Schrift „Eine neue Beleuchtung der ersten Prinzipien der metaphysischen Erkenntnis". Hier steckt er bereits das Arbeitsfeld der später von ihm so genannten „Transzendentalphilosophie" ab. 1770 erhält er die Professur für Logik und Metaphysik in Königsberg. Im Jahr 1781 erscheint die Schrift, die ihn unsterblich gemacht hat: die „Kritik der reinen Vernunft".*

Buchveröffentlichungen (Auswahl):
Critik der reinen Vernunft. Hartknoch Verlag 1781, ²1787; Critik der praktischen Vernunft. Hartknoch Verlag 1788; Critik der Urtheilskraft. Lagarde Verlag 1790, ²1793; Prolegomena zu einer jeden künftigen Metaphysik, die als Wissenschaft wird auftreten können. Hartknoch Verlag 1783; Grundlegung zur Metaphysik der Sitten. Hartknoch Verlag 1785, ²1786; Metaphysik der Sitten. Nicolovius Verlag 1797, ²1798; Anthropologie in pragmatischer Hinsicht. Nicolovius Verlag 1798, ²1800; Erste Einleitung in die Kritik der Urteilskraft. Meiner Verlag 1927 (Hrsg. von Gerhard Lehmann).

Herr Kant, könnten Sie für unsere Leser an einem Beispiel skizzieren, wie die zum Lachen reizende Pointe eines Witzes entsteht?
Wenn jemand uns mit der Erzählung einer Geschichte große Erwartung erregt und wir beim Schlusse die Unwahrheit derselben sofort einsehen, so macht es uns Mißfallen; wie zum Beispiel die von Leuten, welche vor großem Gram in einer Nacht graue Haare bekommen haben sollen. Dagegen, wenn auf eine dergleichen Erzählung, zur Erwiderung, ein anderer Schalk sehr umständlich den Gram eines Kaufmanns erzählt, der, in einem schweren Sturm, alles über Bord zu werfen genötigt wurde und sich dermaßen grämte, daß ihm darüber in derselben Nacht die Perücke grau ward: so lachen wir, und es macht uns Vergnügen, weil wir unsern eignen Mißgriff nach einem für uns übrigens gleichgültigen Gegenstande, oder vielmehr unsere verfolgte Idee, wie einen Ball, noch eine Zeitlang hin- und herschlagen.
Wir lachen also als eine Reaktion auf eine enttäuschte Erwartung. Oder sollte man hier nicht besser von einer getäuschten Erwartung sprechen? Wie würden Sie, Herr Kant, die Fähigkeit, witzig zu sein, näher bestimmen?
Dem es an Witz mangelt, ist der stumpfe Kopf. Er kann übrigens, wo es auf Verstand und Vernunft ankommt, ein sehr guter Kopf sein; nur muß man ihm nicht zumuten, den Poeten zu spielen. Der Mangel der Urteilskraft ohne Witz ist Dummheit. Derselbe Mangel aber mit Witz ist Albernheit. Wer Urteilskraft in Geschäften zeigt, ist gescheut. Hat er dabei zugleich Witz, so heißt er klug. Der, welcher eine dieser Eigenschaften bloß affektiert, der Witzling sowohl als der Klügling, ist ein ekelhaftes Subjekt. Witzig im Reden oder Schreiben zu sein, gehört, als ein besonders Talent, zur Liberalität der Sinnesart in der wechselseitigen Gedankenmitteilung; einer schwer zu erklärenden Eigenschaft des Verstandes überhaupt.
Die Sprache beinhaltet also eine Doppeldeutigkeit des Begriffs „Witz": zum einen der Witz als eine besondere Fähigkeit der Vernunft, das Witzvermögen sozusagen, und zum anderen der erzählte Witz. Wie aber hängen Gewitztheit und Witzigkeit zusammen? Und auf welche Weise entfaltet der Witz seine Wirkung in der Vernunft?
Musik und Stoff zum Lachen sind zweierlei Arten des Spiels mit ästhetischen Ideen oder auch Verstandesvorstellungen, wodurch am Ende nichts gedacht wird und die bloß durch ihren Wechsel lebhaft vergnügen können. Wodurch sie ziemlich klar zu erkennen geben, daß die Belebung in beiden bloß körperlich sei, ob sie gleich von Ideen des Gemüts erregt wird. Vergnügen scheint jederzeit in einem Gefühl der Beförderung des gesamten Lebens des

Menschen, mithin auch des körperlichen Wohlbefindens, das ist der Gesundheit, zu bestehen. Alles wechselnde freie Spiel der Empfindungen vergnügt, weil es das Gefühl der Gesundheit befördert. Nicht die Beurteilung der Harmonie in Tönen oder Witzeinfällen, die in ihrer Schönheit nur zum notwendigen Vehikel dient, sondern das beförderte Lebensgeschäft im Körper, der Affekt, der die Eingeweide und das Zwerchfell bewegt, mit einem Worte das Gefühl der Gesundheit machen das Vergnügen aus, welches man daran findet, daß man dem Körper auch durch die Seele beikommen und diese zum Arzt von jenem brauchen kann.

Demnach sehen Sie also das Lachen im wesentlichen als ein Mittel der Hausapotheke an?

Durch einige Affekten wird die Gesundheit von der Natur mechanisch befördert. Dahin gehören vornehmlich das Lachen und das Weinen. Der Zorn, wenn man brav schelten darf, ist zwar auch ein ziemlich sicheres Mittel zur Verdauung; aber ohne Gefahr ist dieses Mittel doch auch nicht wegen des besorglichen Widerstands der Hausgenossen. Das gutmütige Lachen ist dagegen beliebter und gedeihlicher. Die dabei stoßweise geschehende Ausatmung der Luft stärkt durch die heilsame Bewegung des Zwerchfells das Gefühl der Lebenskraft. Das Weinen, ein mit Schmerzen geschehendes Einatmen, wenn es mit Tränenguß verbunden ist, ist, als ein schmerzlinderndes Mittel, gleichfalls eine Vorsorge der Natur für die Gesundheit.

Das gutmütige, offenherzige Lachen ist gesellig; das hämische Grinsen feindselig. Einen in der Gesellschaft zum Stichblatt des Witzes zum besten zu haben, ohne doch stachlicht zu sein, gegen den der andere mit dem seinigen zu ähnlicher Erwiderung gerüstet und so ein fröhliches Lachen in sie zu bringen bereit ist, ist eine gutmütige und zugleich kultivierende Belebung derselben. Geschieht dieses aber auf Kosten eines Einfaltspinsels, den man, wie einen Ball, dem anderen zuschlägt, so ist das Lachen, als schadenfroh, wenigstens unfein. Geschieht es an einem Schmarotzer, der sich schwelgenshalber zum mutwilligen Spiel hingibt oder zum Narren machen läßt, ein Beweis vom schlechten Geschmack sowohl, als stumpfem moralischen Gefühl derer, die darüber aus vollem Hals lachen können…

Die aber wohl nicht aus vollem Herzen lachen! – Bedauerlich, daß einige, wie beispielsweise Henri Bergson, Ihre Typologie des Lachens nicht berücksichtigt und so sehr einseitige Deutungen entwickelt haben. Vielleicht sollten wir uns noch einmal der Charakteristik des Witzes zuwenden. Zum vergnügenden Spiel der Empfindungen kommt ja noch ein weiteres zentrales Merkmal hinzu, nämlich das der enttäuschten Erwartung.

Es muß in allem, was ein lebhaftes, erschütterndes Lachen erregen soll, etwas Widersinniges sein. Das Lachen ist ein Affekt aus der plötzlichen Verwandlung einer gespannten Erwartung in nichts. Ebendiese Verwandlung, die für den Verstand gewiß nicht erfreulich ist, erfreuet doch indirekt auf einen Augenblick sehr lebhaft, dadurch, daß sie, als bloßes Spiel der Vorstellungen, ein Gleichgewicht der Lebenskräfte im Körper hervorbringt.

Wenn jemand erzählt: daß ein Indianer, der an der Tafel eines Engländers in Surate eine Bouteille mit Ale öffnen und alles dies Bier, in Schaum verwandelt, herausdringen sah, mit vielen Ausrufungen seine große Verwunderung anzeigte und auf die Frage des Engländers: was ist denn hier sich so sehr zu verwundern? antwortete: Ich wundere mich auch nicht darüber, daß es herausgeht, sondern wie ihr's habt hereinkriegen können: so lachen wir, und es macht uns eine herzliche Lust: nicht, weil wir uns etwa klüger finden als diesen Unwissenden, oder sonst über etwas, was uns der Verstand hierin Wohlgefälliges bemerken ließe; sondern unsre Erwartung war gespannt und verschwindet plötzlich in nichts.

Verschwindet die Erwartung des Verstandes wirklich in nichts – oder fällt sie gar ins Nichts? Verwundert sich der Indianer nicht vielmehr über eine scheinbar gefundene technische Lösung, mit der die Zähmung eines schaumigen Durcheinanders gelingt? Wird die Erwartung also nicht vielmehr durch eine überraschende Wendung erfüllt? Stellt uns ein Witz nicht vor ein recht heikles Rätsel, das sich mit den Mitteln des Verstandes nicht lösen läßt? Könnten Sie vielleicht das Verschwinden der Erwartung nochmals präzisieren?

„Es muß in allem, was ein lebhaftes, erschütterndes Lachen erregen soll, etwas Widersinniges sein."

Wenn der Erbe eines reichen Verwandten diesem sein Leichenbegräbnis recht feierlich veranstalten will, aber klagt, daß es ihm hiemit nicht recht gelingen wolle; denn (sagt er): je mehr ich meinen Trauerleuten Geld gebe, betrübt auszusehen, desto lustiger sehen sie aus: so lachen wir laut, und der Grund liegt darin, daß eine Erwartung sich plötzlich in nichts verwandelt. Man muß wohl bemerken: daß sie sich nicht in das positive Gegenteil eines erwarteten Gegenstandes – denn das ist immer etwas und kann oft betrüben –, sondern in nichts verwandeln müsse. Merkwürdig ist: daß in allen solchen Fällen der Spaß immer etwas in sich enthalten muß, welches auf einen Augenblick täuschen kann; daher, wenn der

Schein in nichts verschwindet, das Gemüt wieder zurücksieht, um es mit ihm noch einmal zu versuchen, und so durch schnell hintereinander folgende Anspannung und Abspannung hin- und zurückgeschnellt und in Schwankung gesetzt wird.

Anders als beim Geschmacksurteil spielt im Witz das Gemüt also nicht mit dem schönen, sondern mit dem falschen Schein. Der falsche Schein spielt im gesellschaftlichen Umgang eine zentrale Rolle. In welcher Weise kann er im Lachen aufgehoben werden? Worin zeigt sich sein Verschwinden?

Dies findet sich in der Naivität, die der Ausdruck der der Menschheit ursprünglich natürlichen Aufrichtigkeit wider die zur andern Natur gewordenen Verstellungskunst ist. Man erwartete die alltägliche Sitte der gekünstelten und auf den schönen Schein vorsichtig angelegten Äußerung; und siehe! es ist die unverdorbne schuldlose Natur, die man anzutreffen gar nicht gewärtig. Daß der schöne, aber falsche Schein, der hier plötzlich in unserm Urteile sehr viel bedeutet, hier plötzlich in nichts verwandelt, daß gleichsam der Schalk in uns selbst bloßgestellt wird, bringt die Bewegung des Gemüts nach zwei entgegengesetzten Richtungen nacheinander hervor, die zugleich den Körper heilsam schüttelt. Daß aber etwas, was unendlich besser als alle angenommene Sitte ist, die Lauterkeit der Denkungsart doch nicht ganz in der menschlichen Natur erloschen ist, mischt Ernst und Hochschätzung in dieses Spiel der Urteilskraft. Weil es aber nur eine auf kurze Zeit sich hervortuende Erscheinung ist und die Decke der Verstellungskunst bald wieder vorgezogen wird: so mengt sich zugleich ein Bedauern darunter, welches eine Rührung der Zärtlichkeit ist, die sich als Spiel mit einem solchen gutherzigen Lachen sehr wohl verbinden läßt.

Das freundliche Belächeln der Naivität resultiert also aus einem Kummer über den Verlust der Natürlichkeit des Menschen; seiner Entfremdung von der Natur. Wie aber, wenn das Natürliche sich nur als ein solches ausgibt?

Eine Kunst, naiv zu sein, ist ein Widerspruch. Ein Akteur, der selbst kalt ist, übrigens nur Verstand und starkes Vermögen der Einbildungskraft besitzt, kann durch einen affektierten, gekünstelten Affekt oft mehr rühren als durch den wahren. Ein ernstlich Verliebter ist in Gegenwart seiner Geliebten verlegen, ungeschickt und wenig einnehmend. Einer aber, der bloß den Verliebten macht und sonst Talent hat, kann seine Rolle so natürlich spielen, daß er die arme Betrogene ganz in seine Schlingen bringt; gerade darum, weil sein Herz unbefangen, sein Kopf klar ist.

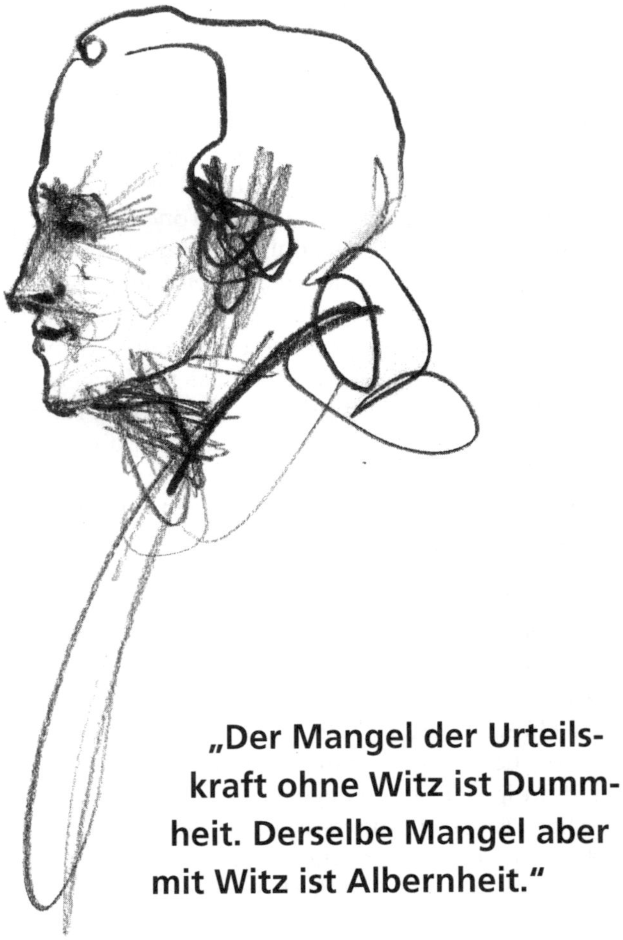

„Der Mangel der Urteilskraft ohne Witz ist Dummheit. Derselbe Mangel aber mit Witz ist Albernheit."

Die uns zur zweiten Natur gewordene Verstellungskunst wäre demnach natürlich – der falsche und der schöne Schein folglich natürlicher als unsere schlichte und redliche biologische Natur? Dies scheint mir ein weites Feld. Herr Kant, ich danke Ihnen für dieses anregende Gespräch.

Das Interview führte Klaus Erlach.

Das Interview folgt den Äußerungen von Prof. Immanuel Kant aus den Jahren 1793 (Critik der Urtheilskraft) und 1800 (Anthropologie in pragmatischer Hinsicht).

Das *kleine* philosophische **Rätsel**

1. Schon zu Tübinger Zeiten soll ihn ein Mitschüler vor den Folgen seines beträchtlichen Alkoholkonsums gewarnt haben.
2. War schon einmal auf Schloß Elmau.
3. Er untersuchte die alltäglichen Mythen der Massenkommunikation.
4. Schon früh bezeichnete er den Menschen als sich selbst steuernde Maschine.
5. Eine Vorlesung über Hegel machte ihn zum Star.
6. Er fragte sich, wie ein Kind mit endlichen Erfahrungen die unendlichen Möglichkeiten der Sprache erlernen kann.
7. Ein Zeitgenosse verglich ihn mit einer Akademie; heute eine Kekssorte.
8. Diesem „antiken Descartes" könnte man die Entdeckung der Ontologie zuschreiben.
9. Ein Vertreter des Pragmatismus, der besonders im Bereich zwischen Philosophie und Pädagogik arbeitete.
10. Er will so lange reden, bis sich alle einig sind.
11. Ließ Platons Gastmahl im 15. Jahrhundert wiederaufleben.
12. Sein Einfluß auf die Philosophie der Zeit war *relativ* groß, obwohl er eigentlich auf einem anderen Gebiet tätig war.

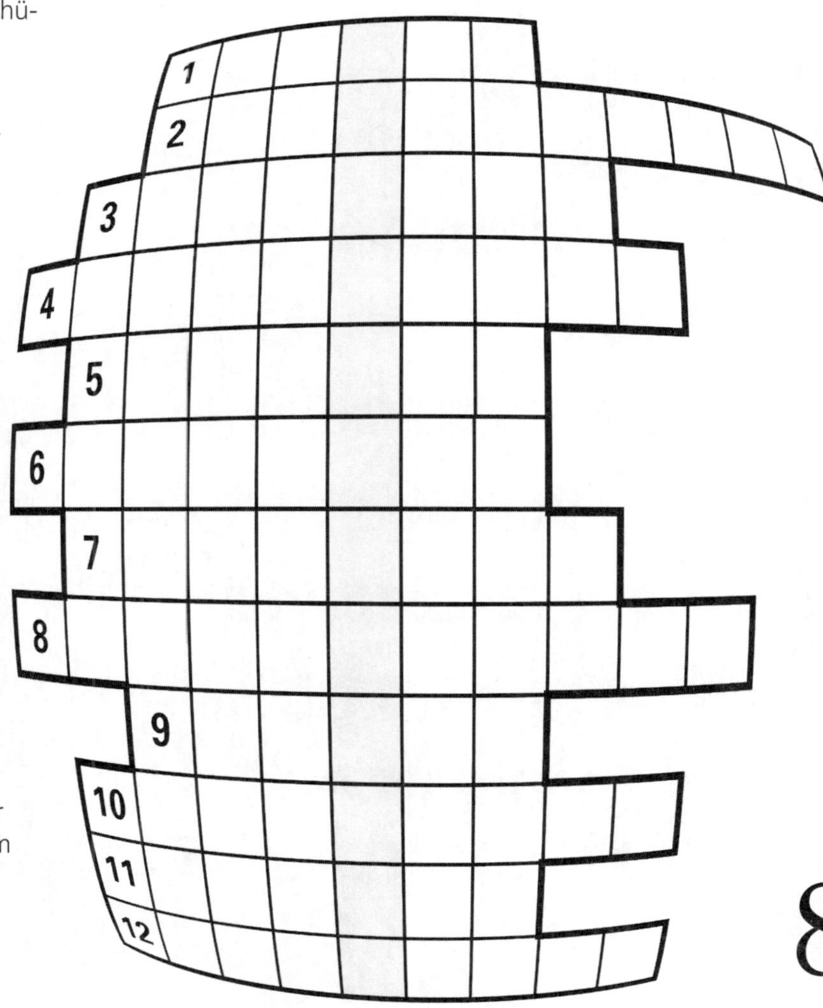

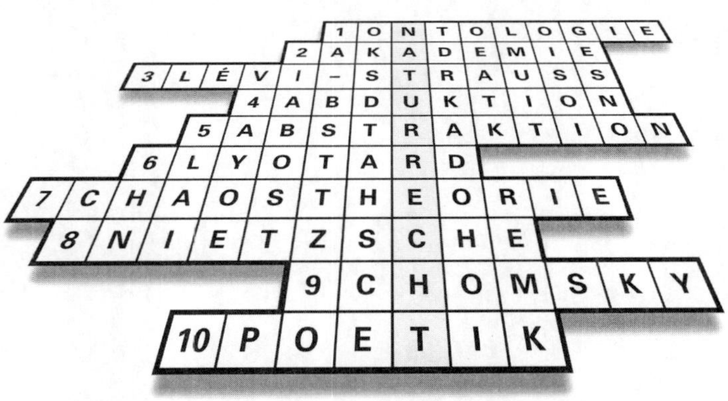

Lösung des Rätsels der neunten Ausgabe

Lösungen der Bücherrätsel der neunten Ausgabe

Lösung 1

Gesucht war Das Kapital *von Karl Marx und Friedrichs Engels. 1867 erschien der erste Band, 1885 beziehungsweise 1894 der zweite und dritte, letztere von Engels herausgegeben. Im Gegensatz zum* kommunistischen Manifest *geht es hier um eine detaillierte wissenschaftliche Analyse des Kapitalismus auch im großen historischen Zusammenhang. Unabhängig davon, was man von der Analyse der Autoren hält, ist das Werk das wirkungsmächtigste Buch der letzten eineinhalb Jahrhunderte geworden.*

Lösung 2

Gefragt wurde nach der Schrift Il Principe *(„Der Fürst") des Niccolò Machiavelli, erstmals gedruckt 1532. Nach seinem vorläufigen politischen Sturz 1513 lebte Machiavelli mehrere Jahre in bescheidenen Verhältnissen in der Nähe von Florenz und verfaßte dort das später Lorenzo dè Medici gewidmete Werk. In 23 Kapiteln handelt es von Arten und Wesen der Herrschaft, der Machtergreifung und des Machterhalts sowie allgemeinen Regeln der Staatskunst. Besonders der nüchterne, illusionslose Stil trug dem Buch vielfach Feindschaft und Verachtung ein, während es umgekehrt auch als „Bibel der Staatskunst" bezeichnet wird.*

Karlheinz Kleinbach

Franz Rosenzweig

Den Konflikt zwischen Modernität und jüdisch-orthodoxer Glaubenspraxis trug Franz Rosenzweig (1886–1929) auf seine ganz eigene Art aus. Die Bewegung seines Lebens führt dramatisch von der noblen Peripherie in das Zentrum jüdischen Lebens.

Wie für viele andere wohlhabende europäische Juden zum Ende des vergangenen Jahrhunderts, so war auch für Rosenzweigs Eltern die Assimilation die angemessene Lebensform – versprach und sicherte diese doch Teilhabe am politischen, kulturellen und sozialen Leben. Franz studierte einige Jahre Medizin, bevor sein akademisches Interesse an der Philosophie erwachte. In dieser Studienzeit in Berlin reifte sein Entschluß, zum Christentum zu konvertieren. 1913 zum Jom Kippur (hoher jüdischer Feiertag) nahm Rosenzweig – von ihm gedacht als sein Abschied vom Judentum – an einem Gottesdienst teil, der für ihn zum Wendepunkt zurück ins Judentum wurde. Als Soldat während des Ersten Weltkriegs beginnt er, den *Stern der Erlösung* zu schreiben. Dieses Buch ist der Abschied von einer akademischen Karriere und der (Neu-)Beginn jüdischer Erwachsenenbildung. Er eröffnet 1920 in Frankfurt eine Hochschule, das *Freie Jüdische Lehrhaus*. 1921 lernt der 35jährige Rosenzweig den 43jährigen Martin Buber kennen, der an seinem Hauptwerk *Ich und Du* arbeitet. Bereits ein Jahr später unterrichtet Buber am Lehrhaus. Rosenzweig erkrankt im Jahr 1922 an einer progressiven Paralyse. In dieser Zeit übersetzt er zusammen mit Buber und mit Unterstützung seiner Frau Edith die Bibel vom Hebräischen ins Deutsche. Am 10. Dezember 1929 stirbt Franz Rosenzweig nach langer und schwerer Krankheit.

1925 schreibt Rosenzweig einen Brief zum jüdischen Bildungsproblem an Eduard Strauß, einen Mitarbeiter und Lehrer am Frankfurter Freien Jüdischen Lehrhaus. Anders als der drei Jahre zuvor an seinen Lehrer Hermann Cohen gerichtete Brief *Zeit ist's*, einem Plädoyer für eine Akademie jüdischer Wissenschaft und Lehrerbildung, geht es in *Bildung – und kein Ende* um die (Wieder-)Gewinnung jüdischer Identität in der Erwachsenenbildung angesichts der drei einander widersprechenden Positionen Orthodoxie, Zionismus und Assimilation (siehe Kasten). Sowohl „die Kulturseligkeit des Emanzipationsjahrhunderts" (BukE 37) der Assimilation als auch der Zionismus setzen auf innere beziehungsweise äußere „Formen der Exterritorialität" (BukE 45). Beides bestimmt den jüdischen Menschen negativ. Entweder ist er eingebettet in ein auf religiöse Erbauung reduziertes Judentum, oder er lebt beständig mit dem Gefühl, nicht zu Hause zu sein. Beides ist ein Kampf um Anerkennung, staatsbürgerlich wie gesellschaftlich, und ist anscheinend „die einzige belebende Kraft, die der Wissenschaft und dem Unterricht aus dem wirklichen Leben" (BukE 43) zuströmt. Für Rosenzweig ist jedoch das, was aus dem „wirklichen Leben" kommt, nicht über Pflichten („Vulgärorthodoxie"), Aufgaben („Vulgärzionismus") oder Ideen („Vulgärliberalismus") zu begreifen. Vielmehr meint Rosenzweig mit „wirklichem Leben" eine Gegenwärtigkeit, ein Leben in der Gegenwart zusammen mit anderen Juden – ein „Ruck", der die unendliche Bürgschaft füreinander begreifen läßt, der jeden Juden für jeden Bürge sein läßt. Darin kommen zwei Voraussetzungen zum Ausdruck, nämlich Rosenzweigs geschichtsphilosophische Vorstellungen und das, was er als „jüdische Methode" bezeichnet.

Eine radikale Kritik der Totalität ist in Rosenzweigs Dissertation über Hegel angelegt, einer systematischen Interpretation und Entwicklungsgeschichte von Hegels Denken. Ein Strang, den Rosenzweig hier verfolgt, ist das Verhältnis von Individuum und Staat. Rosenzweig zeigt darin auf, weshalb der einzelne für den Staat „sozusagen gebrauchsfertig zur Verfügung gestellt werden" muß (HS II, 172). Weil Hegel den einzelnen nur als Begriff (des Allgemeinen) denkt, kann bei ihm der einzelne Mensch in seiner irreduziblen Einzigartigkeit nicht in den Blick kommen. Der systematische Zwang dieser Orientierung am Allgemeinen führt auch dazu, daß die philosophische Vernunft an ihr Ende kommt. Denn „alle Dinge sind in ihr begriffen. Und am Ende begreift sie sich selber" (KS 359). Doch der einzelne Mensch erhebt Einspruch, steht in Opposition zur Totalität dieses Systems. Denn plötzlich „entdeckt der Mensch, daß er, der doch längst philosophisch Verdaute, noch da ist ... (als) ganz gemeines Privatsubjekt, Ich Vor- und Zuname, Ich Staub und Asche, Ich bin noch da. Und philosophiere." (KS 359) Mit dem Bezug auf den Namen erhält das, was der Totalität entgegengestellt wird, eine positive Bestimmung.

Die positive Bestimmung des einzelnen, als Erfahrung der Singularität, hängt entscheidend am Namen, mit dem ich gerufen werde, der mich in eine Beziehung stellt. „Mit dem Anruf des Eigennamens trat das Wort der Offenbarung in die wirkliche Wechselrede ein." (SdE 208) Der eigene Name geht nicht restlos in die Gattung ein, er hat seinen Ort nicht in dieser Welt, ist nicht ersetzbar durch einen Artikel. Und vor allem: der eigene Namen „fordert Namen außer sich." (SdE 208) Dies unterscheidet Rosenzweig bei aller Nähe von der Existenzphilosophie, die zum egoistischen Aufbegehren des Subjekts auffordert.

Rosenzweig radikalisiert und erweitert seine Totalitätskritik in einer grundsätzlichen Differenz: Mensch *und* Gott *und* Welt sind nicht synthetisierbare Elemente. Dieses Differenz markierende *„Und"* ist gewissermaßen Rosenzweigs philosophisches Programm.

Dieses Programm entfaltet er in seinem Hauptwerk, dem *Stern der Erlösung*. Dort bildet die unvertretbare Erfahrung des Todes den Ausgang: „Sterben kann nur das Einzelne, und alles Sterbliche ist einsam." (SdE 4) Deshalb mußte die Philosophie den einzelnen aus der Welt schaffen. Denn mit dem Tod kann sie nichts anfangen. Die Opposition des einzelnen gegen das Allgemeine ist nur ein Strang von Rosenzweigs Argumentation. Der andere ist im Rückgriff auf Schelling das unbedingte Primat des Seins vor dem Denken. „Hineingegeben ist in den Stern der Erlösung zu Beginn die Erfahrung der Tatsächlich-

Schöpfung ist das entsprechende „Und" zwischen der Welt und Gott.

© *Divinity Library, Vanderbilt University, Nashville, TN, USA.*

keit vor allen Tatsachen der Erfahrung. Die Tatsächlichkeit, die dem Denken statt seines Lieblingswortes *Eigentlich* das seiner Zunge ungewohnte Grundwort aller Erfahrung, das Wörtchen *und*, aufzwingt. Gott und die Welt und der Mensch." (KS 395) Im ersten Teil des *Sterns der Erlösung* stellt Rosenzweig diese drei Elemente dar.

Das eine ist nicht auf das andere zurückzuführen. Gott und Mensch können nicht auf die Welt zurückgeführt werden (kosmologisch, antik); Mensch und Welt sind nicht rückführbar auf Gott, wie dies im Mittelalter ausformuliert wurde; genausowenig wie Gott und Welt sich nicht auf den Menschen reduzieren lassen (die anthropologische Variante der Neuzeit. Anthropologie: Lehre vom Menschen).

Die ursprünglichen Differenzen zwischen Gott, Mensch und Welt sind gleichwohl die Bedingung der Möglichkeit für „Brücken" zwischen diesen. Doch wo finden sich diese „verbindende Brücken" (SdE 117)? Dies ist Inhalt des zweiten Teils des *Sterns der Erlösung*. Rosenzweig nennt eine dieser Brücken die Erfahrung der Ent-Sprechung. Sie entsteht in der Beziehung der miteinander Sprechenden und aufeinander Hörenden. Im Gespräch wird es möglich, Differenzen zu überbrücken. Dies gilt für alle drei Elemente: „Gott selber, wenn wir ihn begreifen wollen, verbirgt sich, der Mensch, unser Selbst, verschließt sich, die Welt wird zum sichtbaren Rätsel. Nur in ihren Beziehungen in Schöpfung, Offenbarung, Erlösung tuen sie sich auf." (KS 386) Schöpfung ist das entsprechende „Und" zwischen der Welt und Gott, in der Offenbarung läßt sich die Beziehung zwischen Gott und Mensch bestimmen, und Erlösung verbindet Welt und Mensch. Mit diesen Entsprechungen sind in zeitlicher Hinsicht die Formen bestimmt, in denen sich jeweils die Beziehungen entfalten.

In der Offenbarung als ursprüngliche Erfahrung wird jedoch deutlich, daß Rosenzweig ein solches Zeitkonzept entformalisiert: Der Zuwendung Gottes kann der Mensch (nur) im menschlichen Maß entsprechen, nämlich in der Liebe zum anderen Menschen. In solcher Gegenwärtigkeit (Präsenz und Präsens) nimmt der Mensch Anteil an der Ewigkeit. Sie ist das Werk eines absolut einmaligen – und das heißt: sterblichen – Wesens. In seiner Einmaligkeit ist es nicht vertretbar, und deshalb erscheint Liebe als Gebot, als Imperativ (Sollenssatz) par excellence und als ethische Quelle jeder Handlung, wie es im *Sch'ma Israel* (Dtn. 6,4) ausgesprochen ist: als Gebot zu hören und zu lieben. „Daß jeder Augenblick der letzte sein kann, das macht ihn ewig. Und daß jeder Augenblick der letzte sein kann, macht ihn zum Ursprung der Zukunft als einer Reihe, von der jedes Glied durch das erste vorweggenommen wird." (SdE 252f) Ewigkeit ist also kein Ideal, sondern liebende Teilhabe am „Wir" der Welt, ohne daß ich mich in dieser Gemeinschaft auflöse oder hinter ihr verstecken kann.

In diesem messianischen Zeitkonzept unterscheidet sich das Judentum grundlegend vom Christentum. Das Judentum lebt innerweltlich in der Gegenwärtigkeit. Liturgie und Ritus stehen nicht im Gegensatz zum alltäglichen Leben, sondern sind vielmehr dessen Existenzmodus. Entsprechend ist *Synagoge* für Rosenzweig gleichzusetzen mit *praktischem Leben*, als Umsetzung der Thora und Befolgung ihrer Mizvoth

Assimilation

Mit Assimilation ist ein Prozeß gemeint, bei dem Individuen oder ethnische Gruppen in eine bestehende Gruppe oder Gesellschaft aufgenommen werden. Dies können Emigranten oder bisher isolierte Gruppen sein, die sich durch kulturelle, soziale und politischen Teilhabe zunehmend mehr am Wertesystem dieser Gesellschaft orientieren und dabei die eigenen, möglicherweise trennenden Vorstellung aufgeben. Die Beseitigung sozialer, kultureller, politischer und ökonomischer Unterschiede bei gleichzeitiger religiöser Toleranz ist der Kern des Assimilationsgedankens, wie ihn zuerst der deutsch-jüdische Philosoph Moses Mendelssohn (1729–1786) formuliert. Mendelssohn ging es in seiner spezifisch jüdischen Variante der Aufklärung (Haskala) um eine Versöhnung des Judaismus mit dem Aufklärungsgedanken. Mendelssohn wird zum Vorbild für Lessings Dramenfigur „Nathan der Weise".

Jüdische Orthodoxie

hält nicht nur an Schrift und Gesetz unbedingt fest, sondern ist gemeinsame alltägliche Praxis. Diese Praxis ist wesentlich bestimmt durch die Gebäude, in denen sie sich vollzieht: die Synagoge, das Lehrhaus und das eigene Haus/die eigene Wohnung. Dabei ist neben der Thora (hebr.: Weisung; im engeren Sinn die fünf ersten Bücher der hebräischen Bibel) der Talmud (eine Sammlung rabbinischer Diskussionen und Lehrmeinungen) die primäre Quelle für das Selbstverständnis einer solchen Praxis.

Jüdische Orthodoxie in Westeuropa und in Deutschland ist insbesondere mit dem Namen Samson Raphael Hirsch verbunden. Nach seiner Vorstellung ist es möglich, als Jude ein religiöses Leben unter Beachtung aller Gesetze zu führen und zugleich in der Gesellschaft integriert zu sein. Er geht davon aus, daß sich die theoretische Unterscheidung zwischen Kultur und Religion auch im praktischen Alltag aufrechterhalten läßt.

Zionismus

Bezeichnung für eine Bewegung im Judentum, welche die Rückkehr der Juden ins „Land der Väter" (Palästina) mit dem religiös-politischen Mittelpunkt Jerusalem (Zion) zum Ziel hat.

Nach Pogromen gegen Juden unter dem reaktionären Regime von Zar Alexander II. (1855–1881) wird der Gedanke eines eigenen territorial souveränen Staates der Juden von Leo Pisker formuliert. Er orientiert sich dabei wesentlich an der Idee des säkularen Nationalstaates, wie diese für das 19. Jahrhundert bestimmend war. In Westeuropa formiert sich der politische Zionismus in den neunziger Jahren des letzten Jahrhunderts. Theodor Herzl, ein österreichischer Jude, veröffentlicht 1896 Der Judenstaat *als Gegenposition zur Assimilation (siehe dort).*

In Basel findet 1891 der erste Zionistische Kongreß statt. Dort konkretisiert Max Nordau das politische Programm, indem er Palästina als originäres Land der Juden reklamiert.

(Gebote) im Alltag. Der Messias ist (zwar noch) nicht gekommen, aber die Gemeinschaft ist bereits in der Entsprechung zu Gott, lebt also gewissermaßen bereits in der Ewigkeit. Daher ist auch das rituelle und liturgische Leben nur die Fortsetzung dieser Ewigkeit/Gegenwärtigkeit. Das Ewige ist bereits durch die religiöse Gemeinschaft vorweggenommen; Geschichte ist gleich-gültig. Ewigkeit wird (gemeinsam) erlebt durch den Rhythmus der Stunden, Tage, Jahre hindurch. Diese (orthodoxe) Form jüdischer Gläubigkeit kennt keinen eschatologischen Messianismus (Eschatologie: Lehre vom Weltende), denn schon heute ist die jüdische Gemeinschaft der Gläubigen beim Herrn.
Dagegen hat das Christentum ein ganz anderes heilsgeschichtliches Schema. Es nimmt die Chronologie der Geschichte ernst – nur dessen Anfang und Ende stehen über der Geschichte. „Kuriose Umkehrung: Der Ewige Jude ist angekommen, der Christ auf ewiger Wanderschaft!" Anders als das Judentum ist das Christentum deshalb angelegt auf Mission, Gründung und damit auf Expansion und Unterwerfung.
Die spezifischen sozialen Formen kollektiver Existenz im Judentum machen verständlich, warum gerade hier *dialogisches Denken* entstehen konnte. Im Gegensatz zu Hegels dialektischem Ansatz denkt Rosenzweig dialogisch (Dialektik: Nach Hegel Grundstruktur und Methode, die Einheit nur als eine solche von Widersprüchen faßt). Folglich kehrt sich für Rosenzweig in der „Methode des Sprechens" (KS 388) der Vorrang des Methodischen in einen Vorrang des Tatsächlichen um. Gegen Hegel macht Rosenzweig deutlich, daß sich der einzelne nicht auf den Begriff bringen läßt, „was der Einzelne schauen wird, wer wolle ihm das voraussagen!" (BukE 46). Die Bereitschaft für den anderen Menschen, für die Welt und für Gott läßt sich nicht inhaltlich bestimmen. Vielmehr ist es ein ganz einfacher Entschluß, einmal zu sagen: „Nichts Jüdisches ist mir fremd." (BukE 46) Dieser kleine Ruck fragt nicht nach Rezepten. Wer dem jüdischen Menschen helfen will, der kann dies nur dadurch, daß er ihm *leere Formen* bereitstellt, in denen etwas geschehen kann.
Die *leere Form* ist das Merkmal des Jüdischen Lehrhauses. Leere Formen sind ein Sprechraum und eine Sprechzeit. Diese lassen sich vorweg organisieren. Es läßt sich darunter also durchaus ein *Leer-Haus, ein (noch) leeres Haus* verstehen. Rosenzweig verweist dabei auf Zeitschriften, die oft auch einen sprechsaalhaften Charakter haben. Ihre Aufgabe ist es, eine Plattform dafür bereitzustellen, was andere Menschen sagen wollen. So versucht das Jüdische Lehrhaus „Anfang zu sein" (BukE 49), statt eines planvoll inhaltlich durchgeführten Ganzen. Der Sprechraum hat kein Wartezimmer. Jeder, der kommt, wartet in ihm, nimmt hörend teil, denn aus dem Hören werden Worte wachsen, bis auch der Augenblick für den Zuhörenden kommt, in dem er mitspricht. Die Lebendigkeit kommt durch Öffentlichkeit zustande

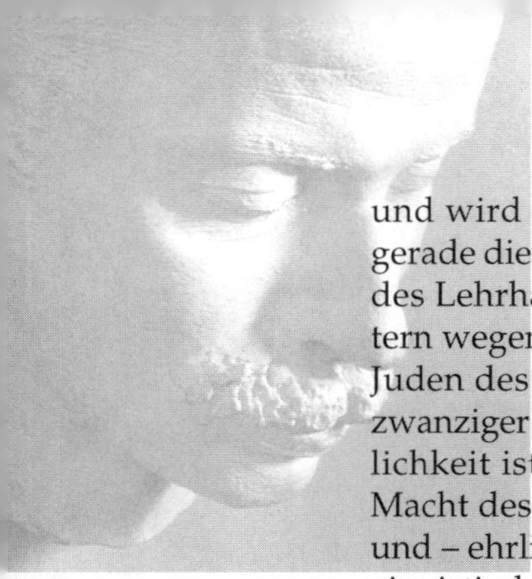

und wird durch diese gleichzeitig verbürgt. Und gerade diese Öffentlichkeit ist die verletzliche Stelle des Lehrhauses. Als hätte Rosenzweig sein Scheitern wegen des Crêpe-de-Chine-Publikums (reiche Juden des Frankfurter Westens) im Frankfurt der zwanziger Jahre vorausgesehen: „Denn diese Öffentlichkeit ist eine mörderische Atmosphäre für die Macht des Todes, die unserer deutschen Judenheit und – ehrlich gesprochen – insbesondere der nichtzionistischen im Nacken sitzt: das Bonzentum. Alle jene Verbonzten und alle die es werden wollen, jene jungen und alten Greise, sie werden sich einfach nicht hinwagen. Denn hier wird gefragt. Und sie wollen Kundgebungen. Hier wird gezweifelt. Und sie wollen Programme. Hier wird gewünscht." (BukE 51)

Rosenzweig gibt also den Zweiflern recht. Sie sollen zweifeln, wenn sie nur ins Freie Jüdische Lehrhaus kommen, um ihre Zweifel zu artikulieren, „denn es liegt an ihnen und einzig an ihnen, daß es das gibt." (BukE 52) Der Name war Programm. Es geht um jüdische Identität und nicht um einen Verständigungsort des Jüdischen mit dem Nichtjüdischen. Die Wahrheit findet sich dabei im Dialog aller Gelehrten. Aber zur Zeit Rosenzweigs gibt es keine Gelehrtenkultur mehr. Gelehrsamkeit wird nur mehr von Rabbinern repräsentiert. Zerbrochen ist auch die fundierende Gemeinsamkeit von jüdischem Haus (Haushalt), Synagoge (Dienst) und altjüdischem Gesetz. Die Lernform des Freien Jüdischen Lehrhauses nimmt also bewußt Bezug auf die jüdische Tradition. Ihr liegt die Aufgabenteilung der jüdischen Orthodoxie zugrunde: Thora (Unterweisung), Mischna (Wiederholung), Midrasch (Auslegung) und Talmud (Studium). Das Lehrhaus soll dabei die Aufgabe des traditionellen jüdischen Lehrhauses Midrasch neben der Synagoge übernehmen. „Frei" wurde das Lehrhaus genannt, weil es keine Aufnahmevoraussetzungen gab (Eingangsexamina etwa) und weil keine Abschlüsse zu erwerben waren.

Im Sommer 1920 übernimmt Rosenzweig auf Bitte des Frankfurter Oberrabbiners Dr. Nehemia Nobel die Leitung des Freien Jüdischen Lehrhauses in Frankfurt. Vom Freund Joseph Prager war Rosenzweig dem Führer der Jüdischen Gemeinde vorgestellt worden. Nobel lud Rosenzweig, nicht zuletzt wegen dessen Vortragstätigkeit an der Jüdischen Gemeinde Kassel, nach Frankfurt ein und plante, zusammen mit Eduard Strauß ein Lehrhaus in Frankfurt einzurichten.

Zusammen mit anderen jüdischen Philosophen des frühen zwanzigsten Jahrhunderts ist die Suche nach kultureller Authentizität das Verdienst von Rosenzweig. Dabei ging es darum, sich aus der kulturellen Umklammerung zu befreien, in die sich die vorangehende Assimilationsgeneration freiwillig begeben hatte. Diese war von Rosenzweig nicht nur als nutzlos erkannt worden, sondern sie hatte die eigene Würde aufgeopfert und verstrickte sich in Begründungen gegen das traditionelle Judentum. Das „Neue Denken" Rosenzweigs ist philosophiegeschichtlich aus zwei Gründen interessant.

Erstens weil es die Reserviertheit an allgemeinen Aufklärungsidealen konkretisiert, indem es die Grenzen und Schwächen von Hegels Programm aufzeigt: das Besondere im Allgemeinen aufgehen zu lassen. Das Thema des anderen ist zwar auch deutschen Denktraditionen nicht neu. Doch wird es dort stets als reziproke (wechselseitige, aufeinander bezogene) Form der Gemeinsamkeit dargestellt (aristotelisch oder kantisch). Das wird deutlich etwa in den Debatten zwischen Hermeneutik und kritischer Theorie oder zwischen Kommunitarismus und Universalismus. Im Unterschied dazu geht Rosenzweig von einer grundlegenden Asymmetrie aus: der radikalen Infragestellung des Selbst durch den anderen und dessen irreduzibler Singularität. Diese Asymmetrie fundiert die unausweichliche Verantwortung für den anderen Menschen. Darin liegt Rosenzweigs originärer innereuropäischer Beitrag zum philosophischen Selbstbewußtsein.

Zweitens ist das „Neue Denken" philosophiegeschichtlich interessant weil es Lernformen hervorbringt, in denen der Geltungsanspruch jüdischer Tradition reklamiert wird, nämlich die bewußte Bezugnahme auf deren weltliche und vernünftige Prinzipien, etwa der *Mischna*, das erste offizielle Werk rabbinischer Literatur, das ein Programm rationaler Rechtsfindung enthält. Vernunft und offenbarungsbezogene Rede gelten dabei als Momente derselben göttlichen Wahrheit. Oder im *Midrasch*, dem Lehrhaus, in dem Eigenes nur neben und wegen dem anderen zugelassen ist. In dieser Hinsicht ist das „Neue Denken" wahrscheinlich so alt wie das Judentum selbst. Denn in ihm ist Frömmigkeit seit je mit spezifischen Lese- und Lernpraktiken verbunden und gilt Gelehrsamkeit als Ausdruck von Gottesliebe.

Wie läßt sich jüdische Identität bestimmen? Rosenzweig kann eine Antwort darauf weder in der Assimilation noch im Zionismus finden. Seine Suche endet im verlorengegangenem Judentum, jedoch nicht als einem archäologischen Tatbestand. Was Rosenzweig bewegte, war die faszinierende Idee einer innigen Durchdringung von Humanismus und jüdischer Orthodoxie; einer Verbindung, in der der Humanismus auf die Grundlegung in der Subjektivität des Menschen verzichtet und die Orthodoxie auf die Ausschließlichkeit des Berufenseins zum Volk Gottes.

Literatur:

– Rosenzweig, Franz: Kleinere Schriften. Berlin (Schocken) 1937 (zitiert: KS)

– Rosenzweig, Franz: Bildung und kein Ende. In: ders.: Zur Jüdischen Erziehung – Drei Sendschreiben. Berlin (Schocken) 1937 (zitiert: BukE)

– Rosenzweig, Franz: Hegel und der Staat. München/Berlin 1920 (Nachdruck Aalen 1982) (zitiert: HS)

– Rosenzweig, Franz: Der Stern der Erlösung. Frankfurt (Suhrkamp) 1988 (seitenidentisch mit dem Text der Erstausgabe 1921) (zitiert: SdE)

Der Abdruck der Bilder erfolgt mit freundlicher Genehmigung der Divinity Library, Vanderbilt University, Nashville, TN, USA (aus der Sammlung von Nahum N. Glatzer).

Karlheinz Kleinbach studierte Pädagogik und Philosophie und ist Leiter einer Schule für geistig Behinderte.

Außereuropäische Philosophie

Thomas Kesselring

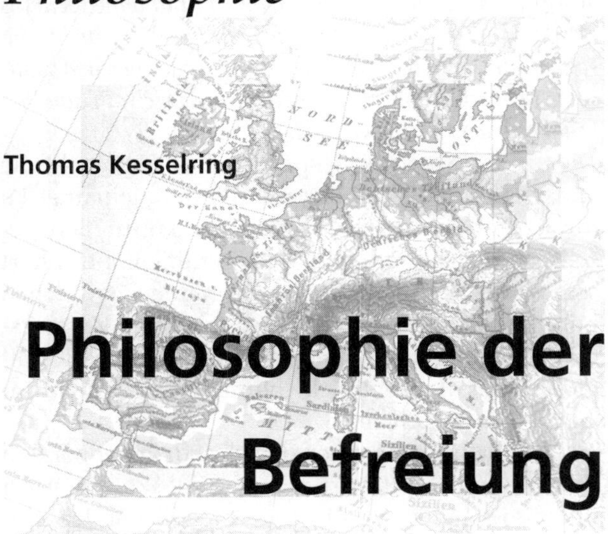

Philosophie der Befreiung

Welches ist der Beitrag Lateinamerikas zu einer globalen Denkkultur?

Gibt es eine eigene Philosophie Lateinamerikas? – Um auf diese Frage eine Antwort auch nur versuchen zu können, sind zuvor zwei Dinge zu klären – zum einen die Bedeutung des geopolitischen Begriffs „Lateinamerika" im vorliegenden Zusammenhang und zum anderen die Reichweite des Begriffs „Philosophie".

Die heutige Bevölkerung Lateinamerikas – vom Rio Negro im Norden Mexikos bis nach Feuerland im Süden des Subkontinents – zeigt eine Vielfalt, die zu den differenziertesten auf dem Globus überhaupt gehört: In Lateinamerika leben nicht nur die Nachkommen der Ureinwohner wie der Inka und Maya, sondern auch die Nachkommen europäischer und asiatischer Einwanderer sowie die Nachkommen afrikanischer Sklaven. In manchen Ländern leben die Gruppen mehr oder weniger getrennt voneinander, in anderen, wie Brasilien, mischen sie sich in phantastischer Weise – es entsteht ein neues Volk.[1] – Die „Philosophie" Lateinamerikas hat sehr viel zu tun mit der *Art* des Zusammenlebens dieser Völker.
Einer weit verbreiteten Auffassung zufolge wird Philosophie gegenwärtig fast nur an Universitäten betrieben. In allen Ländern Lateinamerikas gibt es Universitäten, und an den meisten wird auch philosophiert. Wer näher hinblickt, wird aber leicht feststellen, daß die akademische Philosophie Lateinamerikas sich in hohem Maße an europäischen Vorbildern (dieser Ausdruck ist hier nicht übertrieben) ausrichtet.
In der akademischen Landschaft des lateinamerikanischen Subkontinents finden sich Vertreterinnen oder Vertreter so ungefähr aller philosophischen Schulen, die wir auch in Europa antreffen.[2] Dieser Befund allein schon ist interessant, unterstreicht er doch eine tiefgreifende Abhängigkeit der lateinamerikanischen Philosophie von der europäischen.

Dem griechischen Ursprung des Wortes nach bedeutet „Philosophie" soviel wie „Liebe zur Weisheit". Schon Sokrates hat darunter immer *auch* die Suche nach Wahrheit verstanden. Rückblickend auf 2500 Jahre Philosophiegeschichte stellen wir fest: Dieser Suche waren Denker verpflichtet, die nach den Grundlagen bestimmter Wissenschaften fragten, aber auch Denker, die lebensweltlichen beziehungsweise existenziellen Problemstellungen auf den Grund gehen wollten. Spätestens seit Descartes herrscht ein Konsens darüber, daß Zweifel und Skepsis als das „Salz des Denkens" zur Philosophie dazugehören. Ihr eigentliches Geschäft besteht, folgt man Wittgenstein, geradezu im Hinterfragen dessen, was uns im Alltag als selbstverständlich erscheint. Diese Art von Philosophie kann sich genausogut außerhalb wie innerhalb des akademischen Betriebs abspielen.

Der Schlüssel zum Verständnis einer genuin lateinamerikanischen Philosophie liegt im Begriff „Befreiung".[3]

Wahrheitssuche in Lateinamerika sieht anders aus und schlägt andere Wege ein als in Europa. Die europäische Philosophie verbindet sich nicht durchgängig, aber doch sehr weitgehend, mit einem Anspruch auf Wissenschaftlichkeit, aufbauend auf Reflexion und Analyse. Oft genug steht die reine Begriffsakrobatik im Vordergrund. In Amerikas südlichem Halbkontinent gibt es demgegenüber ein Streben nach Wahrheit, das im Dienste einer Suche nach Befreiung steht.
Aber was heißt „Befreiungssuche"? Befreiung ist kein theoretisches, erst recht kein im engeren Sinn wissenschaftliches, sondern ein höchst praktisches Anliegen. Befreiung kann nicht das Resultat einer rein theoretischen Suche sein, sie setzt eine konkrete Aktion, eine Auseinandersetzung voraus, die zuweilen auch den Charakter eines Kampfes annimmt. „Die Philosophen haben die Welt nur verschieden *interpretiert*; es kömmt darauf an, sie zu *verändern*" – so hat es ein europäischer Philosoph aus dem 19. Jahrhundert ausgedrückt, der in Lateinamerika bis heute populär geblieben ist – Karl Marx. Die verändernde Praxis hätte Marx freilich selbst kaum zur Philosophie gerechnet. Aber erstens ist *Veränderung* nicht gleich *Befreiung* – diese stellt, wenn schon, eine ganz besondere Art von Veränderung dar. Zweitens – auch wenn Geschichte sich im Grunde als eine Folge von Veränderungen verstehen läßt, gibt es doch kein historisches Gesetz, dem zufolge sich zwingend irgendwann ein Zustand des „Befreitseins" einstellt. Geschichte als Weg der Befreiung ist zudem nicht bloße Aktion, sie ist auf Reflexion und damit auf Philosophie angewiesen.
Das Wort „Befreiung" drückt eine Sehnsucht aus, es steht für ein Lebensziel, ein politisches Programm – und das bedeutet letztlich: für eine kollektive Praxis. Wo eine Praxis im Horizont von Befreiung stattfindet, ist diese kaum jemals von der Philosophie, zumindest nicht von der akademischen Philosophie, angestoßen worden. Und wenn es vorkommt, daß Berufsphilosophen sie begleiten, dann nicht deswegen, weil sie Philosophen, sondern weil sie zugleich Theologen, Pädagogen, Sozialwissenschaftler sind oder waren.[4]

Aber gibt es denn nicht eine eigentliche „Befreiungsphilosophie"? – Doch, es gibt eine philosophische Richtung, die sich so nennt. Doch überwiegt bei dieser der Charakter theoretischer Reflexion bei weitem. Ihre Initiativen zur Veränderung der eigenen Lebensverhältnisse bleiben, wenn sie denn überhaupt existieren, marginal. Zudem ist sie in enger Abhängigkeit von der europäischen Philosophie entstanden.[5] Im großen Ganzen unterscheidet sie sich nicht wesentlich von den sonstigen Formen akademischer Philosophie in Lateinamerika.

Befreiung ist eine durch Reflexion begleitete Praxis; die philosophischen Instrumente für diese Reflexion sind in Europa geschmiedet.

Die *mentalen* Wirkungen der Kolonialzeit reichen in Lateinamerika tiefer als in Asien. Das frühe und tiefe Eindringen des europäischen Denkens, zumindest in einige der Kulturen des Subkontinents, ist letztlich der Grund, weshalb es in Lateinamerika (das nicht nur geopolitisch zur westlichen Hemisphäre zählt) heute keine oder bloß vergleichsweise gemäßigte antiwestliche Bewegungen gibt. Ebensowenig trifft man dort auf antimodernistische Fundamentalismen von vergleichbarem Kaliber wie derzeit in verschiedenen Regionen Asiens. Die Philosophie der Aufklärung – die europäische Philosophie – wird in Lateinamerika keineswegs als Fremdkörper und noch weniger als Zahnradgetriebe in einer Unterdrükkungsmaschinerie empfunden – im Gegenteil.
So ist auch das Werk des Pädagogen Paulo Freire ohne die europäische Aufklärung, ohne Hegel, Marx und die Psychoanalyse nicht zu denken. Müßte man Hegels *Phänomenologie des Geistes* mit einem Wort zusammenfassen und dieses Wort ins Brasilianische übersetzen – es hieße „conscientização" (Bewußtwerdung). Paulo Freire hat die Botschaft dieses Wortes – wie könnte es anders sein – in eine *Praxis* verwandelt und damit den Kern der Hegelschen Philosophie in die lateinamerikanische Pädagogik hineingetragen.

Befreiung als religiöses Anliegen.

In Lateinamerika sind die indigenen (eingeborenen) Lebensformen durch den Kolonialismus nachhaltiger zerstört worden als auf den anderen Kontinenten. Das erklärt den frühen Ursprung der Befreiungstheologie, der eigentlich schon in der ersten Hälfte des 16. Jahrhunderts liegt – bei Bartolomé de Las Casas.
In seinem *Kurzgefassten Bericht von der Verwüstung der Westindischen Länder*, erstmals 1552 in Sevilla gedruckt, spricht Las Casas von einem indianischen Häuptling, den die Spanier nach einer Orgie der Gewaltanwendung an den Pfahl gebunden hatten, um ihn lebendigen Leibes zu verbrennen. Las Casas schildert, wie ein Franziskaner versuchte, den Todgeweihten in seinen letzten Minuten noch zum Christentum zu bekehren, mit dem Hinweis, daß er, wenn er die christliche Botschaft glauben wolle, in den Himmel kommen und ewige Ruhe genießen werde; wogegen er andernfalls in die Hölle fahren und dort ewige Qualen erleiden müsse. Las Casas fährt fort:

„Der Cazique dachte hierüber ein wenig nach, und fragte sodann den Geistlichen, ob denn auch Christen in den Himmel kämen. Allerdings, sagte der Geistliche, kommen alle guten Christen hinein! Sogleich, und ohne weiteres Bedenken, erwiderte der Cazique, dort wolle er nicht hin, sondern lieber in die Hölle, damit er nur dergleichen grausame Leute nicht mehr zu sehen, noch da sich aufzuhalten brauchte, wo sie zugegen wären."[6]
Die Szene hat etwas Gespenstisches. Sie macht die ganze Paradoxie sichtbar, mit der in Lateinamerika fortan die Suche nach einer eigenen kulturellen, gesellschaftlichen und religiösen Identität konfrontiert sein wird. Die Szene läßt zudem erahnen, in welchen Bahnen sich nach der gescheiterten Zwangsmissionierung der indigenen Gesellschaften die religiösen Praktiken entwickeln mußten. Drei Richtungen zeichnen sich ab:
1.) Die Fortführung einer sich christlich nennenden Tradition, die Unterdrückungspraktiken toleriert und die jeweiligen politisch-sozialen Zustände rechtfertigt oder zumindest nicht antastet. Die traditionelle katholische Kirche enthält sich jeglicher Einmischung in Fragen der sozialen, wirtschaftlichen und politischen Realität. Die Sphären des Heiligen und des Profanen bleiben strikt getrennt. Wahrheit wird nicht gesucht, sondern offenbart. Sie kommt von oben, virtuell von Gott und tatsächlich vom Papst.
2.) Religiöse Überlebens- und Widerstandspraktiken gemäß autochthonen (althergebrachten, einheimischen) Traditionen. Magische Praktiken und animistische Vorstellungen stellen in Lateinamerika, etwa in den Andenländern oder auch – völlig anders – in Brasilien, eine Realität dar, die praktisch zum Alltag gehört. In Brasilien handelt es sich im wesentlichen um ein kulturelles Erbe der afrikanischen Sklaven – freilich zum Teil angereichert durch spirituelle oder rituelle Elemente aus indigenen amerikanischen Naturreligionen. Überliefert durch eine Tradition des Widerstands, überlebt in diesen Praktiken eine tief archaische Mentalität inmitten einer modernen Welt. Der kultische Mix, der insbesondere für die afrobrasilianischen Praktiken, wie Condomblé, Quimbanda oder auch die modernere Variante, Umbanda, bis heute typisch ist, geht in seinen Ursprüngen darauf zurück, daß die Afrikaner, zur Annahme des Christentums gezwungen, in die christlichen Heiligenfiguren ihre eigenen Orixás (Götter und Dämonen) hineinstellten. Freiwillig willkommen geheißen wurde – vom 19. Jahrhundert an – ein ganz anderes europäisches Angebot religiöser Praxis – einer Praxis, die zu den tief verankerten afrobrasilianischen Kulten eine innere Verwandtschaft aufweist: der auf den Franzosen Allan Kardec zurückgehende Spiritismus, der in Brasilien zu einer völlig eigenständigen, teils mit afrobrasilianischen Riten vermischten Kultform avancierte.
Das für ganz Lateinamerika charakteristische Nebeneinander von Religionen mit repressiver Tendenz (beziehungsweise ihrer Duldung) und solchen mit entgegengesetzter Ausrichtung wiederholt sich in Brasilien innerhalb des großen Schmelztiegels afrikanischer, indigener, spiritistischer und christlicher Praktiken: Dort koexistieren Formen schwarzer wie weißer Magie – eine eigene Tradition karitativ-spiritueller Volksmedizin hat mit der Hexerei einen *Modus vivendi* gefunden. Bis heute prägen diese Prakti-

ken unter der Oberfläche den Alltag in nicht zu unterschätzendem Ausmaß. Die Grenzen zwischen sakraler und profaner Sphäre bleiben unscharf.

3.) Eine Transformation der christlichen Tradition in Richtung Parteinahme für die Unterdrückten ist die Befreiungstheologie, die in vieler Hinsicht das genaue Gegenstück zur den konservativen Teilen der Katholischen Kirche darstellt. Die Bibel bildet für die Theologie der Befreiung genauso die Grundlage, wie für jene – doch stehen zum Teil andere Textstellen im Vordergrund.[7] Die kirchliche Hierarchie ist weitmöglichst eingeebnet, die vertikale Dimension bei der Wahrheitssuche verflüchtigt. Die Strukturen sind horizontal, dezentralisiert, flexibel und unbürokratisch – so weit dies ohne Abspaltung von Rom eben möglich ist.

Die Befreiungstheologie ist aufklärerisch, rational, auf Nachvollziehbarkeit angelegt, tolerant gegenüber jeder Form von Toleranz, quasi cartesianisch. Kritik und Zweifel sind wichtige intellektuelle Tugenden. Noch wichtiger freilich sind die praktischen – Solidarität und konsequentes gemeinschaftliches Handeln.

Das zentrale Motto der Befreiungstheologie lautet „opção pelos pobres“ (Option für die Armen) – ein Programm mit unvermeidlichem Zündstoff angesichts der für lateinamerikanische Länder typischen extremen internen Ungleichverteilung. Es ist nie versucht worden, die Inhalte der Befreiungstheologie in eine philosophische Sprache zu übersetzen. Und doch findet sich – in völlig anderem Kontext, wiewohl fast zeitgleich mit der Erneuerung der Befreiungstheologie im 20. Jahrhundert entwickelt – ein philosophisches Prinzip, das ihr gleicht – das sogenannte Differenzprinzip von John Rawls: Willst du erkennen, wie gerecht eine Gesellschaft ist, so sieh nach, in welchen Verhältnissen die am meisten Benachteiligten dort leben.

Zu diesen drei tief in der Geschichte Lateinamerikas verankerten Formen religiöser Praxis ist vor kurzem eine vierte getreten – die der neoevangelikalen Kirchen. Von Nordamerika ausstrahlend, haben sie sich in wenigen Jahrzehnten in Lateinamerika genau so ausgebreitet wie andernorts auch – in Europa etwa oder in Ostasien. Es gibt zwar lokale Anpassungen, aber im großen Ganzen handelt es sich um eine Allerweltsmischung aus Geschäft und spirituellem *fast food*, die dem Zeitalter der globalisierten Märkte alle Ehre macht.

Insgesamt bestehen heute in Lateinamerika also vier religiöse Traditionen nebeneinander. Zwei dieser Traditionen sind von außen auferlegt (katholische Kirche) beziehungsweise von außen „importiert“ (neoevangelikale Bewegung) und zwei sind genuin lateinamerikanisch (indigene beziehungsweise afrikanische Religionen und Befreiungstheologie). Auf Befreiung ausgerichtet sind nur zwei dieser Traditionen – nämlich genau diejenigen, die in Lateinamerika selbst entstanden sind.

Aus der Befreiungspraxis erwachsen neue philosophische Einsichten.

Die Stärke des lateinamerikanischen Denkens besteht nicht so sehr in der Theoriebildung als vielmehr in der denkerischen und reflexiven Begleitung der Praxis; nicht so sehr in einem als Selbstzweck betriebenen Argumentieren als vielmehr in dem, was man als „Anwendung“ bezeichnen könnte.

Indem wir „Theorie“ und „Anwendung“ auseinanderdividieren, verfehlen wir aber gerade das Spezifische des denkerischen Stils, den es hier herauszuarbeiten gilt. Unter einer Theorie versteht man ein Satzsystem, mit dessen Hilfe sich Ereignisse erklären oder voraussagen lassen oder aus dem man vernünftige Handlungsanweisungen zu gewinnen hofft. – In den lateinamerikanischen Traditionen kann Theorie in diesem Sinn niemals Selbstzweck sein. Der brasilianische Pädagoge Paulo Freire formuliert es mit den Worten Rosa Luxemburgs: „Solange die theoretische Erkenntnis bloß das Privilegium einer Handvoll ‚Akademiker‘ … bleibt, droht ihr immer die Gefahr, auf Abwege zu geraten.“[8] Im Vordergrund steht etwas ganz anderes – das kollektive Handeln. Es wird durch reflektierende Analyse der Umstände, der Aktionsziele, der kollektiven Aktion selbst begleitet.

Paradox oder nicht – durch diese Art der Reflexion werden aufgegriffene Theoriefragmente zuweilen umgebaut oder weiterentwickelt, ja es entstehen dabei sogar *neue Theorien*. – Drei Beispiele mögen diesen Prozeß illustrieren:

Das erste stammt aus der Gegenwart und betrifft die (auch in Lateinamerika bekannte) Theorie des *herrschaftsfreien Diskurses*. Dieser Diskurs – so lehren Habermas und Apel – ist angelegt auf einen Konsens und hat den Charakter eines idealen Maßstabs oder Vorbilds für reale Diskurse. In einem solchen Diskurs sollen aufgrund des Verzichts aller Beteiligten auf Machtausübung alle Interessen berücksichtigt und gemeinsame Werte ermittelt werden. Offen bleibt allerdings die Frage, reale Diskurse welcher Art sich so formen lassen sollen. Politische Debatten? Juristische Streitbeilegungen? In allen Fällen stößt man auf dasselbe grundsätzliche Dilemma: Entweder wird eine Debatte von Anfang bis Ende nach basisdemokratischen Regeln durchgeführt – was aber kaum je einen Konsens zur Folge hat. Oder man führt ein Gespräch konsensorientiert, doch dann muß man das Prinzip der gleichen Berücksichtigung aller Interessen fallen lassen, ähnlich wie in einem Parlamentsausschuß, dessen Mitglieder Punkt für Punkt eine Einigung *aushandeln*.

Eine lateinamerikanische – also praktische – Antwort auf dieses Dilemma gibt die Präfektur der südbrasilianischen Millionenstadt Porto Alegre: Sie läßt jedes Jahr die Budgetprioritäten in einem basisdemokratischen Prozedere erheben: erst in Quartiersversammlungen, danach in einer zentralen Zusammenkunft der Quartiersabgeordneten. Es versteht sich von selbst, daß bei diesem Vorgehen die Konsenswahrscheinlichkeit gegen Null tendiert. Aber es kommt selten vor, daß sich jemand, dessen Überzeugungen vernünftig begründet sind, bei *jeder* wichtigen Entscheidung in die Minderheit versetzt sieht. – Handelt es sich hier noch um eine *Anwendung* der Theorie des herrschaftsfreien Diskurses und nicht vielmehr um die Kreation einer *neuen*, praktisch auch wirklich handhabbaren *Theorie*?! (Jedenfalls wurde die Stadt in Kürze sauber, geschlossene Krankenhäuser begannen wieder zu funktionieren, die Slums erhielten Gesundheitsposten ...)

Das zweite Beispiel knüpft an die siebziger Jahre an – die Zeit der Diktaturen. Bezeichnenderweise unterscheidet sich seit dieser Zeit die lateinamerikanische Lesart der Entwicklungspsychologie eines Jean Piaget deutlich von derjenigen etwa der Linken in Europa. Piaget hat die Entfaltung des kindlichen Denkens von den ersten Regungen der Intelligenz beim Säugling bis zum mathematischen Denken des Heranwachsenden erfaßt. Für die europäische Linke ist er ein Theoretiker der Anpassung und des wissenschaftlich-technologischen Fortschritts. Die lateinamerikanische Pädagogik sieht in ihm, der die Eigenaktivität des Kindes immer besonders betont hat, einen Forscher, der Entwicklung als Weg zur Autonomie, zur selbstbestimmten Persönlichkeit begreift. Entsprechend wird Piaget dort als Vertreter einer Pädagogik der Emanzipation gefeiert und dem Volkserzieher Paulo Freire zur Seite gestellt. In Brasilien ist der Name Piagets selbst dem Mann von der Straße bekannt. „Entwicklung" bedeutet im Kontext Lateinamerikas eben nicht – oder doch nicht nur – *Fortschritt*, sondern vor allem *Befreiung*.

Das dritte Beispiel liegt in der Geschichte am weitesten zurück. Ich entnehme es – einmal mehr – dem *Kurzgefaßten Bericht* von Las Casas, und zwar den verschiedenen Stellen, an denen er die Rekapitulation der Greueltaten der spanischen Eroberer unterbricht, nach passenden Worten zum Ausdruck seiner Empörung ringt und über die Gründe dieser Empörung reflektiert. Eines der Argumente in diesem Zusammenhang lautet, daß die Beurteilung des Verhaltens der Indios als ungehorsam und rebellisch falsch sei, weil „nämlich niemand als Rebell betrachtet oder so genannt werden könne, er sei denn zuvor wirklicher Untertan". An anderer Stelle argumentiert Las Casas, es sei absurd, von „Ungläubigen, die friedlich und ruhig in ihrem eigenen Lande lebten", zu erwarten, daß „sie sogleich und ohne allen vorgängigen Unterricht, eine fremde Lehre annehmen, und sich der Herrschaft eines Königs unterwerfen sollten, von welchem sie ... noch nie etwas sahen oder hörten". – An diesen Stellen formuliert Las Casas beiläufig die Mosaiksteine zu einer vertragstheoretischen Gesellschaftslehre. Ein solches Argument lautet: Zugehörigkeit zu einer Gesellschaft setzt Einwilligung voraus. Ein anderes: Von Einwilligung können wir nur sprechen, wo jemand *aufgrund ausreichender Information* frei entschieden hat (heute spricht man vom Prinzip des „prior informed consent"). Aus Las Casas' Reflexionen auf die Umstände, die seinen Widerstand herausforderten, entsteht unter der Hand – gleichsam als Nebenprodukt – eine philosophische Theorie!

Reflexionen mit *praktischer* Realisierung.

Während wir uns in Europa mit der Erarbeitung von Argumentationen für die Begrenzung der Zuwanderung herumschlagen und uns mit einer „transkulturellen Pädagogik" schwertun, finden wir in Lateinamerika einen wahren Schmelztigel der Ethnien und Kulturen, der seinesgleichen auf der Welt sucht. Nicht, daß es Rassismus in Lateinamerika nicht auch gäbe: Die ethnisch bedingte Chancenungleichheit ist augenfällig und in manchen Regionen durchaus bedrohlich. Aber im 20. Jahrhundert ist es in Lateinamerika wenigstens (von der Maya-Tragödie in Guatemala abgesehen!) zu keinen ethnischen Vertreibungen gekommen – anders als in Europa, Asien oder Afrika. Das ist nicht geringzuschätzen. Die *Zuwanderung* von Menschen aus anderen Kulturen und ihre *Eingliederung* in die Gesellschaft gilt zwischen Mexiko und Feuerland nirgends als unerwünscht. Der letzte argentinische Präsident ist ein Sohn syrischer Einwanderer, der peruanische Präsident Fujimori hat japanische Vorfahren. Welches europäische Land würde schon einen Inder oder Chinesen der zweiten oder dritten Generation als Präsidenten akzeptieren?

Während wir uns in Europa darüber streiten, ob das Konzept der Menschenrechte nicht doch vielleicht allzu „eurozentrisch" ist, und uns Gedanken darüber machen, wie wir pädagogisch vorgehen müssen, um unsere Schülerinnen und Schüler für dieses Thema zu interessieren, begegnet man in Zentralamerika selbst in manchen Dörfern Personen, deren Augen zu leuchten beginnen, wenn sie das Stichwort „Menschenrechte" hören. An der „Basis" engagierte Menschen scheinen vom Nutzen der Philosophie womöglich tiefer überzeugt zu sein als mancher Inhaber eines philosophischen Lehrstuhls in Europa.

Schluß

Befreiung ist in Lateinamerika kein bloß vorübergehendes Thema. Sie steht für ein Anliegen, dessen

Wurzeln über koloniale Plünderung und Sklavenwirtschaft bis zur *conquista* zurückreichen. Was das Befreiungsanliegen in der zweiten Hälfte des 20. Jahrhunderts wieder aufleben ließ, waren einerseits die diktatorischen Regimes und andererseits das Verschuldungsdebakel. Noch sind dessen Folgen bei weitem nicht ausgestanden, da bricht unter dem Titel „Globalisierung" bereits das nächste Drama herein – die permanente Gefahr tiefer ökonomischer Krisen infolge der hohen Kursschwankungen an den internationalen Finanzmärkten. In ihren Wettervorhersagen scheinen die Philosophen die Bedeutung dieses neusten Wirbelsturms noch nicht erkannt zu haben. Ist etwa das Programm, die Welt zu interpretieren, um sie dann verändern zu können, schon definitiv preisgegeben? Um das verhakte Mobile wieder in Schwung zu bringen, bedarf es dringend – ganz im Stil des lateinamerikanischen Vorbilds – einer Kultur des reflektierten Zupackens.

Zur Vertiefung empfohlen:

– Kesselring, Thomas: Philosophieren in Brasilien – oder: Wie tief ist der Abgrund zwischen Theorie und Realität? Freiburger Zeitschrift für Philosophie und Theologie 1992/3, S. 369–390

Anmerkungen:

1. Zu Fragen wie denjenigen nach der spezifischen Denkweise der Maya-Völker im heutigen Zentralamerika oder der Inkas in der Andenregion siehe von Barloewen, Constantin: Kulturgeschichte und Modernität Lateinamerikas. Matthes & Seitz, München 1992
2. Eine Einführung in die – weitgehend akademische – Philosophie Lateinamerikas bietet: Guy, Alain: Panorama de la philosophie ibéro-américaine. Du XVIE siècle à nos jours. Paliño Verlag, Genf 1989
3. Ich danke Leonardo Boff für den kurzen Gedankenaustausch am 8.12.99 zu dieser These, mit dem die Geburtswehen zum vorliegenden Aufsatz einsetzten.
4. Eine bedeutende Ausnahme ist Raúl Fornet-Betancourt (Aachen), der mit seinem Internationalen Seminar des philosophischen Dialogprogramms ein Forum zur interdisziplinär abgestützten philosophischen Reflexion und Begleitung von Befreiungsprozessen bietet. – Eine herausragende Rolle als Impulsgeber für die politische Praxis spielt in Brasilien der Philosoph und Theologe Manfredo Araujo de Oliveira.
5. Ihr eigentlicher Gründer, Enrique Dussel, ist Sohn eines deutschen Einwanderers nach Argentinien und hat den Kontakt mit deutschen Philosophen, allen voran Karl Otto Apel, nie aufgegeben.
6. Las Casas, Bartolomé de: Bericht von der Verwüstung der Westindischen Länder. Hrsg. von Hans Magnus Enzensberger. Insel Verlag, Frankfurt 1966, S. 27
7. Türcke, Christoph: „Befreiung". In: Ders.: Kassensturz. Zur Lage der Theologie. Fischer Verlag, Frankfurt 1992, S. 119–135
8. Freire, Paulo: Pädagogik der Unterdrückten. Rowohlt Verlag, Reinbek 1973, S. 28

Thomas Kesselring lehrt als Privatdozent Philosophie an der Universität Bern.

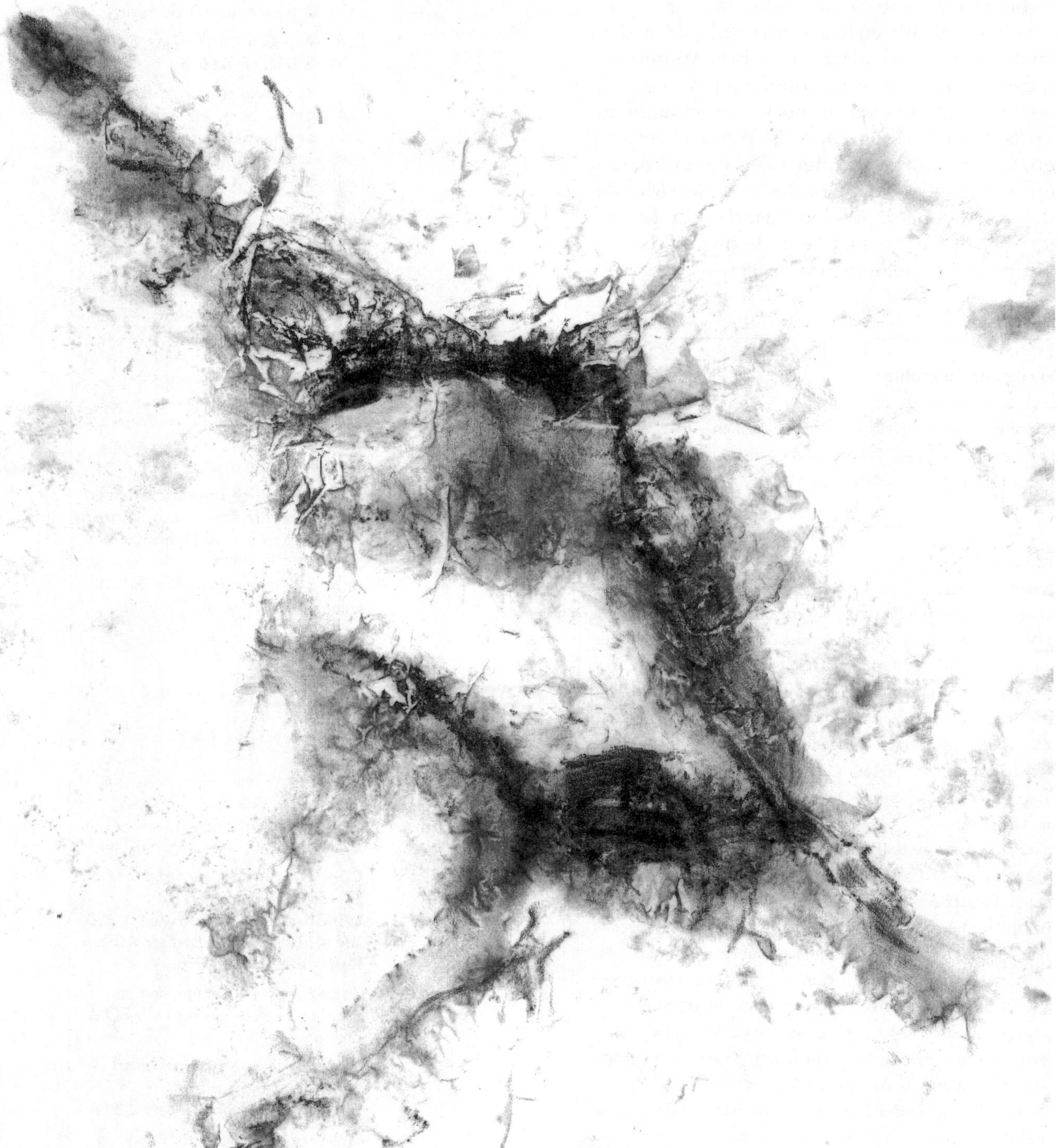

Alfred Simon

Sterbehilfe

Eine Rechtfertigung

Eine kategorische Ablehnung der aktiven Sterbehilfe, wie sie derzeit die Diskussion über Sterbehilfe in Deutschland bestimmt, erweist sich bei genauerer Betrachtung als ethisch unbegründet. Entscheidend für die moralische Beurteilung von Sterbehilfe ist nicht, ob sich der Handelnde bei der Ausführung aktiv, passiv oder indirekt verhält, sondern die Frage, ob die Hilfe zum Sterben auf Verlangen, ohne Verlangen oder gegen den Willen des Betroffenen erfolgt. Aus der Möglichkeit der moralischen Rechtfertigung der „Tötung auf Verlangen" folgt jedoch nicht, daß ihre Praxis legalisiert werden soll. Einige praktische Probleme scheinen auf den ersten Blick gegen einen solchen Schritt zu sprechen.

Kann aktive Sterbehilfe gerechtfertigt werden?

Jeder von uns hat ein Interesse daran, nicht von einem anderen Menschen getötet zu werden. Dieses Interesse ist so grundlegend, daß es durch ein grundgesetzlich festgeschriebenes Recht auf Leben geschützt wird. Dieses Recht kann durch kein anderes Interesse verdrängt werden: So darf ein Mensch im Normalfall auch dann nicht getötet werden, wenn nur durch die Tötung dieses Menschen – etwa unter Nutzung seiner Organe – mehrere andere Leben gerettet werden können.

Wie aber sieht es aus, wenn der Betroffene selbst sich den Tod wünscht? Das Recht auf Leben enthält keine Pflicht zu leben. Ebenso wie das aktive und passive Wahlrecht keine Pflicht enthalten, zur Wahl zu gehen oder sich als Kandidat zur Wahl zu stellen, sondern nur die Aufforderung, verantwortungsvoll mit diesem Recht umzugehen, kann aus dem Recht auf Leben nur die moralische Aufforderung zu einem verantwortungsvollen Umgang mit dem eigenen Leben abgeleitet werden. Der wohlüberlegte Wunsch nach dem eigenen Tod angesichts eines unheilbaren und vom Betroffenen selbst als untragbar empfundenen Leidens kann meines Erachtens diesem verantwortungsvollen Umgang sehr wohl entsprechen.

Demnach wäre aktive Sterbehilfe zu rechtfertigen, wenn sie im Interesse des Betroffenen erfolgt. Da wir jedoch niemals mit Sicherheit wissen können, was dem Interesse eines anderen Menschen entspricht, scheint es mir unbedingt erforderlich, daß der Betroffene selbst dieses Interesse in glaubhafter Weise äußert beziehungsweise zu einem früheren Zeitpunkt – bezogen auf die gegenwärtige Situation, in der er seine Interessen nicht mehr zum Ausdruck bringen kann – geäußert hat. Das Verlangen nach dem Tod stellt somit eine notwendige Voraussetzung für die moralische Rechtfertigung aktiver Sterbehilfe dar. Die Unterscheidung „auf Verlangen/ohne Verlangen" bildet nach meinem Dafürhalten auch das entscheidende Kriterium für jene Fälle der passiven beziehungsweise indirekten Sterbehilfe, in denen eine Leidensverminderung durch Lebensverkürzung beabsichtigt ist. In allen anderen Fällen ist es sinnvoller, nicht von „Sterbehilfe" zu sprechen, da keine Intention zur Lebensverkürzung und damit auch keine „Hilfe zum Sterben" – sondern allenfalls eine „Hilfe im Sterben" – vorliegt.

Die Unverfügbarkeit menschlichen Lebens

Eine moralische Rechtfertigung aktiver Sterbehilfe setzt voraus, daß dem Menschen ein Recht zugespro-

Aktive Sterbehilfe
Unter aktiver Sterbehilfe verstehe ich die bewußte Tötung eines unheilbar kranken Menschen auf dessen ausdrückliches Verlangen hin. Ziel der Tötungshandlung ist es, einen vom Betroffenen selbst als unwürdig und lebensunwert empfundenen Krankheitszustand zu beenden beziehungsweise diesem vorzubeugen. Aktive Sterbehilfe ist von anderen Formen der Sterbehilfe, wie etwa dem Unterlassen beziehungsweise Nichtaufnehmen lebensverlängernder Maßnahmen („passive Sterbehilfe"), dem Verabreichung von Medikamenten zur Schmerzbekämpfung in potentiell tödlichen Dosen („indirekte Sterbehilfe") oder der Beihilfe zur Selbsttötung zu unterscheiden. Letztere Formen der Sterbehilfe sind in Deutschland im Gegensatz zur aktiven Sterbehilfe rechtlich möglich, wenngleich ihre Praxis moralisch sehr unterschiedlich bewertet wird.

Euthanasie
Von gr.: euthanasia*: schneller, schöner Tod, oftmals auch ehrenvoller Tod eines Kriegers im Kampf. Im 18. Jahrhundert kam der neulateinische Ausdruck* euthanasia *auf, woraus sich später* Euthanasie *entwickelte. Zunächst bedeutete* Euthanasie *„leichtes, sanftes Sterben"; dann auch: Gesamtheit ärztlicher Maßnahmen zur Erleichterung des Todeskampfes (erstmals „Euthanasia medica" bei F. Bacon). Die Nationalsozialisten führten unter der irreführenden Tarnbezeichnung* Euthanasie *ein Programm zur systematischen Tötung geistig und/oder körperlich behinderter Kinder und Erwachsener durch.*
Heute wird Euthanasie *(engl.: euthanasia) als Synonym für „Sterbehilfe" verwendet, was aber aufgrund der Verbrechen im Dritten Reich zu Mißverständnissen führen kann.*
Recht: Die gesetzlichen Bestimmungen des deutschen Strafgesetzbuchs (StGB) verwenden den Begriff nicht; die absichtliche und aktive Lebensverkürzung ist auch dann, wenn sie auf ausdrückliches und ernstes Verlangen eines Sterbenden erfolgt, strafbar.

chen wird, über sein Leben und seinen Tod selbst zu entscheiden. Dieses Recht wird jedoch nicht allgemein in gleicher Weise anerkannt.
Die katholische Kirche etwa betrachtet das menschliche Leben als ein Geschenk Gottes, das der Verantwortung und der Obhut des Menschen übertragen und anvertraut ist, welches der Mensch aber nicht als sein ausschließliches, total beherrschbares und manipulierbares Eigentum beanspruchen kann.[1]
Daraus folgt nach christlicher Lehre nicht nur das Verbot, einen anderen Menschen zu töten, sondern auch das Verbot, den eigenen Tod herbeizuführen, zu erbitten oder in diesen einzuwilligen:
„Niemand und nichts kann in irgendeiner Weise zulassen, daß ein unschuldiges menschliches Lebewesen getötet wird, sei es ein Fötus oder ein Embryo, ein Kind oder ein Erwachsener, ein Greis, ein von einer unheilbaren Krankheit Befallener oder ein im Todeskampf Befindlicher. Außerdem ist es niemandem erlaubt, diese todbringende Handlung für sich oder für einen anderen, der seiner Verantwortung anvertraut ist, zu erbitten, ja man darf in eine solche nicht einmal explizit oder implizit einwilligen. Auch kann sie keine Autorität rechtmäßig auferlegen oder erlauben."[2]
Wieweit stellt diese These der Unverfügbarkeit menschlichen Lebens die von mir behauptete Möglichkeit einer moralischen Rechtfertigung aktiver Sterbehilfe in Frage?
Zunächst muß darauf hingewiesen werden, daß auch die katholische Kirche Ausnahmen bezüglich der Unverfügbarkeit menschlichen Lebens kennt. Die Moralenzyklika *Evangelium vitae* von Papst Johannes Paul II. nennt neben der Notwehr auch die Todesstrafe als eine mögliche Situation, in der die Tötung eines Menschen gerechtfertigt werden kann. Warum aber sollte die Todesstrafe moralisch gerechtfertigter sein als die Tötung auf Verlangen, zumal im Falle der Tötung auf Verlangen keine Verletzung des Rechts auf Leben vorliegt?
Eine zweite Einschränkung erfährt die christliche Begründung des Tötungsverbotes durch die Tatsache, daß diese Begründung auf spezifisch weltanschaulichen Voraussetzungen beruht, die nicht von allen Mitgliedern unserer Gesellschaft geteilt werden. Während meine oben dargelegte Begründung lediglich ein bestimmtes Rechtsverständnis (Aufgabe von Rechten ist es, individuelle Interessen zu schützen) voraussetzt, für das unabhängig von der jeweiligen Weltanschauung Plausibilitätsargumente dafür und dagegen vorgebracht werden können, setzt die Behauptung, daß es einen Gott gibt und daß dieser Gott ein Tötungsverbot erlassen hat, den Glauben an einen solchen Gott voraus. Damit soll Normen, die auf spezifisch weltanschaulichen Voraussetzungen beruhen, keineswegs jegliche moralische Bedeutung abgesprochen werden – deren Verbindlichkeit beschränkt sich jedoch auf jene, die diese Voraussetzungen teilen.

Das Recht auf Leben enthält keine Pflicht zu leben.

Ist man sich dieser eingeschränkten Bedeutung weltanschaulicher Normen bewußt, verschwindet jeder Widerspruch zwischen einer ausschließlich weltanschaulich begründeten Unverfügbarkeit menschlichen Lebens und dem Recht, über sein Leben und seinen Tod selbst zu entscheiden. Denn dieses Recht beinhaltet keine Pflicht, über sein Leben und seinen Tod selbst zu bestimmen. Im Gegenteil, aufgrund dieses Rechts haben etwa gläubige Menschen die Freiheit zu sagen, daß sie nicht über den Zeitpunkt ihres Todes bestimmen wollen, weil sie dann gemäß ihres Glaubens an die Stelle Gottes treten würden.

Soll aktive Sterbehilfe legalisiert werden?

Folgt aus der Möglichkeit der moralischen Rechtfertigung aktiver Sterbehilfe, daß deren Praxis gesetzlich zugelassen werden soll? Einige praktische Einwände scheinen gegen einen solchen Schritt zu sprechen.

Das Problem der Authentizität und der Freiwilligkeit des Sterbehilfe-Wunsches

Ein erster Einwand gegen die Legalisierung aktiver Sterbehilfe betrifft das Problem der Authentizität des Sterbehilfe-Wunsches: Der Wunsch nach aktiver Sterbehilfe würde sich nach Ansicht vieler Sterbebegleiter nur in einer bestimmten physischen, psychischen, sozialen und/oder spirituellen Notsituation stellen und nach Überwindung dieser Situation wieder verschwinden. Dies wird in vielen Fällen tatsächlich der Fall sein, doch sollte dieser Einwand nicht als Argument gegen Sterbehilfe, sondern gegen deren vorschnelle Anwendung verstanden werden. Denn es ist auch unter Befürwortern keine Frage, daß man zuerst versuchen sollte, durch entsprechende medizinische, psychologische, soziale und spirituelle Betreuung dem Leben wieder jene Würde zurückzugeben, die derjenige, der um Sterbehilfe bittet, in seinem Leben vermißt. Sollte sich der Wunsch nach Sterbehilfe danach nicht mehr stellen, erübrigt sich jede weitere Diskussion über dieses Thema.
Ein weiterer schwerwiegender Einwand gegen eine Zulassung der aktiven Sterbehilfe besteht im Problem der Freiwilligkeit. Wie kann sichergestellt werden, daß der Patient nicht nur deshalb um Sterbehilfe bittet, weil er sich aufgrund der Erwartungen seiner Umwelt dazu verpflichtet fühlt? Nach Ansicht des niederländischen Moraltheologen Harry M. Kuitert gibt es dazu nur einen Weg:
„Das Gespräch, bei dem der Arzt seine Autorität ablegt, sich neben seinen Patienten setzt, anstatt über ihm stehen zu bleiben, und sich nach bestem Vermögen davon zu vergewissern versucht, was sein Patient wirklich will. Viel mehr ist nicht machbar und auch nicht wünschenswert. Menschen entscheiden sich nun einmal aus bestimmten Gründen für Euthanasie, und da können auch Gründe darunter sein, die auf äußere Störfaktoren (lieblose Pflege, wenig Besuch usw.) zurückzuführen sind. Aber auch wenn wir unser Möglichstes tun, werden wir nicht verhindern können, daß Menschen aus Gründen, die sie selbst für ausreichend erachten, ihr Leben beendet sehen möchten. Respektieren wir diese Gründe nicht, dann üben wir einen Zwang aus, den wir ebensowenig verantworten können, nämlich Menschen,

die sterben wollen, zum Weiterleben zu zwingen."[3]

Die Gefahr des Dammbruchs („slippery slope")

Eine Vielzahl weiterer Argumente, die auf die möglichen Gefahren einer Legalisierung aktiver Sterbehilfe für das Arzt-Patienten-Verhältnis oder den Umgang mit alten, kranken und behinderten Menschen in unserer Gesellschaft hinweisen, können unter den Begriff der sogenannten Slippery-slope-Argumente zusammengefaßt werden: Gegner einer Liberalisierung der bestehenden Sterbehilfe-Gesetze behaupten, daß wir uns im Falle einer gesellschaftlichen Akzeptanz aktiver Sterbehilfe auf einen rutschigen Hang („slippery slope") begeben und damit eine unkontrollierbare Entwicklung lostreten würden. Vielfach wird auch unterstellt, wo eine solche Entwicklung enden würde: nämlich bei einer Praxis der Euthanasie, wie sie von den Nationalsozialisten betrieben wurde.

Der Medizinhistoriker Joachim Widder hat in einem Vortrag anläßlich eines Kongresses zum Thema „Das Gewissen der Medizin" in Wien drei Möglichkeiten aufgezählt, wie ein solcher gefühlsmäßiger Zusammenhang zwischen der von den Nationalsozialisten in verbrecherischer Absicht als Euthanasie bezeichneten Tötung geistig und körperlich Behinderter (siehe Kasten) und heutiger Sterbehilfe-Debatte verstanden werden könnte.[4] Eine genauere Betrachtung dieser Möglichkeiten zeigt, daß heute die Angst vor einer erneuten Nazi-Euthanasie jeglicher rationalen Grundlage entbehrt.

Zunächst könnte mit dem Hinweis auf die Euthanasie-Aktionen der Nationalsozialisten gemeint sein, daß man sich allein durch das Nachdenken und Diskutieren über aktive Sterbehilfe schon auf eine Stufe mit den Nationalsozialisten stellen würde. Dagegen ist jedoch einzuwenden, daß ein Verschweigen und Tabuisieren der aktiven Sterbehilfe nichts an der Existenz solcher Handlungen ändern würde.

Ein Zusammenhang zwischen der nationalsozialistischen Euthanasie-Praxis und der gegenwärtigen Sterbehilfe-Diskussion könnte aber auch darin gesehen werden, daß die Nazi-Euthanasie ein warnendes Beispiel dafür ist, wohin eine Liberalisierung des Tötungsverbotes im privaten Bereich führen könnte: nämlich zum Massenmord auf Staatsebene. Dieses Argument setzt voraus, daß es a) eine kausale Entwicklung von der Tötung auf Verlangen über die Tötung ohne ausdrückliches Verlangen bis hin zur Tötung gegen den Willen des Betroffenen gibt und daß b) die Nazi-Euthanasie der historische Beweis für eine solche Entwicklung sei. Diese Voraussetzungen treffen jedoch nicht zu. Die Verbrechen der Nationalsozialisten können also weder als Beweis noch als Hinweis dafür herangezogen werden, daß die Legalisierung der Tötung auf Verlangen zu einer Schwächung des Tötungsverbots in anderen Bereichen führen würde.

Zuletzt könnte man einen Zusammenhang zwischen Nationalsozialismus und gegenwärtiger Euthanasie-Debatte auch dadurch herstellen, daß man behauptet, die Tötung eines sterbenden Menschen auf dessen Verlangen sei an sich schon eine „Nazimethode" und nichts als der Ausdruck von Menschenverachtung und deshalb abzulehnen. Eine solche Behauptung entbehrt jedoch jeder sachlichen Grundlage und kann nur als Ausdruck einer nicht hinterfragten Weltanschauung verstanden werden. Eine offene Auseinandersetzung mit den Wurzeln der Nazi-Euthanasie zeigt vielmehr, daß außer dem in entstellender Weise mißbrauchten Wort „Euthanasie" keinerlei Zusammenhang zwischen der Tötung auf Verlangen und der Vernichtung von in verbrecherischer Absicht durch die Nationalsozialisten als „lebensunwertes Leben" bezeichnetem Leben besteht.

Schlußbemerkung

Sterbehilfe ist nicht per se etwas Unmoralisches. Entscheidend für die moralische Beurteilung einer Sterbehilfe-Handlung ist, ob sie auf Verlangen, ohne Verlangen oder gegen den Willen des Betroffenen erfolgt.
Wer aber kann garantieren, daß dem Verlangen nach Sterbehilfe ein tatsächliches Interesse am eigenen Tod zugrunde liegt? Hinter dieser Frage verbirgt sich meines Erachtens das eigentliche Dilemma der Sterbehilfe, das in der Spannung von Respekt vor dem Willen eines schwerkranken und leidenden Menschen auf der einen und dem Schutz des Lebens auf der anderen Seite besteht. Auch wenn Sterbehilfe niemals eine Alternative zur Sterbebegleitung sein darf, muß man sich doch immer wieder vor Augen halten, daß die Begleitung zu einem würdevollen Sterben beinhalten kann, daß in bestimmten Fällen therapeutische Maßnahmen, die nicht nur das Leben, sondern auch das Leiden des Patienten verlängern, unterlassen werden oder daß Handlungen gesetzt werden, die das Leben des Patienten direkt oder indirekt verkürzen.
Ziel einer offenen Diskussion über Sterbehilfe sollte sein, normative (Recht setzende) Rahmenbedingungen zu schaffen, die einerseits den für die Verwirklichung des Rechts auf einen selbstbestimmten Tod notwendigen Handlungsspielraum garantieren und andererseits die Gefahr des Mißbrauchs weitestgehend ausschließen. Der Bereich der aktiven Sterbehilfe kann und darf von dieser Diskussion nicht ausgeschlossen werden.

Anmerkungen:

1. Vgl. Johannes Paul II.: Enzyklika Evangelium vitae (25. März 1995). J. Regner, Graz 1995

2. Kongregation für die Glaubenslehre: Erklärung über die Euthanasie Iura et bona (5. Mai 1980). II: AAS 72 (1980)

3. Kuitert, H. M.: Der gewünschte Tod. Euthanasie und humanes Sterben. Gütersloher Verl.-Haus G. Mohn, Gütersloh 1991

4. Widder, J.: Mord, Euthanasie und Geschichte. In: Gesundheitsoeconomia 1995. Vorträge des Internationalen Kongresses „Das Gewissen der Medizin" (19.–22. April 1995). Österreichische Gesellschaft für Gesundheitsökonomie, Wien. S. 149–160

Dr. Alfred Simon, ist Geschäftsführer der Akademie für Ethik in der Medizin e. V. (AEM), Göttingen, und Lehrbeauftragter für Medizinethik an der Medizinischen Fakultät der Georg-August-Universität Göttingen. E-Mail: simon@aem-online.de

Markus Zimmermann-Acklin

Plädoyer für ein gutes Sterben

Argumente gegen die Einführung der aktiven Sterbehilfe

Ängste vor chronischen oder unerträglichen Schmerzen am Lebensende, dem Verlust der Eigenständigkeit, der Selbstkontrolle oder des klaren Verstandes bewirken, daß Menschen sich mit ihren Möglichkeiten angesichts des Sterbens befassen und sich auf gesellschaftspolitischer Ebene für eine Änderung der derzeitigen Praxis einsetzen. Diese neue Sensibilität wird für Mediziner und Pflegende, welche die meisten Menschen im Sterben begleiten, zu einer bedeutenden Herausforderung. Was kann in Therapie und Pflege verbessert werden, um ein gutes, ein menschenwürdiges Sterben zu ermöglichen? Hospizbewegung, Schmerztherapie und Behandlungsabbruch oder -verzicht sind Strategien, die bereits praktiziert werden und eine Reihe ethischer Fragen aufwerfen. Darüber hinaus wird vermehrt auch die Forderung nach der Einführung der aktiven Sterbehilfe wach. Mit der Relativierung des menschlichen Tötungsverbots erreicht hier die ethische Problematik eine neue Qualität. Da die zu befürchtenden Nachteile einer Praxis der aktiven Sterbehilfe die zu erwartenden Vorteile bei weitem übertreffen, plädiere ich zugunsten der Beibehaltung eines strafrechtlichen Verbots der aktiven Sterbehilfe bei gleichzeitiger Förderung alternativer Strategien.

Über das Ziel sind sich die meisten einig, die Mittel hingegen sind umstritten. Die letzte Phase im Leben eines Menschen soll würdig erlebt, der Sterbende in seinen Rechten und Ansprüchen respektiert, unerträgliche Schmerzen sollen gelindert und unzumutbare Phasen des menschlichen Sterbens nicht unnötig verlängert werden. Soll das Sterben unter der Voraussetzung, daß bestimmte Bedingungen – wie der ausdrückliche Wunsch des Betroffenen oder unerträgliche Schmerzen – erfüllt sind, auch durch einen aktiven Eingriff von außen abgebrochen werden können? Diese letzte Frage wird von einem großen Teil der deutschen und schweizerischen Bevölkerung bejaht, zumindest in Zeiten, in denen die Befragten gesund und nicht unmittelbar von einer Entscheidung zur Sterbehilfe betroffen sind.
Die strafrechtliche Freigabe der Tötung auf Verlangen ist zu Recht umstritten, darin sind sich Befürworter und Gegner der aktiven Sterbehilfe einig. Niemand plädiert für die Einführung der aktiven Sterbehilfe, ohne gleichzeitig Sicherheitsmaßnahmen und staatliche Kontrollen zu fordern. Die besonders schwierige Frage der prinzipiellen Erlaubnis zur Tötung von Menschen in bestimmten Situationen soll hier zunächst einmal beiseite gelassen werden.

Die nüchterne Frage, die sich in einer pluralistischen Gesellschaft aus ethischer Sicht aufdrängt, lautet dann: Überwiegen die Vor- oder Nachteile einer Einführung der aktiven Sterbehilfe, und sind diese Vor- und Nachteile gleichmäßig auf alle gesellschaftlichen Gruppen verteilt? Selbst die Beantwortbarkeit dieser reduzierten und pragmatischen Frage wird von einigen Befürwortern der aktiven Sterbehilfe bezweifelt: Über die Folgen einer gesellschaftlichen Praxis könne erst dann etwas gesagt werden, wenn ein entsprechender gesellschaftlicher Versuch unternommen würde, der aus Erfahrung gewonnene Fakten zur Folgenkalkulation mit sich brächte. Hier bin ich anderer Meinung: Aufgrund unserer historischen und individuellen Erfahrungen, unserer Intuitionen, Emotionen und historisch gewachsenen Einstellungen haben wir Menschen in gewissem Maße die Fähigkeit, bestimmte Entwicklungen abzusehen und die Wahrscheinlichkeit von Folgen – gerade im Bereich des Umgangs mit Leben und Tod – auch einzuschätzen. Darüber hinaus geben insbesondere die niederländischen Erfahrungen mit der aktiven Sterbehilfe bereits erste Anhaltspunkte.

Prinzipielle Bedenken und handlungstheoretische Unterscheidungen stehen im Hintergrund

Pro- und Contra-Positionen haben ihren Ursprung in tiefsitzenden Überzeugungen – den moralischen Intuitionen – und auch in prinzipiellen Überlegungen, welche wiederum auf unserer Identität, Erinnerung und Erfahrung basieren. Meine grundsätzliche Skepsis gegenüber jeder Form von Relativierung oder Infragestellung menschlichen Lebens, welche anhand bestimmter äußerlicher Kriterien oder Merkmale begründet wird, stammt aus der biblischen beziehungsweise christlichen Tradition. Gleichzeitig hege ich aus demselben Grund größte Sympathien für die Anliegen menschlicher Freiheit beziehungsweise der Autonomie des einzelnen, jedenfalls für Situationen, in denen in erster Linie der Entscheidende selbst von den Konsequenzen betroffen ist. Bei der Praxis der aktiven Sterbehilfe kollidieren die beiden Prinzipien allerdings miteinander: der Lebensschutz, die Unantastbarkeit oder Heiligkeit des menschlichen Lebens einerseits und die Achtung der Selbstbestimmung des Sterbenden oder das Autonomieprinzip andererseits. Der Konflikt ist deshalb kaum zu umgehen, weil die Minderung des Lebensschutzes in einer Gesellschaft grundsätzlich schwache und benachteiligte Menschen in Gefahr bringen kann. Schließlich ist auch anzuerkennen, daß jede autonome Entscheidung einem bestimmten familiären und gesellschaftlichen Kontext entstammt und – angesichts von Entscheidungen über Leben und Tod – der Schwierigkeit zu begegnen bleibt, den tatsächlichen Freiheitsgrad einer Bitte um schmerzlose Tötung festzustellen. Depressive Verstimmungen bis hin zu manifesten Depressionen prägen das Lebensende vieler Menschen und machen die Entscheidung über die Authentizität (Glaubwürdigkeit, Zuverlässigkeit) eines Sterbewunsches zu einer verantwortungsvollen und schwierigen Aufgabe. Es darf beispielsweise nicht geschehen, daß die Praxis der Tötung auf Verlangen auf die Dauer zu einer verstärkten Ausgrenzung vereinsamter alter Menschen führt, welche nur aus kurzsichtiger Perspektive wirklich „freiwillig" um ihre Tötung bitten. Ich denke hier besonders an betagte Frauen, die oftmals älter werden als Männer und dann in der Regel keinen Lebenspartner mehr haben, der sie in den letzten Jahren pflegt.

Stellt sich eine ärztliche Routine im schmerzlosen Töten von Patienten ein, so steigt die Möglichkeit des Mißbrauchs unweigerlich an.

Auch in der kontroversen Interpretation des Menschenwürde-Arguments wiederholt sich dieser Konflikt. Von den Gegnern der aktiven Sterbehilfe als ein Schutzrecht verstanden, als Recht auf die Wahrung der Würde im Sterben, wird die Menschenwürde von den Befürwortern als ein Anspruchsrecht gedeutet, nämlich im Sinne eines Anspruchs auf ein menschenwürdiges Sterben. Diese zunächst verwirrende Tatsache ist auf das Zusammentreffen zweier Traditionen im Menschenwürdebegriff zurückzuführen: Einerseits wird die Würde als eine anthropologische, das heißt zum Wesen des Menschen gehörende Grunddimension verstanden, welche unverlierbar ist und zur Begründung eines sehr weitreichenden Schutzes menschlichen Lebens führt, wie es in der Formel „Die Würde des Menschen ist unantastbar" zum Ausdruck kommt. Andererseits wird mit demselben Begriff eine Qualität verbunden, welche dem Menschen als quasi äußere Gegebenheit zukommt und entsprechend auch verlorengehen kann, Würde im Sinne von Persönlichkeit, Charakter, Schönheit oder Integrität. Je nach Verständnis werden dann die Grenzen bei der Verfügung über das menschliche Leben mit Verweis auf unterschiedliche Menschen-, Welt- und Gottesbilder verschieden gesetzt und bleiben in der normativen Diskussion, das heißt der Auseinandersetzung mit Verboten, Geboten oder rechtlichen Leitlinien, relativ unvermittelt nebeneinander stehen.

Neben diesen prinzipiellen Überlegungen werden die Debatten um die aktive Sterbehilfe weitgehend von Auseinandersetzungen um die Relevanz von handlungstheoretischen Unterscheidungen dominiert. Am Beispiel der Aktiv-Passiv-Unterscheidung wird gefragt, was das willentliche Sterbenlassen oder die passive Sterbehilfe von der aktiven Sterbehilfe unterscheide. Auch die unterschiedliche Beurteilung von direkter und indirekter Sterbehilfe wird in Frage gestellt. Hier geht es im Kern um die Unterscheidung zwischen absichtlichen und bloß zugelassenen Folgen einer Handlung, wobei die Befürworter der

Hospizbewegung/Palliativpflege

Hospize *dienten im Mittelalter als Wegstationen und waren Orte der Gastfreundschaft auf einer langen Reise. Heute beschreibt der Begriff Hospiz eine weltweite Bewegung, welche das Wohlbefinden von Menschen in ihrer letzten Lebensphase ins Zentrum stellt.* Ziel der Hospizbewegung *ist die ganzheitliche Betreuung Schwerkranker und Sterbender sowie die Linderung ihrer körperlichen, seelischen, sozialen und spirituellen Leiden. Sie orientiert sich an den vier* Grundbedürfnissen sterbender Menschen*: im Sterben nicht alleine gelassen zu werden, nicht unter starken Schmerzen leiden zu müssen, die letzten Dinge regeln zu können und sowohl die Sinnfrage als auch die Frage nach dem „Danach" stellen zu können. Die* Palliativmedizin *hat ihren Ursprung in der Hospizbewegung, die mit der Gründung des St. Christopher's Hospice 1967 in London ihren Anfang nahm.* Palliative Versorgung *meint lindernde Pflege und medizinische Versorgung in einem ganzheitlichen Sinne. Im Vordergrund stehen die Bekämpfung von Schmerzen und anderen Krankheitssymptomen, die Zuwendung und menschliche Begleitung sowohl der Sterbenden als auch der Angehörigen. Im Mittelpunkt stehen das Wohlbefinden und die Erhaltung der Lebensqualität des oder der Sterbenden.*

aktiven Sterbehilfe das aus ihrer Sicht rein subjektive Kriterium der Handlungsabsicht, das heißt die Tötungsabsicht, als Begründung eines strafrechtlichen Verbots ablehnen.
Ich vermute, daß letztlich alle handlungstheoretischen Überlegungen erst durch die Bezugnahme auf prinzipielle Überlegungen (siehe oben) oder praktische Konsequenzen (siehe unten) an Überzeugungskraft gewinnen oder einbüßen. Gehe ich zum Beispiel davon aus, daß sich das ärztliche Ethos grundsätzlich nicht mit dem Töten von Patienten vereinbaren läßt, so benötige ich die erwähnten Unterscheidungen und umgekehrt. Je mehr ich bereit bin, menschliche Grenzen, Ängste, Fehler und Unvollkommenheiten einzukalkulieren, desto eher werde ich auch die unterschiedlichen Auswirkungen des ärztlichen Tötens und Sterbenlassens beziehungsweise der unterschiedlichen Handlungsabsichten auf die Wahrnehmung in der Bevölkerung berücksichtigen und die Unterscheidungen beibehalten.
Da die Verständigung zwischen Befürwortern und Gegnern auf der prinzipiellen Ebene sehr schwierig und auf vielfache Weise ideologisch verbaut ist, verfolge ich im weiteren die positiven und negativen Folgen einer Praxis der aktiven Sterbehilfe und führe auf diese pragmatische Weise eine Güterabwägung durch. Es versteht sich von selbst, daß diese *theoretisch* plausiblen Unterscheidungen zwischen Prinzipien, Handlungsaspekten und -konsequenzen in der *Praxis* ineinander übergehen.

Die zu erwartenden Vorteile der aktiven Sterbehilfe

Ein erster Vorteil, der sich aus der Einführung der aktiven Sterbehilfe gegenüber der heutigen Situation ergeben könnte, betrifft die Transparenz der tatsächlichen ärztlichen Praxis in Heimen, Krankenhäusern und den Arztpraxen. Es ist zu erwarten, daß eine heute existierende verdeckte Praxis der aktiven Sterbehilfe offener gehandhabt und damit kontrollierbarer wird. Die niederländischen Erfahrungen dämpfen diese Hoffnung allerdings, insofern dort trotz Meldepflicht nur weniger als die Hälfte der Fälle von aktiver Sterbehilfe gemeldet werden.
Der wichtigste Vorteil besteht sicherlich in der größeren Wahlfreiheit am Lebensende beziehungsweise der stärkeren Berücksichtigung der Selbstbestimmung des Sterbenden. Die niederländischen Erfahrungen zeigen, daß über 4000 Patienten im Jahr durch eine Tötung auf Verlangen beziehungsweise durch eine Tötung im mutmaßlichen Interesse aus dem Leben scheiden und noch weit mehr Menschen mit ihrem Tötungswunsch wiederholt und ausdrücklich an ihre Ärzte herantreten. Diese werden jedoch in sehr vielen Fällen abgelehnt, weil aus ärztlicher Sicht die Kriterien für eine straffreie Tötung auf Verlangen nicht erfüllt sind. Gerade die Tatsache einer relativ großen Ablehnungsrate macht bei aller Betonung der Selbstbestimmung die massive Steigerung der ärztlichen Verantwortung deutlich. Ein alternatives Modell könnte diese Entscheidungsbefugnis einer anderen staatlichen Behörde zuteilen, um die Rollen des Urteilenden und Ausführenden klar zu trennen. In diesem Fall würde aber eine zweifellos wichtige therapeutische Entscheidung aus der

Arzt-Patienten-Beziehung herausgelöst, deren Prüfung letztlich in den wesentlichen Punkten – man denke nur an die Prognose des Todeszeitpunkts, die Feststellung der Wirkungslosigkeit palliativer Maßnahmen (siehe Kasten) oder der Freiwilligkeit einer Entscheidung, den Informed Consent – auf das ärztliche Wissen und die Arzt-Patienten-Beziehung angewiesen bleibt.
Schließlich ist eine verbesserte Interventionsmöglichkeit bei sogenannten menschenunwürdigen Situationen am Lebensende anzunehmen. Extremsituationen könnten ausgeschlossen werden, Zustände, in welchen ein Sterbender nur noch unerträglich leidet oder – wie in der holländischen Praxis häufig – einfach nicht mehr weiterleben möchte, könnten abgebrochen werden. Solange allerdings das Kriterium der Freiwilligkeit die Entscheidungskompetenz des Betroffenen erfordert, kommen de facto viele Menschen, die in eine solche Situation geraten, für eine aktive Sterbehilfe nicht in Frage, zum Beispiel schwer leidende Säuglinge, demente (geistig eingeschränkte) oder andere entscheidungsunfähige Personen. Diese Diskrepanz müßte in der Praxis ausgehalten werden, um den oben als zentral beschriebenen Vorteil der Wahrung der Autonomie nicht zu untergraben.

Die Tatsache, daß alternative Möglichkeiten zur Förderung eines guten Sterbens heute noch immer ein Randdasein führen, ist der eigentliche Skandal.

Die zu befürchtenden Nachteile überwiegen

In bezug auf die zu befürchtenden negativen Konsequenzen einer anerkannten Praxis der aktiven Sterbehilfe geraten drei Problemfelder ins Blickfeld der Kritik: die Verunsicherung über die Rolle des Arztes in der Gesellschaft, die Mißbrauchsgefahr und insbesondere die Gefahren einer Ausweitung der Tötungspraxis auf Menschen, die eigentlich nicht einbezogen werden sollten.
Für einen Menschen in Not wird der Arzt zu einer Vertrauensperson, von dessen Sachverständnis, ärztlicher Kunst und Erfahrung er weitgehend abhängig wird. Es entsteht in der Regel ein asymmetrisches Abhängigkeitsverhältnis, in welchem der therapeutische Rat und die Darstellung der Prognose zu wesentlichen Entscheidungsgrundlagen für den Patienten werden. Wird nun einseitig die Autonomie des Patienten betont, die Aufgabe des Arztes tendenziell als die eines Befehlsempfängers beschrieben, der einen Wunsch des Sterbenden ausführt, so werden wesentliche Anteile in der Arzt-Patienten-Beziehung unterschlagen. Die Rolle des Arztes – auch bei einer Tötung auf Verlangen – ist weitaus aktiver: Er entscheidet quasi mit. Bei einer Entscheidung zur aktiven Sterbehilfe kommt er zu einem Punkt, bei welchem er die Tötung des Patienten bejaht und dann auch durchführt. Die verbreitete Haltung vieler Patienten, den Arzt für sich entscheiden zu lassen, führt angesichts der aktiven Sterbehilfe zu widersprüchlichen Situationen und wird zur Verunsicherung über die Rolle des Arztes beitragen. Die umstrittenen Fälle von aktiver Sterbehilfe ohne Kenntnis des Patientenwillens, wie in den Niederlanden immer wieder praktiziert, geschehen dort nicht zufällig in einem Viertel der Fälle bei entscheidungsfähigen Patienten.
Eine weitere Befürchtung bezieht sich auf die Mißbrauchsgefahr, die bei der aktiven Sterbehilfe mit besonders fatalen Folgen verbunden ist. Wie läßt sich in einem Altenheim oder einem großen Krankenhaus eine Mißbrauchspraxis effizient verhindern? Wer soll die Einhaltung der Richtlinien und Sicherheitsbarrieren kontrollieren, die ja einen äußerst intimen Moment im Leben eines Menschen betreffen? Niemand will den Staatsanwalt neben seinem Sterbebett haben. Auch die Erstellung eines Zweitgutachtens durch einen Psychiater am Lebensende eines Menschen (wie in Northern Territory) ist wohl für die meisten Menschen eine unzumutbare Demütigung. Stellt sich jedoch eine ärztliche Routine im schmerzlosen Töten von Patienten ein, so steigt die Möglichkeit des Mißbrauchs unweigerlich an.
Ein letzter Aspekt betrifft die Ausweitungstendenzen, die offensichtlich nicht zu verhindern sind. Die Schwierigkeit, den Todeszeitpunkt eines Patienten vorauszubestimmen, hat in allen mir bekannten Gesetzentwürfen zur aktiven Sterbehilfe zu unbefriedigenden Lösungen geführt. In Holland wird vollständig auf das Kriterium „Terminalstadium" verzichtet, so daß Menschen auch außerhalb ihrer Sterbephase um aktive Sterbehilfe bitten dürfen. In der Praxis hat das zu einer Gleichbehandlung von psychisch und physisch Kranken und damit zur aktiven Sterbehilfe in Psychiatrien geführt. Ein wesentlicher Grund für Ausweitungstendenzen besteht im Mitleidsempfinden und der Empathie (Neigung und Befähigung, sich in andere Menschen einzufühlen) des Arztes, also im Grunde in sehr positiven Phänomenen: Hat ein Arzt die Möglichkeit, einem Menschen „zu helfen", der sich noch äußern kann und um seine schmerzlose Tötung bittet, wie kann er denselben Eingriff einem anderen Menschen verweigern, der in einer ähnlichen oder noch schlimmeren Situation ist, sich aber noch nicht oder nicht mehr äußern kann? Diese Schizophrenie läßt sich im ärztlichen Alltag nicht durchhalten und hat in den Niederlanden zu einer Praxis der nichtfreiwilligen aktiven Sterbehilfe bei behinderten Neugeborenen und entscheidungsunfähigen Patienten geführt.

Vor- und Nachteile sind ungleichmäßig verteilt

Die Vor- und Nachteile verteilen sich aller Wahrscheinlichkeit nach nicht gleichmäßig auf alle gesellschaftliche Gruppen: Die ohnehin aufgrund ihrer Lebensumstände Benachteiligten, Menschen, die

Zeichnung von Peter Prothmann

sich nicht gut ausdrücken können oder nicht trauen, einem Arzt Fragen zu stellen, Menschen in schwachen Positionen wie Depressive oder Aidskranke, sind weitaus mehr gefährdet, Opfer von Mißbrauch oder einer unerwünschten Ausweitung zu werden als diejenigen, die es gewohnt sind, zu bestimmen und nachzufragen und deshalb auch am Lebensende eher in der Lage sind, ihren Willen durchzusetzen. Nicht zuletzt der Widerstand aus feministischen Kreisen deutet auf einen Schwachpunkt in der Verteilung der Vorteile hin: Es zeichnet sich bereits ab, daß tendenziell eher die bereits gesellschaftlich Benachteiligten, materiell Ärmeren, älteren und häufiger an Depressionen leidenden Menschen die aktive Sterbehilfe in Betracht ziehen. In allen Punkten sind Frauen weitaus öfter betroffen als Männer.

Plädoyer für die Beibehaltung des Verbots

Die Einführung der aktiven Sterbehilfe bringt derart viele Gefahren und Nachteile mit sich, daß die zu erwartenden Vorteile, von welchen zudem nicht alle Gesellschaftsgruppen in gleicher Weise profitieren würden, diese nicht rechtfertigen können. Daß trotzdem ein großer Teil der Bevölkerung zugunsten der Einführung der aktiven Sterbehilfe votiert, ist erstaunlich und läßt auf eine mangelnde Auseinandersetzung mit den gesellschaftlichen Folgen schließen. Die Gefahr der Vernachlässigung alternativer therapeutischer Möglichkeiten wie der Palliativmedizin und -pflege, insbesondere der Schmerztherapie, der Zugänglichkeit von Schmerzmitteln und der entsprechenden Ausbildung des medizinischen Personals, wäre viel zu groß. Die Tatsache, daß diese alternativen Möglichkeiten zur Förderung eines guten Sterbens heute noch immer ein Randdasein führen, ist der eigentliche Skandal.

Literaturhinweise:

- Emanuel, Ezekiel J.: What Is the Great Benefit of Legalizing Euthanasia or Physician-Assisted Suicide? In: Ethics 109 (1999), S. 629–642
- Holderegger, Adrian (Hrsg.): Das medizinisch assistierte Sterben. Zur Sterbehilfe aus medizinischer, ethischer, juristischer und theologischer Sicht. Freiburg i. Br./Freiburg i. Ue. 1999 (Studien zur Theologischen Ethik, Bd. 80)
- Illhardt, Franz Josef/Heiss, Hermann Wolfgang/Dornberg, Martin (Hrsg.): Sterbehilfe – Handeln oder Unterlassen? Stuttgart/New York 1998
- Kuhlmann, Andreas: Sterbehilfe (rororo special). Reinbek 1995
- Zimmermann-Acklin, Markus: Euthanasie. Eine theologisch-ethische Untersuchung. Freiburg i. Br./Freiburg i. Ue 1997 (Studien zur Theologischen Ethik, Bd. 79)

Markus Zimmermann-Acklin ist katholischer Theologe, arbeitet am Moraltheologischen Institut der Universität Fribourg/Schweiz und ist zur Zeit mit einem vom Schweizerischen Nationalfonds finanzierten Forschungsprojekt zu den Grundlagen der biomedizinischen Ethik beschäftigt.

Leserbriefe

... Ihre Sendung, wie immer feudal per Luftpost (es lebe die Deutsche Post, und es lebe der Verleger, der mir vor einiger Zeit die Gründe für diese doch seltsame Versandart dargelegt hat!), habe ich am Tage meines Eintritts in die Klinik erhalten ... Unter Zurücklassen der ganzen Post fuhr ich dann zur Erholung nach hier in unser Haus im Burgund, und erst vor wenigen Tagen hat mir meine Frau einen ganzen Sack voller Briefe, Zeitungen und Zeitschriften hierhergebracht. Diese Sendung kostete mich nur einen Kuß – es lebe die Privatpost!

... Ihre Hefte sind immer eine, ja, unterhaltsame und anregende Lektüre, die ich nicht mehr missen möchte. Ich bin zwar kein studierter, aber ein durch das Leben philosophisch interessiert gewordener Mensch, der eine rund 15 000 Bände umfassende Bibliothek besitzt. Apropos Bibliothek – eine Anregung: Könnten Sie nicht auf dem Rücken Ihrer Hefte das Thema vermerken; die Nummern sind ja schön, um Ordnung zu halten, aber je mehr die Sammlung wächst, desto komplizierter wird das Heraussuchen eines Themas ...

Hans Rudolf Heer, Beaune

Zu der blaue reiter *Nr. 9 (Naturlos), Wolfgang Ullrich: „Naturpazifismus und Selbstverachtung"*

Wer philosophische Texte liebt, wird diesen Artikel ganz ausgezeichnet finden. Der Autor jongliert souverän mit abstrakten Begriffen wie „Natur" und erhebt sich genauso souverän über den „modernen Menschen" (wieder eine abstrakte Verallgemeinerung), der „die Natur" für unschuldig halte und sein eigenes Verhalten für Naturkatastrophen verantwortlich mache, angeblich auch für Erdbeben, wofür der Beweis allerdings fehlt. (Ein Erdbeben mußte erwähnt werden, weil an das von Lissabon im Jahre 1755 gedacht ist, das den Optimismus mancher Aufklärer erschütterte.) Aber wer bringt die Menschheit weiter, ein Klimaforscher, dem endlich der Nachweis gelingt, daß der von uns allen zu verantwortende erhöhte CO_2-Ausstoß die säkulare Erwärmung verursacht, deren schlimme Konsequenzen bekannt sind, oder ein Philosoph, der uns helfen will, solch unangenehme Wahrheiten wieder zu verdrängen? Oder bin ich jetzt selbst überheblich, weil ich vorgebe, den inneren Abwehrmechanismus zu verachten, auf den ich selbst angewiesen bin?

Dieter Just, Waiblingen

Zu der blaue reiter *Nr. 9 (Naturlos), Buchbesprechung: Nietzsche kontra Nietzsche*

... Ich habe nicht „gezögert, Nietzsche einen Philosophen zu nennen", wie Sie behaupten. Wörtlich heißt es: „Ich zögere ... Nietzsche ... einen Philosophen im üblichen Sinn des Wortes zu nennen."

Dieter Just, Waiblingen

Zu der blaue reiter *Nr. 9 (Naturlos), Udo Schüklenk: „Klonen – Gegen das schlechte Image einer guten Sache"; Thomas Zoglauer: „Der Mensch als Gebrauchsgegenstand – Argumente gegen das Klonen"*

Die Argumente für und wider das Klonen gehen von einem materialistischen Weltbild aus, von der Annahme eben, daß sich das Wesen des Menschen im physischen Organismus erschöpft. Macht man aber Ernst mit dieser Anschauung, so lösen sich all die Argumente pro und contra Klonung in sich selber auf. Man tut nämlich immer so, als wenn da ein menschliches Individuum wäre und man diesem Individuum etwas (hin)zufügt, zum Beispiel die Tatsache seiner Existenz. So fragt man sich denn, ob es moralisch vertretbar sei, einen Menschen zu klonen, der physisch entstellt sei, womit man ja in den Anfängen der Klonversuche rechnen müsse. Die einen sagen, dies sei moralisch nicht vertretbar, die anderen sagen, es ist ethisch sehr wohl akzeptabel, denn ein verkrüppeltes Leben sei immer noch besser als gar kein Leben.

Nun ist es aber so, daß es nicht einen Menschen gibt, gegenüber dem man sich mit seiner Klonung in einer bestimmten Weise verhalten könnte. Geht man von einem materialistischen Weltbild aus, so war nichts von dem besagten Mensch vor der Klonung vorhanden, niemand, dem gegenüber man sich moralisch oder unmoralisch hätte verhalten können ... Bevor dieser bestimmte Mensch geklont wurde, existierte er nicht, er wurde erst mit seiner Klonung in das Leben, sprich in die Existenz, gerufen. So kann man es auch nicht als moralisch begrüßenswert oder verwerflich bezeichnen, daß man ihm diese oder jene Existenz verliehen hat, eben weil da niemand war, dem man eine Existenz hätte verleihen können ... Bedient man sich einer moralischen Beurteilung, so postuliert man, ganz unbemerkt, daß es unabhängig von dem Akt der Klonung etwas gibt, das Gegenstand einer moralischen Wertung sein kann. So ist es uns, in den unbewußten Gründen der Seele, mit so einem materialistischen Weltbild doch nicht so ganz geheuer ...

Martin Erdmann, Neckargemünd

Presseschau

Zu der blaue reiter *Nr. 9 (Naturlos)*

„Naturlos" – unter dieses zweideutige Motto hat der blaue reiter, *das in Stuttgart erscheinende* Journal für Philosophie, *seine aktuelle Nummer gestellt. Damit könnte das Los der Natur unter den Bedingungen einer wissenschaftlich-technischen Zivilisation gemeint sein, aber durchaus auch der Zustand ebendieser Zivilisation beschrieben werden, die den Bezug zur Natur weitgehend verloren zu haben scheint ... Zwischen der Klage über den Verlust der Natur und dem Lob der Zivilisation als Schutz vor ihr gibt es freilich ein breites Spektrum von Zwischentönen ...*

Stuttgarter Zeitung, 10. 11. 1999

Lange Zeit hat die Naturwissenschaft den Menschen zu einem Spielball ihrer Einsichten gemacht. Das soll jetzt ein Ende haben. Der Philosoph Gernot Böhme verlangt von ihr, die Grenzen menschlicher Einsicht zu beachten, also Natur nicht als solche, sondern als „Natur für uns" zu er-

forschen. Wie er in einem Gespräch mit dem blauen reiter *entwickelt, legt es die moderne Naturwissenschaft darauf an, „die menschliche Sinnlichkeit, die menschliche Leiblichkeit, vor allem das Biographische aus dem Erkenntnisprozeß so weit als möglich herauszuhalten ..." Im Sinne von Goethes Weigerung, auch nur eine Brille, geschweige denn ein Mikroskop zur Wirklichkeitserkundung einzusetzen, ließe sich hier durchaus von einer Weimarer Wende in der Wissenschaftskritik sprechen. Böhme fordert eine „Rehabilitierung des Subjektiven" und weist in diesem Zusammenhang auf das wissenschaftlich vernachlässigte Phänomen der „Atmosphäre" hin, die den Menschen jeweils umgibt und in der sein Gefühl die Natur zur Kenntnis nimmt ...*

Frankfurter Allgemeine Zeitung, 25. 9. 1999

In Nummer 9 des „Journals für Philosophie" der blaue reiter *schreiben wie stets einschlägige C-4-Professoren, aber auch Assistenten, Studenten und Autoren, die über den Zaun fressen, als da sind Soziologen, Mediziner und Unternehmensberater, die sich mit spürbarer Lust am Denken mit alten und neuen Problemen der Weisheitslehre auseinandersetzen, unterstützt von der Stimme des Volkes, „bei Sonnenschein auf Stuttgarts Straßen" interviewt; diesmal zur Frage: „Welche Bedeutung haben für Sie Natur und Kultur?" Die schlagendste Antwort fand eine sechzehnjährige Schülerin: „Natur ist, wenn's regnet, Kultur, wenn man einen Regenschirm hat." Der des* blauen reiters *ist weit gespannt, geht es doch um die Frage, was man über „Natur" (noch) sagen könne.*
... Offenbar macht die Tatsache, daß die Menschen „naturlos" (so der Titel des Hefts) zu werden scheinen, Anstrengungen des Denkens nötig, von denen die gut meinenden Befürworter eines schonenden Umgangs „mit der Natur" noch weit entfernt sind.

Frankfurter Rundschau, 9. 10. 1999

... Und die Frage lautet: was überhaupt kann Natur noch sein unter den Bedingungen der ständig expandierenden biowissenschaftlichen Zugriffsmöglichkeiten? Der Titel der jüngsten Ausgabe des blauen reiters *klingt wie die vorweggenommene Antwort: „Naturlos". Doch so leicht macht man es sich in diesem „Journal für Philosophie" nicht. Zwar sind die Stellungnahmen in Ton wie Inhalt durchaus divergent, doch daß des Menschen Umzug ins „Technotop" (Klaus Erlach) nicht problemlos vonstatten geht, darüber weiß man sich einig. Ohnehin treibt nicht wenige Beiträger die Frage um, ob Natur als das unverfügbar Andere tatsächlich platterdings verschwinde oder nicht in gewandelter Gestalt wiederkehre ...*

Berliner Zeitung, 25. 10. 1999

Berichtigung

In der vorangegangenen Ausgabe wurde versäumt, den Namen des Verfassers der Info-Grafik auf Seite 105 („Die ‚Herstellung' des ersten Klons eines Säugetiers") zu nennen. Wir holen dies hiermit gerne nach: Die Info-Grafik wurde wissenschaftlich betreut von Rüdiger Vaas *und von* Wolfgang Falge *gestaltet.*

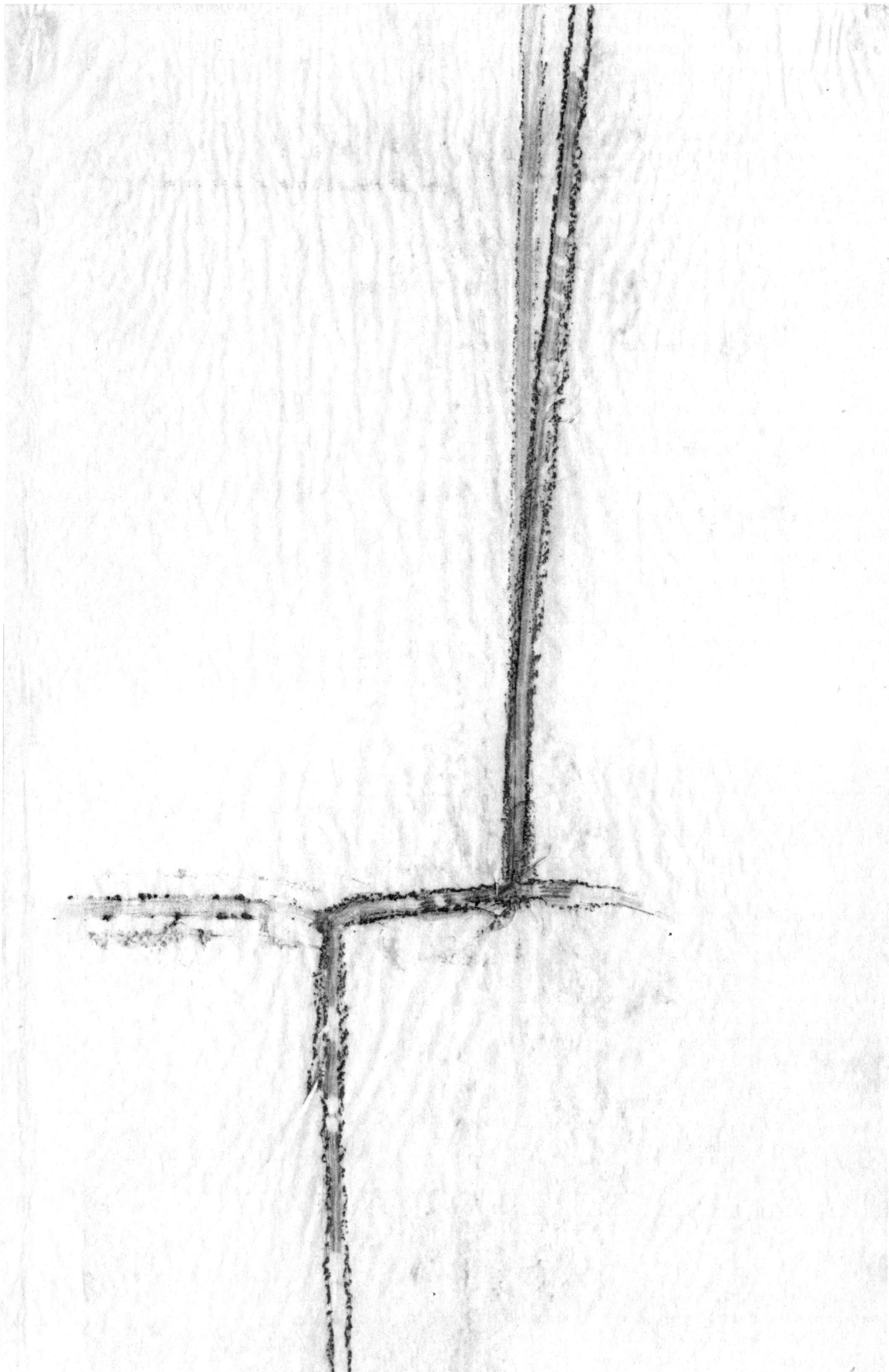

Klaus Steigleder

Grundlegung der normativen Ethik. Der Ansatz von Alan Gewirth

Verlag Karl Alber, Freiburg/München 1999.
208 Seiten, DM 68.-

Was moralische Normen und Verhaltensweisen betrifft, wird es heutzutage fast schon als gesicherte Erkenntnis betrachtet, „daß *jedweder Versuch* einer Letztbegründung zum Scheitern verurteilt ist". Sind die Regeln, durch die der Umgang von handelnden Menschen miteinander bestimmt wird, in ihrem Kern nichts weiter als Konventionen? Fehlt also jegliches gemeinsame moralische Maß, das dem Verhalten von Menschen aus unterschiedlichen gesellschaftlichen oder kulturellen Gruppen zugrunde liegt? Klaus Steigleder stellt in seinem Buch einen Ansatz vor, der dem widerspricht: „Wir können wissen, was moralisch richtig oder falsch ist."

Der Ethik als der Disziplin, die über Moral reflektiert, kommt es dabei zu, ein oberstes moralisches Prinzip zu finden, „das mit kategorischer Verbindlichkeit und inhaltlich bestimmt vorschreibt, wie Handelnde in ihren Handlungen wessen und welchen Interessen oder Eigenschaften Rechnung tragen müssen". Soll ein solches oberstes Prinzip gefunden werden, so muß es auf eine Weise hergeleitet werden können, die sich nicht auf Voraussetzungen stützt, die ihrerseits wieder relativ sind, somit einer eigenen Herleitung bedürfen und so weiter.

Klaus Steigleder greift in seiner *Grundlegung der normativen Ethik* auf das 1978 von dem amerikanischen Philosophen Alan Gewirth veröffentlichte Buch *Reason and Morality* zurück. Darin versucht Gewirth, das Problem der Begründung eines solchen obersten moralischen Prinzips zu lösen, indem er nachweist, daß in der Perspektive jedes Handelnden Tatsachen und Werte nie getrennt gesehen werden können. Alles Handeln an sich besitzt schon eine normative Struktur, aus der sich das oberste moralische Prinzip zwingend ergibt, denn jeder, der handelt, nimmt für sich damit bestimmte Spielräume in Anspruch, die er auch anderen zugestehen muß. Durch die Ableitung des moralischen Prinzips aus der elementaren menschlichen Eigenschaft zu handeln, greift dieser Ansatz vor allen kulturspezifischen und damit relativierenden Überbauten.

Steigleder stellt diese Position Gewirths ausführlich dar und findet darüber hinaus eigene Ansätze und Argumentationen, die Letztbegründbarkeit moralischer Normen aufzuzeigen und eine normative (wertsetzende) Ethik zu etablieren. In präziser Argumentationsführung werden die methodologischen Schwierigkeiten einer letztlichen Begründung moralischen Sollens erörtert.

Dabei bezieht Steigleder alle Kritik mit ein, die seit dem Erscheinen von Gewirths Buch an diesem Ansatz geäußert wurde, und kann durch kritische Auseinandersetzung mit Gegenpositionen Gewirths Ausführungen klarer strukturieren, vertiefen und weiterentwickeln.

Die *Grundlegung der normativen Ethik* ist ein wichtiges Buch für alle, die sich schon ernsthaft mit dem Gebiet der Ethik befaßt haben und weiter befassen wollen – es bringt den Ansatz eines in der angelsächsischen Welt wichtigen und in Deutschland viel zu lange vernachlässigten Autors wieder ins Blickfeld. Für Leser ohne entsprechendes Vorwissen setzt das Buch zuviel voraus, und für sie ist der Schreibstil zu wissenschaftlich.

Niels Armbruster

Joachim Ritter, Karlfried Gründer (Hrsg.)

Historisches Wörterbuch der Philosophie. Band 10: St–T

Schwabe Verlag, Basel 1998.
1618 Spalten, DM 420.-

Das noch immer konkurrenzlose *Historische Wörterbuch der Philosophie* hat seit dem Erscheinen seines ersten Bandes (1971) Maßstäbe für die begriffsgeschichtliche Arbeit gesetzt, und so wird auch im Vorwort zum fünften Band des Wörterbuchs zwar in aller Bescheidenheit, aber völlig zu Recht festgehalten, daß im Hinblick auf die seitdem zu beobachtende Steigerung des begriffsgeschichtlichen Interesses „zwischen dieser offenkundigen Tendenz und dem Fortgang der Wörterbucharbeit eine Wechselbeziehung" bestehe.

Was die Konzeption im ganzen betrifft, weist Joachim Ritter, Initiator und bis zu seinem Tode 1974 Herausgeber des *Historischen Wörterbuchs der Philosophie* (im folgenden HWP abgekürzt) in seinem programmatischen Vorwort zum ersten Band darauf hin, daß das Wörterbuch „im Element der Begriffe und Termini die gegenwärtige Philosophie in ihrem Wechselverhältnis zu ihrer Geschichte und zu den Wissenschaften" darstelle und vermittle. Dabei sei es nicht die Aufgabe des Wörterbuchs, „einen Standpunkt normativ geltend zu machen", sondern es werde vielmehr versucht, „die sich in der Vielfalt der Begriffe und Termini vollziehende Bewegung aufzunehmen und sie nach Möglichkeit transparent zu machen". Hierfür wähle das Wörterbuch entweder die „historische Darstellung" oder bringe die Begriffe „in den sachlichen Zusammenhängen, in denen sie jeweils stehen, zur Darstellung", wobei ihre Behandlung den jeweiligen Sachverständigen anzuvertrauen sei.

Ein Blick auf das Autorenverzeichnis des zehnten Bandes des HWP zeigt nun, daß auch dieser Band als ein Wörterbuch der Sachverständigen betrachtet werden muß. Darüber hinaus ist festzuhalten, daß hier im Unterschied zu vielen anderen Wörterbüchern die meisten Autoren nur einen Artikel abgefaßt oder an dessen Abfassung mitgewirkt haben (von 242 Autoren schreiben immerhin 191 nur einen und 33 nur zwei Artikel). Umgekehrt wurden umfangreichere Artikel oft von mehreren Autoren bearbeitet: An dem Artikel „Transzendental; Transzendentalphilosophie" beispielsweise haben neben der Redaktion noch zwölf Autoren mitgearbeitet. Was nun die Redaktionsarbeit anlangt, so ist der eben angeführte Artikel ein Musterbeispiel sinnvoller Redaktionstätigkeit. Denn in diesem Falle steuerte die Redaktion eine Vorbemerkung bei, die es dem Leser erlaubt, sich schon vor der Lektüre einen Überblick über die nachfolgenden Teile des Artikels zu verschaffen. Ein Überblick, der angesichts der kenntnisreichen und scharfsinnigen Ausführungen beispielsweise zu Kants Verwendung des Begriffs (verfaßt von Norbert Hinske) leicht verlorengehen könnte.

Völlig unverständlich ist es aber, daß die Redaktion für den Artikel „Technik" allein verantwortlich zeichnet und diesen (wie sie selbst feststellt) „Schlüsselbegriff der Moderne" keinem Sachverständigen übertragen hat. Dies ist um so bedauerlicher, als der Artikel auch noch das Stichwort „Technikphilosophie" mit abdecken soll.

Wie steht es nun aber mit dem Veralten des Wörterbuchs? Immerhin liegt doch das Erscheinen der ersten Bände mehr als 25 Jahre zurück! Ein Beispiel mag diese Problematik verdeutlichen. Wenn man den zweiten Band des HWP in die Hand nimmt, dann findet man dort keinen Artikel zu „Dekonstruktion" beziehungsweise „Dekonstruktivismus". Insofern der heutige Leser (denn wer hätte wohl Anfang der siebziger Jahre hierzu etwas nachschlagen wollen) nun ein Interesse daran hat, auch über diesen Begriff etwas zu erfahren, ist er natürlich enttäuscht. Er muß es aber nicht sein, denn im soeben erschienenen zehnten Band kann er im Artikel „Struktur" den vermißten Begriff unter den Subtermini „Strukturalismus; Dekonstruktivismus" finden. Kann, muß aber nicht. Denn die in den Einzelbänden nicht als eigene Stichworte auftretenden Subtermini werden erst im Registerband des HWP für den Benutzer alphabetisch erschlossen. Bis dahin besteht freilich die (auch von den Herausgebern gesehene) Gefahr, daß die außerhalb des systematischen Kontexts der Artikel behandelten Subtermini zunächst unbeachtet bleiben oder aber vermißt werden. Abschließende Auskunft über die im HWP abgehandelten Begriffe wird also letztlich erst der Registerband geben, bis zu dessen Erscheinen man sich eben durch Phantasie, Neugierde und Einfallsreichtum behelfen muß. Wen es zum Beispiel bei dem Artikel „Theodizee" stört, daß dieser sehr stark leibnizlastig ist, weil der Begriff (das heißt Wort und Sache) eben erst bei Leibniz auftaucht und aus diesem Grunde hier die Vorgeschichte des Begriffs fehlt (obwohl sich doch der Sache nach das Problem schon im Alten Testament oder bei Augustinus, Thomas von Aquin usw. findet), der muß eben unter dem Artikel „Malum" (lat.: Böses, Übel) das Vermißte aufsuchen. Ein Gleiches gilt für die „Alphabetmogeleien" bei Begriffen, die unter dem alphabetisch späteren fremdsprachlichen Ausdruck aufgenommen wurden (zum Beispiel „Malum" statt das „Böse"). Derlei Manipulationen sind nicht zu kritisieren, garantieren sie doch die Aktualität des HWP. Ein gravierender Nachteil erwächst dem Benutzer daraus nicht – schlimmstenfalls könnte es so sein, daß der Registerband vielleicht einmal der wichtigste Band des HWP sein wird.

Angesichts der gebotenen Qualität ist der Preis gerechtfertigt: Das HWP ist nach wie vor das wichtigste begriffsgeschichtliche philosophische Nachschlagewerk. Die Akribie im Nachweis und in der Beibringung von Zitaten und Belegstellen übertrifft alle anderen auf dem Markt befindlichen Wörterbücher und macht es nicht nur für jeden, der sich ernsthaft mit Philosophie beschäftigt, zu einem unentbehrlichen Arbeitsmittel, sondern auch für den interessierten Laien zu einem wichtigen Nachschlagewerk, findet er doch hier meist schnell und einfach über die Zitate Zugang zu den die jeweiligen Probleme behandelnden philosophischen Texten.

Thomas Bach

Philosophie von Platon bis Nietzsche.

Digitale Bibliothek Bd. 2.
Directmedia Publishing, Berlin 1998.
640 Megabyte, DM 99.-

Geschichte der Philosophie.

Digitale Bibliothek Bd. 3.
Directmedia Publishing, Berlin 1998.
340 Megabyte, DM 99.-

Philosophie in Scheiben! In Berlin werden die großen Denker von Computern gelesen – und auf Compact Discs gebrannt. Mehrere zehntausend Buchseiten „von Platon bis Nietzsche" kann man sich so auf den heimischen Bildschirm holen. Eine zweite, weniger umfangreiche Sammlung enthält überwiegend ältere Handbücher und Lexika.

Umstandslos verläuft die Installation der CD-ROMs auf Windows-Rechnern, während sie auf Macintosh-Systemen nicht möglich ist. Das Ansteuern der Buchtitel, das Blättern und das mehrfarbige Markieren von Textpassagen macht keine Mühe. Die Anstreichungen bleiben auf Wunsch erhalten und lassen sich zum Exzerpieren weiterbearbeiten und ausdrucken. Die Buchseiten hat man nicht grafisch, sondern (seitengerecht) Buchstabe für Buchstabe übertragen: eine Seite des Originals entspricht meist zwei Bildschirmseiten. Auf diese Weise sind alle Texte gut lesbar, und man kann nach einem Begriff oder einem bekannten Zitat suchen lassen. Auch kann man mehrere Begriffe zugleich anfragen, die in einer zuvor festgelegten Spanne (von zum Beispiel 30 Wörtern) gemeinsam auftreten müssen. Eine „Themensuche" richtet sich nach der Häufigkeit von Begriffen. Über „Stichworte" sind die Lexika erschlossen. Für die Primärtexte sind keine Schlagworte vorgesehen.
Auf der CD-ROM „Philosophie von Platon bis Nietzsche" hat der Medienverlag sogenannte Volltexte zusammengestellt, teils ungekürzte Aufsätze, meist ganze Bücher. Darunter sind Platon (mit allen größeren Dialogen – ohne die Nomoi – und dem Staat), Aristoteles (mit dem Organon, der Metaphysik und Ethik), Augustinus, Meister Eckhart, Giordano Bruno, Descartes, Spinoza, Locke, Leibniz, Hume, Rousseau, Herder, Kant (mit allen Kritiken und der Metaphysik), Fichte, Hegel (mit Phänomenologie, Großer Logik und Rechtsphilosophie, dazu das Älteste Systemprogramm), Schelling, Marx, Feuerbach und ein recht umfangreicher Nietzsche. Wiewohl aus der Antike zum Beispiel Parmenides und Cicero schwach vertreten sind, Vico und Baumgarten ganz ausfallen, aus dem letzten Jahrhundert ein Großteil der romantischen, die utilitaristische, die frühe pragmatische und objektphilosophische Tradition vermißt werden – während Marc Aurel, Agrippa oder Thomas Morus anscheinend wichtiger waren –, findet sich doch wieder eine eigene Rubrik zur ästhetischen Theorie der Goethezeit (darin sogar Jean Pauls Vorschule) und ihr voran „Rameaus Neffe" von Diderot. Mit Simmels Philosophie des Geldes, Natorps Platon und Diltheys Einleitung in die Geisteswissenschaften haben auch Denker „nach Nietzsche" Platz gefunden; „vor Platon" sind die Vorsokratiker untergekommen. Von Frank-Peter Hansen stammt eine kühne Einführung, über der man nicht vergessen sollte, daß er die gute Auswahl der Schriften besorgt hat.
Die zweite CD-ROM, „Geschichte der Philosophie", enthält neben kurzen Texten von Hegel, Schelling, Feuerbach und Heine acht bekannte Nachschlagewerke in vollem Umfang. Darunter befindet sich lediglich ein aktuelles Handbuch, der katholische „Hirschberger" aus dem Herder Verlag (14. Auflage von 1991). Statt dessen ist versammelt, was Generationen von Geisteswissenschaftlern einmal eine gute Hilfe war. Dazu gehört das Lehrbuch von Windelband in der 6. Auflage von 1912, das als „Windelband-Heimsoeth" noch lange bei Mohr-Siebeck betreut wurde (nicht zu verwechseln mit Windelbands berühmter Einleitung in die Philosophie). Herauszuheben ist der „Vorländer" in der 5. Auflage von 1919, der ebenfalls aus dem Umkreis des Neukantianismus stammt und bei Rowohlt 1964 und 1990 zwei gründliche Überarbeitungen erfahren hat. Mit dem „Großen Eisler" von 1904 (ergänzt um das Philosophenlexikon von 1913) und dem braven „Kirchner-Michaelis" (5. Auflage 1907) zählen auch Vorläufer des „Ritter", des Historischen Wörterbuchs der Philosophie aus dem Schwabe Verlag, zum digitalen Bestand. Der „Lange", gleichsam Nietzsches geistige Grundschule, und Mauthners Wörterbuch sind in der Auswahl von Mathias Bertram ebenfalls vertreten; einen alten „Ueberweg" (neuerdings wieder bei Schwabe) oder die bemerkenswerte Philosophiegeschichte von Cassirer, Frischeisen-Köhler, Schlick und Vierkandt aus der Weimarer Zeit sucht man allerdings vergebens.
Wegen der aus Lizenz- und Kostengründen recht alten Auflagen (auf beiden Scheiben) sind die digitalen Sammlungen nur eingeschränkt für die Seminararbeit an der Universität verwendbar. An klugen Gedanken mangelt es den frühen Auflagen deshalb nicht. Auch ist Vergriffenes hier besser zugänglich, und bei Kant und Hegel haben sich die Berliner immerhin die Weischedel-Ausgabe (1977) beziehungsweise die Theorie-Werkausgabe (1979) geleistet. Alles in allem hält man besonders mit der ersten CD-ROM eine beeindrukkende Zahl von Standardwerken bereit, ohne die Regalböden, die Brieftasche oder den häuslichen Frieden zu sehr zu belasten. Wer nur gelegentlich etwas in der Philosophie nachzuschlagen hat – die Lektüre am Bildschirm hat ihre Grenzen – oder noch nicht auf „seinen" Philosophen gestoßen ist, wird seinen Zugang um so mehr erleichtert finden. Im Vordergrund steht bei beiden Ausgaben das Werk. Auf ein Multimedia-Feuerwerk hat man verzichtet; Bild und Lebenslauf werden zu jedem Denker geboten. Von der breiten und zuverlässigen Digitalisierung der Texte, der einfachen Bedienung und der freundlichen Betreuung durch den Verlag können sich auch diejenigen eine Scheibe abschneiden, die sich bislang nicht an digitale Editionen gewagt haben.

Udo Grün

Franz Josef Wetz

Die Würde der Menschen ist antastbar. Eine Provokation.

Klett-Cotta Verlag, Stuttgart 1998.
440 Seiten, DM 48.-

Eine zentrale Aufgabe der Philosophie besteht darin, sprachliche Konfusionen aufzulösen, Vagheiten aufzuzeigen und metaphysische Illusionen zu beseitigen. Eine Fülle von Publikationen besonders aus dem Bereich der medizinischen und biologischen Ethik beruft sich in ihrem Begründungsnotstand auf die Würde des Menschen. Wetz analysiert die Herkunft und den Bedeutungsgehalt dieses Schlüsselbegriffes des deutschen, aber auch des internationalen Rechtsverständnisses.

Wetz spannt den Bogen weit von der griechischen Antike bis zum idealistischen Vernunftdenken, um den Ursprüngen des Würdebegriffes nachzugehen und eine mögliche Verankerung der These von der Würdehaftigkeit des Menschen aufzuspüren. Im entscheidenden Kapitel 4 zeigt der Autor, daß die Würde des Menschen, so wie dieser Begriff heute in moralischer und rechtsethischer Verwendung vorkommt, sich entweder auf Transzendenz bezieht, das heißt die Grenzen des Erfahrbaren überschreitet und somit seine Verankerung in der religiösen Kategorie des Heiligen besitzt, oder auf die idealistische Vorgabe eines über der Naturkausalität stehenden Subjektes bezogen ist. Die erste Begründungsvariante begreift er als empirisch (erfahrungsgemäß) nicht einlösbar, die zweite vernunftphilosophische Interpretation als einfach faktisch falsch. Sie widerspreche allen Befunden der Neurobiologie, denn der Mensch besitze keinen von Naturzusammenhängen unabhängigen Wesenskern. So sei es der Naturalismus der Naturwissenschaft, nicht als Gegenmetaphysik verstanden, sondern als sparsamste ontologische (das Wesen betreffende) Deutung der wissenschaftlichen Theorien und ihrer empirischen Resultate, welcher der These von der Würde das *fundamentum in re* (lat.: Grundlage in der Wirklichkeit) raube.
Wetz schreibt, man wisse von vielen metaphysischen (die Erfahrung übersteigenden) Illusionen, daß sie, wenngleich keinen Grund in der Sache, so doch eine Funktion im Bewußtsein des Menschen und der Gesellschaft haben könnten. So wie eine feste religiöse Überzeugung den Optimismus und über psychosomatische Verbindungen dann auch das Immunsystem stärke (und damit dem Träger zum Überlebensvorteil gereiche), könne auch ein semantisch (der Wortbedeutung nach) diffuser Würdebegriff eine wertvolle Rolle spielen, wenn es darum gehe, die humanistischen Ideale wie Freiheit, Gleichheit, Brüderlichkeit durchzusetzen und Leid, Unrecht, Grau-

samkeit und Unterdrückung zu mildern und zu beseitigen. Wetz betont diese pragmatische Funktion des Begriffes der Würde vor allem in Hinblick auf die vielfachen, bis in die jüngste Zeit nicht abbrechenden Menschenrechtsverletzungen. Angesichts der Bedürftigkeit und Schutzlosigkeit des Menschen in vielen Teilen der Welt sei jedes Mittel, auch wenn es auf schwachen Beinen stehe, recht, um Leid zu verhindern, denn zumindest hinsichtlich der grundlegenden Rechte auf körperliche Unverletzlichkeit seien sich humanistische Naturalisten und religiöse Supernaturalisten wesentlich einig. Insofern müßte für beide Gruppen der Vorschlag von Wetz, die Würde als konkreten Gestaltungsauftrag zu verwenden, annehmbar sein.

Das Buch schließt mit einer Fülle von Anwendungen der systematischen Analyse, die von bioethischen Problemen wie Euthanasie und Abtreibung über den Drogenkonsum bis zum Strafvollzug reichen. In diesem Teil werden dann allerdings auch die Differenzen sichtbar zwischen einem funktionalistischen Würdegebrauch und der traditionalistisch-idealistischen Verwendung. Wetz argumentiert hier in Übereinstimmung mit seinem naturalistischen Ansatz im liberalistischen Sinne für die Selbstbestimmung und Eigenverantwortlichkeit des Individuums. Er kritisiert scharf sowohl gesetzliche als auch gesellschaftliche Diffamierungen von devianten, das heißt von dem statistischen Durchschnitt abweichenden Verhaltensweisen. Hier wird sein Werk zum eloquenten Plädoyer für Toleranz, Pluralität und individualistische Handlungsfreiheit.

Es kann als ein bemerkenswertes Stück philosophischer Aufklärung betrachtet und dem Leser empfohlen werden.

Bernulf Kanitscheider

Michael Hauskeller

Auf der Suche nach dem Guten. Wege und Abwege der Ethik.

Die Graue Edition, Zug/Schweiz 1999. 238 Seiten, DM 34.-

Der Klappentext macht Lust aufs Lesen: „Gerade in der heutigen Zeit mit ihren ungeheuren, scheinbar unbegrenzten technischen Möglichkeiten droht uns die Orientierung vollends verlorenzugehen. Wonach sollen wir uns in unserem Handeln richten? Wie sollen wir beurteilen, was zu tun und zu lassen gut ist, wenn wir keine Vorstellung von den Konsequenzen haben? Und doch müssen wir entscheiden, welchen Weg wir gehen wollen, als einzelner, als Staat und als Menschheit." Wer sich jedoch Orientierung in den hier angedeuteten Dimensionen erhofft, wird gründlich enttäuscht werden.

Hätte das Buch ein Stichwortregister, würde man den Eintrag „Menschenrechte" zum Beispiel vergeblich suchen. Es gibt so gut wie keine Erörterungen etwa über die Zusammenhänge von Recht und Moral oder Ethik und Politik, auch keinerlei Hinweise auf Themenkomplexe wie zum Beispiel Ideologie-, Gesellschafts- oder Sprachkritik, von moderner sprachanalytischer Ethik gar nicht zu reden. Auch allgemeinere Erörterungen etwa zur Postmoderne, zur Systemtheorie, zum Strukturalismus, zur Kritischen Theorie, zur dialogischen und Diskursethik, zum Konstruktivismus oder zum Kritischen Rationalismus wird man vergeblich suchen. Dabei wäre doch nichts spannender, als gerade angesichts der neuen Unübersichtlichkeit, der scheinbaren Auflösung aller Werte, des angeblichen Endes der Geschichte von einem engagierten Autor zu hören, wo es denn nun seiner Ansicht nach langgehen sollte. Statt dessen kommen die in diesem Buch versammelten Aufsätze daher, als ob es die diversen Reflexionsbrüche im 20. Jahrhundert nicht gegeben hätte.

Der Prolog verkündet das „Lob der Torheit" und rezipiert Auffassungen des Erasmus von Rotterdam „über das Wunderbare, die Philosophie und die Liebe". Man weiß nicht immer genau, ob im Einzelfall der große Huma-

nist spricht oder der Autor. Aber man wird nicht fehlgehen in der Annahme, daß Erasmus alles in allem zustimmend zitiert wird. Durch ihn sollen wir demütig eingestimmt werden in die Fehlbarkeit des Menschen, in die Grenzen der Vernunft und in die prinzipielle Grundlosigkeit aller Liebe. Dies alles ist durchaus religiös gemeint. Und gerade das ist es, was einem modernen, philosophisch gebildeten Leser wohl nur schwer eingängig sein wird. Nicht daß einem philosophischen Autor eine religiöse Grundstimmung verwehrt sein sollte. Aber man sollte es ihm nicht ohne Einspruch durchgehen lassen, die bereits im Vorwort exponierte These, es sei „in Fragen der Moral ... gefährlich, sich allzusehr auf die angebliche ‚Stimme der Vernunft' zu verlassen", im wesentlichen zu stütztenl durch Zitate von der Art: „Die Pest des Menschen ist, daß er zu wissen wähnt" (Montaigne) und Ludwig Klages kommentarlos als Garanten für die These zu bemühen, daß das Lebendige als Lebendiges sich dem Zugriff der Vernunft verweigere. Mit viel Pathos beschwört unser Autor „das Wunder des Lebens" – nicht ohne allerdings sogleich hinzuzufügen: „Das Auge der Vernunft vermag es nicht zu erblicken und leugnet darum seine Existenz." Hier ist das Lob der Torheit denn doch entschieden zu weit getrieben, und es wäre an das „sapere aude!" Kants zu erinnern, an jenen berühmten Wahlspruch der Aufklärung: „Habe Mut, Dich Deines eigenen Verstandes zu bedienen!" Es ließe sich hinzufügen: Wir haben nämlich keinen anderen.

Weil ihm jedoch die Diskursivität der Vernunft allzu verdächtig ist, da Klärung von Begriffen und Abwägung von Prinzipien seine Sache offenbar nicht sind, setzt der Autor in neoromantischer Manier auf das Gefühl und in sehr gewagter Abwandlung des Aristoteles auf „so etwas wie ein Vermögen der Wahrnehmung des Richtigen und Falschen im Bereich des Handelns". Aber so sympathisch auch der Hinweis zum Beispiel auf die geliebte Familie ist, mit schlichter Wahrnehmung und dem von Jonas entlehnten „Sieh hin (sc.: auf das Neugeborene) und du weißt" dürfte es im Bereich der Moral nun wirklich nicht getan sein. Auch andere Väter haben anmutige Töchter. Und die moralischen Probleme liegen doch nicht zuletzt darin, daß keine Einigkeit über die „unveräußerlichen" Lebensrechte ebendieser Menschenkinder besteht – und daß vor allem die religiösen Ausdeutungen des wahren Menschen die widerwärtigsten Blutspuren in der Geschichte der Menschheit produziert haben. Der Verfasser bleibt die Antwort schuldig, wie man hier ohne vernünftige Prinzipienabwägung, wie sie zum Beispiel in der Menschenrechtsdebatte versucht wird, weiterkommen könnte.

Alles in allem ist für den Autor die Welt offenbar sehr in Ordnung. In seiner Einführung zu Alfred North Whitehead (Hamburg 1994) glaubt er die These erweisen zu können, „daß unter der Annahme einer real existierenden Welt keine größere Macht als die des Whiteheadschen Gottes denkbar ist und er in diesem Sinne allmächtig genannt werden kann". Auch das Theodizeeproblem hält er für gelöst: „Obwohl Gott ... mit der größtmöglichen Macht ausgestattet ist, trifft ihn keine Verantwortung für die Existenz des Bösen." Zum Verzweifeln sieht er keinen Anlaß, denn dieser Gott sei eben „nicht für die Verzweiflung verantwortlich, noch will er sie. Gott ist für die Hoffnung verantwortlich, die in der Verzweiflung geboren wird. Gott überwindet das Böse für sich und die Welt (was dasselbe ist), ohne sie aufzulösen. Die Überwindung des Bösen", erfahren wir weiter, „setzt dessen reale Existenz voraus. Sie besteht in der kontinuierlichen Integration aller Erfassungen, gut oder böse, in dem ewigen, durch die aktive Suche nach vollkommener Harmonie bestimmten Prozeß der göttlichen Selbstwerdung." Bei diesem Gott triumphiert die Ästhetik über die Moral.

Es soll natürlich niemandem verwehrt sein, sich angesichts der Übel dieser Welt mit Hilfe von ausgewählten Philosophen eine ästhetisierende Sicht der Dinge zurechtzulegen, die ihm ermöglicht, ungebrochen an das Gute und das Harmonische des allgemeinen Weltenlaufes zu glauben. Kaum vorstellbar ist jedoch, daß die moderne Philosophie je wieder hinter das zurückgehen wird, was mit einem Wort von Karl Heinz Bohrer bezeichnet wurde als der „Triumph der Säkularisierung: daß nämlich Humanität ohne Gott möglich sei". Doch dazu muß man zu anderen Büchern greifen.

Hermann Oetjens

Gert Ueding und Thomas Vogel (Hrsg.)

Von der Kunst der Rede und Beredsamkeit

Attempto Verlag, Tübingen 1998. 220 Seiten, DM 48.-

Was ist Rhetorik? Beliebter Lockbegriff in Kleinanzeigen für Managerseminare und Verkäufertrainings? Ja. Aber auch: eines der ältesten Universitätsfächer mit Wurzeln in der Antike und im europäischen Humanismus, das von einem zeitgenössischen Denker sogar schon als „Mutter der Philologien" bezeichnet wurde. In Tübingen beginnt die Geschichte des Lehrfaches vor rund 500 Jahren mit Heinrich Bebel. Walter Jens reanimierte die zwischenzeitlich vergessene Wissenschaft und gründete 1967 das Seminar für Allgemeine Rhetorik – bis heute das einzige Rhetorik-Institut an einer deutschen Universität. Anläßlich des doppelten, 500- und 30jährigen, Jubiläums der Tübinger Rhetorik 1997 erschien der vorliegende Band, der die eingangs gestellte Frage zu beantworten sucht.

Der Sammelband vereinigt die Vorträge einer Studium-Generale-Vorlesungsreihe, die das Tübinger Seminar 1997 veranstaltet hat. Die Liste der Beitragenden liest sich wie das *Who is who* der franko-südwestdeutschen Rhetorikpublizistenszene nebst Überraschungsgästen, inklusive Altbundespräsident. Wir lesen: Manfred Fuhrmann, Gert Ueding, Joachim Knape, Joachim Dyck, Fritjof Haft, Sir Peter Ustinov, Rüdiger Bubner, Cora Stephan, Jürg Häusermann, Gérard Raulet, Marcel Reich-Ranicki und Roman Herzog. Das ist, wie Gert Ueding im Vorwort treffend bemerkt, eine illustre Runde. Dem kundigen Leser steht mit der Autorenliste auch gleich ein nützliches Lektürewerkzeug zur Verfügung, das eine Einteilung der Beiträge in zwei Gruppen gestattet: in Kennertexte und Laientexte. Die Kennertexte widmen sich durchweg historischen und systematischen, also wissenschaftlichen Problemen der Rhetorik, während die Laientexte (Ustinov, Stephan, Herzog, Reich-Ranicki) eher allgemein bleiben. Eines ist dabei fast allen Texten gemeinsam: Es sind leicht verständliche Festreden, die oft – explizit oder implizit – in Lobpreisungen des Tübinger Instituts münden. Der Band kann somit auch unter Public-Relations-Gesichtspunkten gelesen werden, als unterhaltsames Panorama von mehr oder weniger gelehrten Gedanken zur Redekunst.

Dem philosophisch interessierten Leser ist das Potpourri durchaus zu empfehlen, da insbesondere die Kennertexte sich der doppelten philosophischen Relevanz des Themas Rhetorik bewußt sind. Da ist erstens das alte, schon in Platons *Gorgias* diskutierte, aber bis heute aktuell gebliebene *ethische Dilemma.* Es besteht darin, daß die Redekunst als Meinungs-Manipulationsinstrument zur Durchsetzung von Zielen eingesetzt werden kann, die nicht der Wahrheitsfindung und schon gar nicht dem Gemeinwohl dienen, und somit als „Schmeichelkunst" insgesamt abzulehnen sei. Zieht man von diesem vernichtenden Urteil das Moralisierend-Wertende ab, erledigt man mit Aristoteles außerdem das Problem der *Wahrheit* als ohnehin unlösbar, und bedenkt man ferner, daß im Kräftespiel des Meinungsmarktes schließlich *jeder und jede* sich der manipulativen Rede frei bedienen kann, so bleibt im Kern die Frage der *Persuasion* (Überredung) übrig, der sich zum Beispiel Bubner und Knape von verschiedener Seite her recht luzide nähern. Bubner fragt schlicht: „Was ist ein Argument?", um diese Frage mittels einer konzentrierten Analyse des Argumentierens schlechthin und der Klärung rhetorischer Schlüsselbegriffe wie *Syllogismus* und *Enthymem* kompetent zu beantworten. Und Knape sieht den „Persuasions-Prozeß als Grundlage sozialer Bindung", wobei er an den Beispielen der Mann-Frau-Beziehung und einer aktuellen Werbekampagne der Lufthansa ein Phasenmodell der Persuasion entwickelt, das dem Leser nicht nur die vielfältigen kulturanalytischen Möglichkeiten der Rhetorik vor Augen führt, sondern auch zeigt, wie die Redekunst fernab aller idealisierenden Entwürfe à la Habermas („herrschaftsfreier Diskurs") sogar zu einer künftigen, modernen *Theorie der erfolgreichen Kommunikation* ausgebaut werden könnte.

Zweitens ist da noch das erkenntnistheoretische Problem von „Wort" und „Welt", das, kurz gesagt, um die Frage kreist, ob Erkenntnis jenseits von Begriffen möglich ist. Ein wahrer Rhetoriker muß dies verneinen. Ueding tut es in seinem Beitrag am Beispiel des modernen Europagedankens, der im gegenwärtigen öffentlichen Diskurs hauptsächlich in Form von Kürzeln wie EU oder Euro auftritt. Daraus schließt er, daß die allgemeine Europaerkenntnis momentan unter rein politischen beziehungsweise ökonomischen Kategorien abläuft, im Gegensatz zu früher, als alles noch irgendwie „kulturell", also besser, geordnet war. Hier spricht der überzeugte Aufklärer, der sich auch nicht scheut, die Rhetorik zum „Fundament des modernen Europa" zu machen, indem er das emanzipatorische Klischee vom ursächlichen Zusammenhang von *guter* Redekunst und demokratischer Staatsform bemüht: „Bildung und Kultur ... sind unauflöslich mit dem Europagedanken verknüpft, und es ist die Gemeinsamkeit von sapientia und eloquentia, die sie prägen." Von solch bildungsbürgerlichem, aber begriffs- und mythengeschichtlich inspiriertem Erguß kann man sich dann bei Cora Stephans unfreiwillig komischer Predigt mit dem hinreißend naiven Titel „Kritik der gesellschaftlichen Beredsamkeit" wieder nachhaltig erholen. Frau Stephan liefert zu einem ansonsten gelungenen Festband genau den Schuß Moralsoße in Form einer *Medienkritik,* den sie zu liefern selbst bestreitet, indem sie sich nämlich darüber beklagt – statt zu analysieren –, wie schrecklich die gesamtgesellschaftlichen Auswirkungen der fortwährenden „Emotionalisierung des Politischen", besonders natürlich im Fernsehen, sind. Das ist schade, da ihre Gedanken zu Modebegriffen wie *soziale Wärme* oder zu Betroffenheitsfloskeln wie *Das geht uns alle an* im täglichen Medienzirkus gelegentlich sogar erhellend sind.

Seinem Anspruch, das außerhalb Tübingens kaum populäre Fach *Rhetorik* einem breiten Leserkreis auf unterhaltsame Weise näherzubringen, genügt der Sammelband vollauf. Es bleibt abzuwarten, ob besagter Leserkreis sich findet.

Hagen Schick

Thomas Zoglauer

Geist und Gehirn

Vandenhoeck & Ruprecht, Göttingen 1998. 244 Seiten, DM 26.80

Als einen unerklärlichen „Weltknoten" hat Arthur Schopenhauer das berühmt-berüchtigte Leib-Seele-Problem bezeichnet, und Emil du Bois-Reymond schloß einen vielbeachteten Vortrag 1872 mit „Ignorabimus" – wir werden das Bewußtsein niemals verstehen können. Durch die großen Fortschritte der physikalischen und biologischen Forschung, aber auch dank der präzisen Methoden und scharfsinnigen Argumente der analytischen Philosophie hat die Diskussion in jüngerer Zeit zahlreiche neue Impulse erhalten. Thomas Zoglauer hat eine kompakte Darstellung des Leib-Seele-(in moderner Terminologie: Geist-Gehirn-) Problems vorgelegt.

Das Taschenbuch ist konzise geschrieben, übersichtlich gegliedert, preiswert, relativ aktuell und behandelt die wichtigsten Aspekte auf eine gut verständliche Weise. Der Autor will nicht nur einen Überblick geben, sondern die Debatten auch systematisch rekonstruieren. Häufig wird diese Rekonstruktion zu einer kritischen Auseinandersetzung, die sich allerdings nicht neutral verhält, sondern mentale Phänomene gegen jeglichen Versuch einer Zurückführung auf physikalische oder physiologische Prozesse zu verteidigen versucht. „Letztlich ist der menschliche Geist doch etwas, das sich jeder physikalischen Erklärung entzieht und nicht naturalisierbar ist", lautet das Fazit.

Das Buch ist in sechs Kapitel unterteilt. Neben der Einleitung ist je eines den verschiedenen Formen des „Dualismus", der „psychophysischen Identitätstheorie" und des „Funktionalismus" gewidmet. Schließlich folgt eine detaillierte Diskussion des „Arguments des unvollständigen Wissens" und des „Problems der mentalen Verursachung". In einem Anhang werden das Möglichkeitsargument von Descartes für die Verschiedenheit von Mentalem und Physischem sowie Wittgensteins Argument gegen die Existenz einer Privatsprache knapp (re)konstruiert. Literaturverzeichnis und Sachregister schließen den Band ab; ein Autorenregister fehlt.

„Leider steht der Dualismus zur Zeit in einem schlechten Ansehen. Er gilt als philosophisch antiquiert, wissenschaftlich überholt und metaphysisch obskur", diagnostiziert der Autor und hält es „für ein wichtiges Desiderat, sich unvoreingenommen mit dieser Lehre auseinanderzusetzen und ihre Bedeutung für die heutige Philosophie auszuloten". Für Diagnose und Desiderat gibt es gute Gründe, und für letzteres engagiert sich das Buch ausführlich. Es beschränkt sich im wesentlichen auf vier Merkmale des Mentalen, die „Unausgedehntheit" (Nicht-Räumlichkeit), die „Privatheit" (Unzugänglichkeit für andere), die „Introspizierbarkeit" (unmittelbare Gegebenheit für das Subjekt) und die „Inkorrigibilität" (Gewißheit). Diese Aufzählung ist sicherlich nicht erschöpfend und müßte weitere Merkmale anführen beziehungsweise explizit machen, zum Beispiel Homogenität, Transparenz, Perspektivität, Intentionalität, Subjektivität und Reflexivität. Auch die Frage, worin das

Leib-Seele-Problem eigentlich besteht, wird nur kurz behandelt (als Frage nach der Beziehung zwischen Psychischem und Physischem sowie der Entstehung des Psychischen). Doch es ist ein ganzes Bündel von teilweise nur sehr indirekt miteinander verflochtenen Einzelproblemen. Ein hilfreicher Ansatz wäre: Jeweils zwei der folgenden Prämissen implizieren die Falschheit der dritten: (a) *Dualismus:* Mentale Phänomene sind nichtphysische Phänomene; (b) *Mentale Verursachung:* Mentale Phänomene sind im Bereich physischer Phänomene kausal wirksam (und werden ihrerseits kausal erzeugt). (c) *Physikalische Geschlossenheit:* Der Bereich physischer Phänomene ist kausal geschlossen. Das Buch optiert letztlich für (a) und (b) und gegen (c). Die vorgestellten Argumente für einen Dualismus stehen vor allem in der Tradition von Descartes. Aus der Vermutung, daß körperlose Wesen, vertauschte Farbempfindungen bei gleicher Physiologie und geistlose Zombies trotz normalen Verhaltens vorstellbar sind, wird auf die Wesensverschiedenheit von Geist und Materie geschlossen. Dabei stützt sich die Argumentation einerseits auf die – keinesfalls allgemein anerkannte – Identitätsdefinition von Saul Kripke und setzt andererseits erkenntnisbezogene Vorstellbarkeit mit seinsmäßiger Möglichkeit gleich. Doch selbst wenn körperlose Wesen, vertauschte Empfindungen und Zombies in anderen möglichen Welten existieren, folgt daraus noch nicht, daß in unserer Welt das menschliche Bewußtsein faktisch nichtphysisch ist. Doch wird die Beweislast hier einfach auf den Naturalisten verlagert. Der kann sie freilich niemals einlösen, denn das Vorhandensein von metaphysischen Geistern läßt sich genausowenig widerlegen wie die Existenz des Weihnachtsmanns. Wer daran glaubt, muß schon selbst einen Beweis erbringen!

Ein weiteres Argument für den Dualismus lautet: (a) Nichts Geistiges ist teilbar/ausgedehnt; (b) Jeder Körper ist teilbar/ausgedehnt; (c) Also sind Körper und Geist verschieden. Die Konklusion (c) ist gültig, wenn man die Prämissen (a) und (b) akzeptiert. Aber warum sollte man (a) akzeptieren? Für die Unausgedehntheit (Nicht-Räumlichkeit) wird nicht argumentiert, sie wird einfach als *Definitionsmerkmal* des Mentalen behauptet. Doch setzt die Perspektivität des Mentalen bereits eine gewisse Räumlichkeit voraus. Und die Unteilbarkeit ist wohl eher eine subjektive Illusion, eine sprachliche Fiktion und ein soziales Konstrukt. Gegen sie sprechen Erkrankungen wie Schizophrenie und Identitätsstörungen sowie neuropsychologische Schädigungen etwa Agnosien. Beispielsweise geht bei Verletzung im Hinterhauptlappen manchmal die Fähigkeit verloren, Farben zu erkennen und – im Gegensatz zur Farbenblindheit – sie sich auch vorzustellen, sich ihrer zu erinnern und sie im Traum zu erleben: Aus der scheinbar unteilbaren Welt des Bewußtseins sind plötzlich alle Qualia der Buntheit verschwunden.

Auch die Willensfreiheit wird als Argument gegen einen Naturalismus angeführt, weil sie „sehr tief in unserer Kultur verwurzelt" und eine Voraussetzung von „Recht und Moral" sei. Doch kulturelle Verwurzelungen haben sich oft als Vorurteile herausgestellt, und das Gefühl (!) der Verantwortlichkeit impliziert die Existenz der Willensfreiheit gar nicht – es setzt sie auch nicht voraus. Zudem sind Tatsachen wie die Wahrheit oder Falschheit des Naturalismus unabhängig von moralischen Wünschen oder Forderungen.

Der Dualismus hat noch eine andere Schwierigkeit: Er ist letztlich nicht konsequent. Wenn der Dualist die primäre, ontologisch irreduzible Gegebenheit des Psychischen für wahr und unbezweifelbar hält, wieso verzichtet er dann nicht gleich auf die Annahme der Existenz des Physischen? Wieso streift der Dualist die vermeintliche Knechtschaft der Materie nicht einfach ab und konvertiert zu einem subjektiven Idealismus oder Solipsismus?

Der Titel des Buches stellt den Geist vor das Gehirn. Was die beiden miteinander zu tun haben und wieso der freie Geist das graue Gehirn überhaupt braucht, wird allerdings nicht verraten. Trotz dieser offenen Fragen ist das Buch sehr empfehlenswert und nicht nur fürs Philosophiestudium zu gebrauchen. Denn das Thema betrifft alle Denker mit einem Gehirn.

Rüdiger Vaas

Carl-Friedrich Geyer (Hrsg.)

Religionsphilosophie der Neuzeit. Klassische Texte aus Philosophie, Soziologie und Politischer Theorie.

Wissenschaftliche Buchgesellschaft, Darmstadt 1999. 260 Seiten, DM 58.-

„Auch wenn die Philosophie mit einer gewissermaßen meßbar chronologisch gesteigerten Intensität die Götter zunichte gemacht hat ... ist diese doch nie ohne ihren Gott ausgekommen, nicht um ihm zu dienen, sondern um mit ihm zu rivalisieren." In diesem, Blumenbergschen Sinne möchte Carl-Friedrich Geyer seine Sammlung klassischer Texte zur Religionsphilosophie der Neuzeit verstanden wissen: als ein Textfundament für eine philosophische Auseinandersetzung mit dem Phänomen Religion.

Ob es, wie der Herausgeber schreibt, mehr als gewiß ist, daß „nach der Überwindung des Ost-West-Gegensatzes im ausgehenden 20. Jahrhundert die Religion zu einem ernstzunehmenden politischen Faktor geworden ist", sei einmal dahingestellt. Auch wenn die Auswahl der Texte mitunter durch das gemeinschaftsgründende, politische Potential von Religion motiviert scheint, bietet die Textsammlung für all jene, die sich philosophisch mit dem Thema Religion beschäftigen möchten, eine hervorragende Möglichkeit der Auseinandersetzung mit einem „Denken aus erster Hand". Die unter didaktischen Gesichtspunkten sehr klug ausgewählten Schriften eröffnen auch dem nicht einschlägig Vorgebildeten die Möglichkeit, sich mit originären Texten auseinanderzusetzen, ohne in den Gesamtausgaben der jeweiligen Philosophen nachschlagen zu müssen. Kants Schrift *Die Religion innerhalb der Grenzen der bloßen Vernunft* ließe sich wie die ebenfalls in der Sammlung enthaltene Schrift Schleiermachers *Über die Religion. Reden an die Gebildeten unter ihren Verächtern* noch relativ leicht auffinden, aber welcher Nichtfachmann käme schon auf die Idee, Grundlegendes zum Thema etwa bei Hermann Siebeck (*Lehrbuch der Religionsphilosophie/ 1893*) oder Leszek Kolakowski (*Falls es keinen Gott gibt*) zu suchen? Die Bandbreite der ausgewählten Autoren reicht von Thomas Hobbes und G. W. F. Hegel über Franz Overbeck, Jacob Taubes, Carl Schmidt und Niklas Luhmann bis hin zu den Spätschriften von Max Horkheimer. Enthalten ist auch die einer philosophischen Kapitulation gleichkommende Einsicht von Jürgen Habermas, daß der religiöse Begriff der Rettung den Horizont dessen übersteigt, „was Philosophie unter den Bedingungen nachmetaphysischen Denkens plausibel machen kann".

Empfehlenswert ist auch die überaus kenntnisreiche Einleitung des Herausgebers mit dem etwas sperrigen Titel *Anmerkungen zum Status und zur Funktion der Religion im Horizont neuzeitlicher diskursiver Verständigungsprozesse*. Diese kommt zwar nicht ohne Fremd- und Fachworte aus, bietet dem interessierten Laien jedoch einen Überblick über die Religionsphilosophie der Neuzeit und erste Hilfestellung zur Auswahl der Texte, mit denen er sich beschäftigen möchte.

Wer sich philosophisch mit dem Phänomen der Religion anhand von Originaltexten auseinandersetzen will, dem sei dieser Band wärmstens ans Herz gelegt. Zu wünschen bleibt nur, daß Herausgeber und Verlag sich entschließen, der *Religionsphilosophie der Neuzeit* eine Textsammlung von Religionsphilosophen außereuropäischer Kulturen folgen zu lassen. In der Auseinandersetzung mit Denkern beispielsweise aus islamisch, hinduistisch, buddhistisch oder animistisch geprägten Kulturen ließe sich vielleicht auch für das christliche Abendland manch neue religionsphilosophische Einsicht gewinnen.

Gabriel Melzer

Jörg Seidel

Ondologie, Fanomenologie, Kynethik. Philosophieren nach Helge Schneider.

Verlag Die Blaue Eule, Essen 1999. 400 Seiten, DM 72.-

Helge Schneider, der in ganz Deutschland durch Lieder wie „Katzeclo" und Filme wie „Texas" bekannt geworden ist, taucht neuerdings auch in der Philosophie auf. Zum Glück – meint der Autor – tut er das nicht als Autor. „Das Ereignis seines Namens" wird Seidel vielmehr „zum Anlaß philosophischer Reflexionen" über den Menschen. Über das Leben. Das Sein. Und so weiter.

Seidel philosophiert nicht wie Helge Schneider oder über Helge Schneider – das nimmt vergleichsweise wenig Raum ein– , sondern *nach* ihm. Hinter Schneider kann man nicht zurück. Aber warum? Was ist geschehen? Darauf gibt es keine Antwort in der Sprache der Bierernsten und Naseweisen. Deren Sprache weiß nichts von Ereignissen, sondern „doubelt" die Wirklichkeit, wie sie gerade scheint. Schneider dagegen fällt als Double durch – und unversehens auf philosophischen Boden: Man kennt die Ironie des Sokrates oder der Romantik, den Kynismus Diogenes' oder Sloterdijks. Nun gibt es auch noch die unfreiwillige Komik Helge Schneiders, die sich an gar nichts mehr halten muß, weil ihr jeder Stilgriff fehlt. Sie ist nicht absurd und nicht „ungewollt" komisch. Sie ist ein Aber-Witz, der auch seinen Autor „offensichtlich überrascht und erheitert". Schneider selbst: „Die meisten Kritiker meinen, ich mache Nonsens. Aber das ist genau das falsche Wort dafür. Wenn ich behaupte, Quatsch zu machen, dann meine ich Spaß, und Spaß bedeutet eben auch Ernst."

Das Ernsthafte dabei: Paradoxien nicht zu verleugnen. Zu verhindern, daß „ein einziger Sinn sich aufdrängt" (Eco). Das Zeichen über das Bezeichnete stolpern lassen. Zwei Dinge mit denselben Worten sagen. Die Parodie mit dem Original verschmelzen. Das geht nicht ganz aus freiem Willen. Der Künstler weiß, „was er machen will. Was ihn aber rettet, ist die Tatsache, daß er nicht weiß, wie ihm das gelingen soll." Erst so, in der Anerkenntnis der Schwäche der Sprache, in der Unvordenklichkeit, im Stümpertum, wird für einen Augenblick „ondo-logisch" freigelegt, was unser Verständnis trägt: „Liebe statt Mülheim" (Hagestedt). Schneider trägt sich damit auch selbst. Seine Kunst zwischen Harlekin, Valentin und Zappa braucht keine Erklärungen. Aber sie muß „auseinandergeredet" und „gebraucht" werden, um in ihren Stärken erfahrbar zu sein. Seidel entfaltet sie mit Begeisterung – fan-omenologisch eben – und in „Imperativen", die allerdings nichts vorschreiben wollen: als Kyn-Ethik. Was es mit diesem eigenartigen Kynismus auf sich hat, bespricht Seidel in mehreren Durchgängen und in der Absicht, Sloterdijks Kritik der zynischen Vernunft weiterzuspinnen. Das betreibt er ebenso ernsthaft wie sprunghaft. Sein Buch ergreift die „Logik des Sinns" in den Wucherungen des alltäglichen Widersinns: Seidel „rhizomatisiert" im Sinne von Deleuze und Guattari. In „vielen Stilen" und nicht ganz so vielen Schriftgrößen passieren den Leser – oder besser: passieren dem Leser – unter anderem eine „entgeisterte Phänomenologie" zwischen Diderot und Hegel, die Philosophie der „kleinen Literatur" von Kafka und Joyce, die „Abdrift" der Ecoschen Zeichenlehre, ein „aphoristisch-dekonstruktiver Teil" eckiger noch als bei Nietzsche, und ganz zuletzt ein „Nachteil": Seidels Dialog mit sich.

Das kenntnisreiche, aufmerksame, bisweilen arg breite, oft lästige und manchmal deftige Buch ist nichts für Anfänger in der Geistesgeschichte, nichts für Leichtgläubige, und nichts für flüchtige Schneider-Kenner. Durch die „Schule des Durchbeißens" sollte der Leser wohl gegangen sein – und ahnen, „daß die Philosophie im Sterben liegt" (Sloterdijk). Kurz: es ist ein kluges Buch, das man unmöglich empfehlen kann. Es ist ein unkluges Buch, von dem sich auch nicht abraten läßt. Ist man mit ihm unterwegs zum Ur-Knall oder zu einer prima Philosophie? Wie kann man für ein Buch 72 Mark ausgeben? Soll man stattdessen nicht fein essen gehen? Mit dieser Entscheidung bleibt zuletzt jeder allein. Der Sinn von Büchern ist ohnehin schwer einzusehen. Leichenschauhäuser gibt es, um die Bestattung Scheintoter zu vermeiden – auch das kann man bei Seidel lesen. Doch der „Vagabund" aus Neufünfland (und Oxford) möchte seinen Beitrag noch anders verstanden wissen: als Plädoyer für die ursächliche Absicht beim Philosophieren, die „geglückte Gestaltung des eigenen Lebens, bei höchstmöglicher Verträglichkeit für die anderen Leben". Verträglich geht es übrigens auch im Literaturverzeichnis zu: Nebeneinander stehen Wilhelm Busch und Albert Camus, Howard Carpendale und Lewis Carroll, Drewermann und Dostojewski. Gegen Ende findet sich gar eine Verpackung von „Tchibo (Hrsg.): Faszination Kaffee". Die zieht nicht nur Seidel den Eduscho-Sprüchen vor. „Was wäre, wenn Du einen Wunsch frei hättest? – Alles soll so bleiben, wie es ist." Darauf einen Schneider! Einen doppelten! Oder Seidel.

Nicolai Kaufmann/Lotte Glüth

Stephan Grätzel/Armin Kreiner

Religionsphilosophie. Lehrbuch Philosophie.

Verlag J. B. Metzler, Stuttgart 1999. 308 Seiten, DM 39.80

Wer wünscht sich nicht Lehrbücher, die in einem überschaubaren Rahmen verständlich in große Gebiete der Philosophie einführen und dabei einen vernünftigen Überblick über das jeweilige Thema vermitteln? Hier liegt ein solches vor. In Beiträgen verschiedener Autoren werden ausgewählte religionsphilosophische Ansätze aus Christentum, Islam, Judentum sowie Hinduismus und Buddhismus dargestellt und einer vergleichenden Analyse unterzogen.

Die „philosophische Auseinandersetzung mit dem Phänomen *Religion*" gibt es so lange wie die Philosophie selbst, und sie überschneidet sich auch mit weiten Teilen der Religionsgeschichte. Deshalb muß ein Lehrbuch, das nicht sich und den Leser an der zu großen Fülle des Gewagten scheitern lassen will, eine sinnvolle Auswahl treffen.

Die Herausgeber des vorliegenden Bandes haben sich entschieden, den thematischen Schwerpunkt auf die abendländische Religionsphilosophie (vor allem in Bezug auf die christliche Religion) im Zeitraum zwischen Aufklärung und Gegenwart zu legen. Zum einen ist die Religionsphilosophie in diesem Zeitraum noch nicht gut erforscht, zum anderen ist es im europäischen Raum eben die Auseinandersetzung mit der christlichen Religion, auf welche die Forschung im interkulturellen Vergleich der Religionen ihr Interesse richtet. Von Descartes über Kant, Fichte, Hegel und andere bis Max Scheler, Heidegger und Paul Tillich werden Positionen und Gegenpositionen flüssig und in ihrer inneren Abhängigkeit dargestellt und verglichen, so daß der Leser zusammenhängend informiert wird und nicht vor Einzelteilen steht, die er nicht verbinden kann.

Die vorneuzeitliche Religionsphilosophie, die weitaus besser erforscht ist, wird dementsprechend kürzer und stichprobenartiger behandelt. Beginnend mit dem spätantiken Neuplatonismus stellen die Autoren die wichtigsten Ansätze bis ins hohe Mittelalter dar, wobei sowohl Vertreter mystischer Denkrichtungen wie Meister Eckhart und Dietrich von Freiberg als auch Thomas von Aquin und Wilhelm von Ockham vorkommen. Es ist dabei unvermeidlich, daß die Darstellung lückenhafter ist, vor allem beim Übergang zur Neuzeit, jedoch werden im Text und im ausführlichen Literaturverzeichnis Hinweise auf weiterführende Literatur gegeben, auf die der interessierte Leser zurückgreifen kann.

Den letzten Teil des Abschnitts über die „Religionsphilosophie des Christentums" bildet die „Philosophische Kritik der Religion", in der die kritische Auseinandersetzung der Philosophie mit der Religion als solcher und verschiedenen ihrer Teilaspekte aufgezeigt wird. Von der Kritik an mittelalterlichen Gottesbeweisen und neuerem Theismus bis zum Theodizeeproblem (wie kann Gott angesichts des Übels in der Welt gerechtfertigt werden?) wird ein Überblick gegeben.

Darauf folgen die Abschnitte über die Religionsphilosophie des Judentums, des Islams und Indiens (Hinduismus und Buddhismus). Diese sind ebenfalls historisch aufgebaut von den Anfängen bis in die Gegenwart hinein, wobei Entwicklungen entweder anhand einer herausragenden philosophischen oder religiösen Figur oder anhand von Denkschulen und -strömungen dargestellt werden.

Beginnend mit der Einleitung, in der die Autoren den Begriff „Religionsphilosophie" erläutern und in seiner Bedeutung von „Religion" und „Religionswissenschaft" abgrenzen, geht im gesamten Buch der Blick darauf nie verloren, welches Verständnis von Religion und vor allem Philosophie eine dargestellte Position überhaupt erst voraussetzt. Nicht nur bezüglich verschiedener Denkrichtungen innerhalb eines kulturellen Kontextes, sondern auch im Vergleich der Religionsphilosophien verschiedener Kulturen wird so die Basis geschaffen, aufgrund derer diese Denktraditionen überhaupt erst miteinander in Beziehung gesetzt werden können. Nur so kann eine gegenseitige Einflußnahme richtig dargestellt und verstanden werden.

So ist auch die Ausklammerung der chinesischen „Religionsphilosophie" hier zu verschmerzen, denn während es zwischen den gewählten Kulturkreisen über die geschichtliche Entwicklung hin häufig zu gegenseitiger Einflußnahme gekommen ist, welche den Schwerpunkt des Buches bildet, haben die Verbindungen Europas zu China eine jüngere und weniger tiefe Tradition.

Religionsphilosophie eignet sich für Studierende der Philosophie, Theologie und Religionswissenschaften und mit seinem übersichtlichen Aufbau und seiner verständlichen Sprache auch für interessierte Nichtakademiker mit Vorkenntnissen. Es bietet neben einem Überblick über religionsphilosophische Ansätze eine Anregung, wie interkulturelles Philosophieren möglich ist.

Stefan Gammel

Gedruckt mit freundlicher Unterstützung der Buchhandlung Julius – *Stuttgart, Charlottenstr. 12*